UNIVERSITÉ DE FRANCE — ACADÉMIE DE NANCY

Faculté de Droit de Nancy

DROIT ROMAIN

DE LA MISSIO IN POSSESSIONEM REI SERVANDÆ CAUSA

ET

DE LA VENDITIO BONORUM

DROIT FRANÇAIS

DES EFFETS DU JUGEMENT DÉCLARATIF DE FAILLITE

ET

DE LA CESSATION DE PAIEMENTS

(Avec l'explication de la loi nouvelle du 12 février 1872 modifiant les art. 450 et 550 du Code de commerce)

THÈSE POUR LE DOCTORAT

PAR

FÉLIX CAMUS

AVOCAT A LA COUR D'APPEL DE NANCY

Lauréat de la Faculté

Né à Rocroi (Ardennes)

NANCY

IMPRIMERIE DE N. COLLIN, RUE DE GUISE, 21

1872

UNIVERSITÉ DE FRANCE — ACADÉMIE DE NANCY

Faculté de Droit de Nancy

DROIT ROMAIN

DE LA MISSIO IN POSSESSIONEM REI SERVANDÆ CAUSA

ET

DE LA VENDITIO BONORUM

DROIT FRANÇAIS

DES EFFETS DU JUGEMENT DÉCLARATIF DE FAILLITE

ET

DE LA CESSATION DE PAIEMENTS

(Avec l'explication de la loi nouvelle du 12 février 1872 modifiant les art. 450 et 550 du Code de commerce)

THÈSE POUR LE DOCTORAT

PAR

FÉLIX CAMUS

AVOCAT A LA COUR D'APPEL DE NANCY

Lauréat de la Faculté

Né à Rocroi (Ardennes)

L'acte public sur les matières ci-après sera présenté et soutenu le 28 juin 1872, à 4 heures de l'après-midi.

Président, M. LIÉGEOIS, professeur.

Suffragants, MM. LEDERLIN, LOMBARD, DUBOIS, professeurs. CHOBERT, agrégé.

Le Candidat répondra, en outre, aux questions qui lui seront faites sur les autres matières de l'enseignement.

NANCY

IMPRIMERIE DE N. COLLIN, RUE DE GUISE, 21

1872

FACULTÉ DE DROIT DE NANCY

La Faculté n'entend ni approuver ni désapprouver les opinions particulières du candidat; le visa n'est donné qu'au point de vue de la morale et de l'ordre public (Statut du 9 avril 1825, art. 81).

Ce livre vaut bien peu, pourtant je le dédie,
A l'Avenir en qui j'ai foi,
Aux Miens, à mes Amis, à ma pauvre Patrie
Qui d'un Germain subit la loi.

Si d'un peuple du Nord le sauvage génie
Met encor tes fils en émoi,
France! j'offrirai mieux : mon dévouement, ma vie
Et tout mon sang seront pour toi.

F. CAMUS.

15 juin 1872.

DROIT ROMAIN

DE LA MISSIO IN POSSESSIONEM

REI SERVANDÆ CAUSA

ET

DE LA VENDITIO BONORUM

PRÉLIMINAIRES

A — Aperçu rapide sur les voies d'exécution. B — Origine de la *bonorum venditio*.

A — Tout droit a besoin d'une sanction qui en assure l'exercice. Tout droit suppose donc un moyen de contrainte destiné à obtenir du débiteur l'exécution de son obligation.

On peut parvenir à ce résultat par deux moyens : soit par l'exécution sur la personne même du débiteur, soit par l'exécution sur ses biens.

Le premier de ces moyens est celui qui se manifeste avec le plus de vitalité chez les nations primitives où l'emploi de la force brutale joue toujours un si grand rôle.

Mais chez les peuples déjà policés le dernier moyen est de beaucoup le plus fréquent, et tend constamment à remplacer l'autre.

C'est ainsi que nous avons vu, dans le dernier état de notre droit français, la contrainte par corps admise tout d'abord en matière commerciale, dans certaines hypothèses en matière civile (Conf. art. 2059 et suiv.) et dans tous les cas contre les étrangers, disparaître en droit civil par la loi du 22 juillet 1867, et ne subsister qu'en matière criminelle, correctionnelle et de simple police.

C'est ainsi encore que nous allons voir le droit romain qui, à l'origine, faisait porter principalement sa rigueur sur la personne du débiteur, se départir peu à peu de ce principe, et employer la seconde espèce de contrainte : l'exécution sur les biens.

Examinons donc quelles ont été les phases diverses de ce progrès, et comment l'exécution sur l'ensemble du patrimoine du débiteur, connue sous le nom de *venditio bonorum*, apparut et se développa à côté de la contrainte sur la personne.

Nous venons de constater qu'on trouve à Rome deux procédés différents pour forcer le débiteur récalcitrant à remplir ses engagements.

Le premier consiste dans le droit qu'a le créancier de se saisir de lui comme d'un gage, le second consiste à s'emparer de ses biens pour les faire vendre et se payer sur le prix de cette vente du montant de la créance.

Mais ces deux procédés coexistèrent-ils toujours et dans quelle mesure? Telle est la question que nous nous faisons en ce moment.

Dans le *très-ancien droit* civil, sous le système des actions de la loi, on paraît n'avoir connu que la contrainte contre la personne.

Néanmoins on trouve exceptionnellement d'autres voies d'exécution. Ainsi, en matière de droits réels, l'exécution peut se poursuivre sur la chose même, objet du droit, sur la chose qu'on réclame (Gaius, Com. IV, § 48).

Mais ce n'est pas là, remarquons-le, un mode d'exécution général sur tous les biens du débiteur.

La seule voie d'exécution qui, à l'origine s'exerçât sur les biens et que nous trouvions mentionnée spécialement dans les textes, était la *pignoris capio*. Elle consistait en la prise de possession d'un objet de la part du créancier lui-même, elle s'effectuait *extra jus*, le magistrat n'intervenait pas, et il n'était pas nécessaire que le débiteur fût présent, « *plerumque etiam absente adversario*. »

Elle n'avait qu'un point de ressemblance avec les actions de la loi ; c'est que le créancier devait prononcer des paroles solennelles au moment de la prise de possession.

On comprend aisément qu'une semblable manière d'arriver à l'exécution était fort rare, aussi ne garantissait-elle que des créances spéciales.

Elle était accordée dans des cas relatifs au service militaire, pour le paiement de l'*æs militare*, de l'*æs equestre* et de l'*æs hordearium* (Gaius, Com. IV, § 26 et suiv.).

Une loi *Censoria* la donnait aux publicains pour la perception des impôts dont ils avaient la ferme.

Enfin, elle pouvait encore être pratiquée contre celui qui avait acheté une victime et ne l'avait pas payée, contre celui qui ne payait pas le prix de louage d'une bête de somme, quand ce prix avait dû être employé en sacrifices.

Elle n'était donc applicable qu'à quelques créances qui touchaient au droit public ou sacré ; et hors de là c'est l'exécution sur la personne qui domine.

Mais cette dernière voie d'exécution était-elle la seule sanction des droits ? Nous ne le croyons pas, et nous pensons que, même dans les premiers siècles de Rome, il était possible au créancier de saisir les biens de son débiteur.

Non-seulement il est invraisemblable que les Romains n'aient pas songé à poursuivre le paiement des dettes sur les biens du débiteur, mais nous trouvons encore dans les historiens des traces peu équivoques de ce genre de contrainte.

C'est ainsi, pour n'en citer que quelques exemples, que Denys d'Halicarnasse (1) nous apprend que le peuple romain demandait dans ses réclamations qu'il n'y eût d'autre exécution que sur des biens.

Servius Tullius avant son élévation au trône adresse aux Romains un discours, dans lequel il leur promet d'obliger les créanciers à se contenter des biens de leur débiteur et à respecter leur personne

En l'an 259 de Rome, le consul Servilius, pour déterminer le peuple à marcher contre les Volsques, fait annoncer par un hérault, qu'à l'égard de ceux qui le suivront, les créanciers ne pourront pendant la guerre en vertu d'aucun contrat, s'emparer de leurs maisons, ni les vendre, ni les prendre pour gage, ni emmener leurs enfants, etc.

Et Tite-Live rapporte le même fait. (2).

Ainsi encore quand le peuple se retire sur le mont Sacré il fait répondre au Sénat que désormais rien n'attache plus les plébéiens à Rome, car les guerres, les disettes, les rigueurs des créanciers *les ont dépouillés*, et ils se sont vus obligés de cultiver pour d'autres leurs propres héritages.

Quoi qu'il en soit, l'exécution sur les biens n'occupe dans la législation ancienne qu'une place tout à fait accessoire et l'exécution sur la personne est le seul mode de sanction relatif aux conventions privées, qui nous soit formellement indiqué dans les textes. Occupons-nous d'abord de cette dernière.

Elle se manifestait dans le *nexum* ou dans l'*addictio*.

(1) IV, 9. VI, 79. — V. Tambour, *Voies d'exécution*, p. 7 à 34 ; Giraud, *Traité des Nexi*, p. 78 et suiv.; Bonjean, t. II, § 391.

(2) II, 24.

Le *nexum* qui est la forme du contrat chez les premiers Romains, a, comme tous les actes juridiques qui se faisaient alors, un caractère politique et religieux, et par conséquent une très-grande rigueur.

Celui qui avait emprunté une somme d'argent, en s'engageant dans la forme solennelle du *nexum*, et qui ne payait pas à l'échéance, subissait les lois du créancier, qui, ayant la garantie de la religion et du peuple, pouvait emmener le débiteur, le retenir en prison, le réduire à une sorte d'esclavage, lui imposer un travail forcé, et cela de son autorité propre et sans l'intervention des magistrats.

Le *nexus* (1) devait donc ses services personnels à son créancier comme un esclave, mais (du moins suivant l'opinion générale) il restait cependant libre et citoyen.

Ces engagements, si défavorables aux débiteurs, donnaient lieu à des abus déplorables.

Le *nexum* fut donc supprimé par la loi Pœtilia, l'an 425 de Rome, à la suite de l'attentat de Papirius sur son jeune débiteur Publilius « *Propter unius libidinem omnia nexa civium liberata.* » (2).

La contrainte qui résultait du *nexum* était *conventionnelle*, et elle était la seule qui permit au créancier d'agir de lui-même et sans s'adresser à la justice.

Mais toutes les fois que le débiteur ne s'était pas engagé par le *nexum*, le créancier devait s'adresser aux magistrats pour arriver à l'exécution de l'obligation. Alors, ou il obtenait un aveu *in jure*, du débiteur de la somme qu'il réclamait, ou bien il obtenait une sentence de condamnation contre lui.

Dans ces deux cas, le débiteur avait trente jours pour

(1) Varron définit ainsi le *Nexus* : « *Liber qui suas operas in servitutem pro pecunia quam debit dat, dum solveret, nexus vocatur ut ab ære obæratus.* » — Giraud, *Traité des Nexi*, p. 70.

(2) Cicéron, *de Republica*, 2, 34; et Tite-Live apprécie ainsi les conséquences de la nouvelle législation : *Victum eo die, ob impotentem injuriam unius ingens vinculum fidei*, VIII, 28.

s'exécuter. « *Æris confessi, rebusque judicatis triginta dies justi sunto.* » (Loi des XII Tables).

Si dans ce délai, il ne s'était pas exécuté, le créancier pouvait mettre la main sur lui, par la voie de la *manus injectio*, et le mener devant le magistrat, qui, si la dette n'était pas payée immédiatement, ou si un *vindex* ne se présentait pas pour se charger de l'affaire, prononçait l'*addictio*, adjugeait, en un mot, le débiteur à son créancier qui avait droit de l'emmener, de le conduire enchaîné dans sa maison et de le traiter comme un esclave.

Dès lors le débiteur prend le nom d'*addictus*. En cet état, il peut encore payer sa dette. On patiente encore soixante jours pendant lesquels il peut s'arranger avec son créancier.

Durant ce délai il doit être conduit par son créancier, par trois jours de marché consécutifs, devant le prêteur, où l'on proclame pour quelle somme il est adjugé.

Si après ces soixante jours il ne paye pas, et si personne ne paye pour lui, le créancier peut le vendre comme esclave à l'étranger (*trans Tiberim*) ou même le mettre à mort (1).

La loi des XII Tables prévoyant le cas où le même débiteur *addictus* aurait plusieurs créanciers, leur permettaient de se partager son corps.

Mais cette disposition ne servait qu'à intimider les débiteurs de mauvaise foi, et, en fait, elle ne fut jamais appliquée (2).

La loi *Pœtilia* qui abolit l'engagement conventionnel de la personne résultant du *nexum*, ne supprima pas l'*addictio*, mais elle (3) interdit de charger l'*addictus* de chaînes.

Il n'est plus vendu comme esclave, il est emmené par le créancier qui le retient prisonnier chez lui et l'oblige à le servir jusqu'au parfait paiement de la dette.

Cette quasi servitude cesse d'être encourue par la *manus*

(1) Aulu-Gelle, *Nuits attiques*, XX, 1.

(2) Quintilien, *Inst. or.*, III, 6.

(3) Bonjean, t. I, § 161, *Condition de l'addictus*; Giraud, *des Nexi*, p. 97.

injectio seule, désormais il faut un ordre spécial du magistrat (*duci jubere*).

B. — C'est dans cet état que nous trouvons l'*addictio* transformée, lorsque paraît dans le droit romain le système général d'exécution sur les biens connu sous le nom de *bonorum venditio*.

Gaius attribue à Publius Rutilius (1) l'introduction de cette nouvelle voie d'exécution. Au temps de Cicéron la *bonorum venditio* était en pleine vigueur, ainsi que son premier plaidoyer connu, le *Pro Quintio*, le démontre.

Le préteur Rutilius par cette innovation n'édictait pas une règle nouvelle, il se bornait à imiter l'ancien droit civil, suivant l'usage habituel des préteurs.

La *bonorum venditio*, en effet, a la plus grande analogie, quant au fond, avec une institution analogue, la *bonorum sectio*, qui existait déjà dans le droit civil.

De même les formes et la procédure sont calquées sur l'ancienne action de la loi *per manus injectionem*.

Reprenons ces deux idées.

1° Nous verrons que celui qui se rend acquéreur du patrimoine du débiteur, à la suite d'un *bonorum venditio*, devient son successeur à titre universel

Eh bien! Cette idée d'achat *in globo* de la succession d'un homme vivant a été tirée de la *bonorum sectio*, institution de droit civil.

La *sectio bonorum* se rattache au droit public. C'était une vente en masse du patrimoine, qui avait lieu 1° à la suite d'un *judicium publicum*, quand une personne était condamnée pour crime emportant confiscation (*publicatio bonorum*); 2° quand, condamnée à une amende, elle ne la payait pas.

(1) Ce *Publius Rutilius* est sans doute celui dont parle souvent Cicéron, il fut consul en 649 et avait une grande réputation comme jurisconsulte et comme orateur.

Elle existait probablement, ainsi qu'on peut l'induire d'un passage de Tite-Live (1) vers l'an 565 de Rome.

On en trouve aussi de fréquentes applications, pendant les guerres civiles où tous les biens des proscrits et des citoyens tués dans le camp des vaincus, étaient vendus en masse.

C'est ainsi qu'après la mort de Pompée, ses biens furent vendus sur l'ordre de César (2).

La procédure de la *sectio bonorum* consistait à envoyer en possession des biens qui devaient être vendus, les questeurs du trésor. Ceux-ci faisaient vendre ces biens à l'encan, *sub hasta*, (la lance était le symbole de la propriété romaine), par le ministère du crieur public.

On vendait le patrimoine en masse, et les acheteurs qui portant le nom de *sectores*, devenaient les successeurs du condamné.

Ils étaient tenus de ses obligations, notamment des indemnités dues à raison du crime qui avait motivé la condamnation (3).

La vente se faisait moyennant un prix en argent, que les *sectores* versaient au trésor (4).

La *sectio bonorum* était un mode de transmission de droit civil, elle faisait acquérir la propriété *ex jure quiritium*; et les *sectores* avaient, pour se faire mettre en possession, l'interdit *sectorium* (Gaius C. IV. § 146) (5).

2° La procédure de la *bonorum venditio* n'a pas été empruntée à celle de la *bonorum sectio*, le préteur a imité surtout ici l'action de la *manus injectio*, ainsi que nous allons le démontrer en comparant les deux institutions.

(1) Chapitre 60, livre XXXVIII.

(2) Cicéron, *Philippique*, II, c. 26. — La loi 1, C. *de hered. vel act. vend.* (4, 39), tend à faire croire qu'à une certaine époque, *la sectio bonorum* fut appliquée aux successions déférées au fisc.

(3) Asconius, *in Verr.*, 1, 20.

(4) Cicéron, *Philipp.* II, chap. 29.

(5) Varron, *de re Rustica*.

— Nous avons vu qu'il est accordé trente jours (*trigenta dies justi*) au débiteur condamné ou qui a avoué judiciairement, pour s'exécuter ; et que, pendant ces trente jours, le créancier ne peut employer contre lui la *manus injectio*.

De même, nous verrons qu'il doit s'écouler entre la sentence et le décret *d'envoi en possession*, qui est le préliminaire de la *venditio bonorum*, un délai de trente jours.

L'addictus ne peut être vendu que soixante jours au plus après l'*addictio* ;

De même, la *vente* est séparée de l'*envoi en possession* par un délai de soixante jours.

En un mot la *bonorum venditio* est une *manus injectio* sur l'universalité des biens.

La personnalité juridique, c'est-à-dire l'ensemble de tous les droits actifs ou passifs qu'avait le débiteur, a pris la place de la personalité physique : on applique à l'une ce qui dans la loi s'appliquait à l'autre (1).

— En résumé, le préteur a introduit dans le droit privé au profit des créanciers, une institution qui se rattachait au droit public et qui existait d'abord au profit du fisc seul. En même temps il lui applique les formes et les délais de la *manus injectio*.

Cette innovation paraît dans le droit au début du système formulaire, c'est-à-dire au moment où l'exécution sur la chose, objet du droit a disparu (Gaius C. IV. § 48) au moment où, en général, toute condamnation est pécuniaire (2) et où la voie d'exécution sur la personne étant la voie dominante, le besoin d'une voie d'exécution générale sur les biens se fait surtout sentir.

— Entrons maintenant dans l'étude détaillée de la *venditio bonorum* en commençant par la *missio in possessionem* qui est le préliminaire indispensable de toute *venditio*.

(1) Ortolan, *Explication historique des Inst.*, t. III, n° 2028.

(2) Sauf peut être au cas d'action arbitraire (Jussus). — V. Tambour, p. 401 et suiv. ; Demangeat, *Fonds dotal*, p. 119 et suiv. ; Pellat, *Propriété*, introduction ; loi 68 *de Rei vendicatione*.

CHAPITRE PREMIER

DE L'ENVOI EN POSSESSION

On rencontre dans le droit prétorien des applications très-variées de cette mesure. Le préteur, en effet, l'employait souvent quand il voulait protéger des intérêts que le droit civil ne garantissait pas suffisamment.

La loi 1re *Quibus ex causis*, D. (42. 4), nous indique quatre cas d'envoi en possession, mais un seul doit nous occuper, c'est celui à qui les jurisconsultes romains donnent le nom de *missio in possessionem rei servandæ causâ*, c'est-à dire celui qui est accordé aux créanciers sur l'ensemble des biens de leur débiteur.

Cette *missio in possessionem rei servandæ causâ* constitue tantôt un acte conservatoire, tantôt un moyen indirect de contrainte. Elle a pour effet général d'enlever au débiteur l'administration de ses biens pour la remettre à ses créanciers, qui désormais sont les détenteurs précaires de son patrimoine.

Il y a donc ici, une sorte de dessaisissement analogue à celui que produit le jugement qui déclare en faillite le commerçant qui a cessé ses paiements.

Nous aurons, en effet, l'occasion de signaler, dans le cours de cette thèse, de grandes analogies entre l'envoi en possession et le dessaisissement.

Nous diviserons notre matière ainsi qu'il suit :

Section I. — Cas où a lieu l'envoi en possession.

Section II. — Effet de l'envoi en possession.

Section III. — Au profit de qui a lieu l'envoi en possession, et sur quels biens il porte.

SECTION I.

CAS OU A LIEU L'ENVOI EN POSSESSION.

L'envoi en possession a lieu en divers cas, qu'il est important d'énumérer et d'étudier au moins sommairement, afin de déterminer ceux où il est le préliminaire de la vente en masse et où il vient prendre fin dans cette vente.

On peut classer en deux catégories les causes qui donnent naissance à la *missio in possessionem rei servandæ causâ*.

Dans la première se rangent toutes les hypothèses où la loi l'accorde pour l'exécution d'une sentence judiciaire, ou d'une *confessio in jure*.

Dans la seconde se placent tous les cas où elle est donnée pour suppléer à l'absence ou à l'insuffisance de la défense.

L'énumération générale de toutes ces causes se trouve dans les textes du Digeste, L. 10, § 9, *Quibus ex causis* (42, 4), L. 8, même titre ; L. 31, § 3, *De rebus auct. judicis* (42, 5); L. 8, *De cess. bon.* (42, 3); dans la Const. 1, Code, *Qui bonis ced. possunt.* (7,71) ; dans le commentaire III de Gaius, § 78, 84. Les Inst. de Justinien III. X, § 3 ; les sentences de Paul, V. 5, B., § 1, et dans le discours de Cicéron, *Pro Quintio*, § 19.

1re CATÉGORIE. — Elle embrasse, avons-nous dit, tous les cas où l'exécution résulte d'une condamnation obtenue, ou d'une *confessio in jure*.

A cet ordre d'idées nous rattachons l'envoi en possession qui a lieu à la suite de la *cession de biens* que fait le débiteur pour empêcher l'exécution sur sa personne de la sentence ou de la *confessio in jure*. (Gaius, C. III, § 78.)

L'envoi en possession est donc accordé : 1° *Quand le débiteur qui a été condamné ou qui a avoué judiciairement sa dette, refuse d'exécuter la sentence.*

Mais il ne sera pas obtenu immédiatement après la sentence ou l'aveu.

On se souvient, en effet, que la loi des XII Tables décidait, qu'il ne peut être donné qu'après un délai de 30 jours.

Ce délai peut, sur la demande des créanciers, tantôt être abrégé (L. 2 au Dig. *De re jud.* 42, 1) par le préteur ; tantôt au contraire être prolongé par lui. (Gaius, C. III, § 78.)

La loi 1, Code Théod. *De usuris rei judicatæ* (4, 19), nous indique que cette prolongation peut aller jusqu'à deux mois.

Enfin Justinien, Loi 2, Code. *De usuris rei jud.* (7, 54), porte le délai de prolongation à quatre mois.

2° La *cession de biens* nous offre un deuxième cas d'envoi en possession. Elle consiste dans l'abandon que fait le débiteur (1) à ses créanciers de tous ses biens.

Son but principal est de soustraire le débiteur aux rigueurs de l'exécution sur la personne.

Elle remonte à une loi Julia rendue au temps de César ou d'Auguste. Cette loi qui ne s'appliquait qu'à l'Italie, fut plus tard étendue au reste de l'empire par des constitutions impériales. (Loi 4 au Code, *Qui bonis cedere possunt*. 7, 71.)

De ce qu'elle est une ressource accordée au débiteur menacé d'une exécution sur la personne, il s'ensuit qu'elle n'a lieu qu'à la suite d'une sentence ou d'une *confessio in jure*, car l'exécution sur la personne n'est possible qu'en vertu de ces deux événements (2).

(1) On controverse vivement sur le point de savoir si tous les débiteurs, même ceux qui ne pouvaient invoquer leur bonne foi, étaient admis à ce bénéfice.

(2) Les lois 8 et 9, au D. *De cessione bonorum*, semblent dire le contraire, mais ces textes sont interpolés.

L'interpolation de la loi 8 surtout est manifeste. Cette loi s'exprime

La cession de biens exigeait autrefois certaines formalités qui consistaient en actes symboliques et humiliants pour le débiteur. (Loi 6, Code, *eod. tit.*)

Elle se faisait probablement *in jure* (1). Sous Justinien, un acte extrajudiciaire, une lettre, un message suffit, toute solennité a disparu. (Loi 9, Dig. *De cessione bonorum*, 42, 3.)

Outre l'effet principal de la cession de biens qui est, avons-nous dit, d'affranchir le débiteur de la contrainte personnelle, elle évite à ce débiteur, l'infamie qui s'attache à la vente en bloc du patrimoine. (Loi 11, Code, *Qui bonis cedere*; Loi 1, Code, *eod. tit.*) De plus, si elle ne libère pas le débiteur, elle lui permet du moins d'opposer désormais l'exception *nisi bonis cesserit*, s'il n'a pas acquit de nouveaux biens, et de n'être condamné que *in id quod facere potest*, s'il en a acquis. (Lois 4 et 6, D. *De cessione bonorum*, 42, 3.)

La cession de biens, préliminaire de l'envoi en possession, ne transférait pas plus que lui, à ceux qui l'avaient obtenue, la propriété des biens du débiteur.

Par conséquent, jusqu'à la vente, celui-ci pouvait faire cesser la possession toute précaire qui avait été remise à ses créanciers, et reprendre son patrimoine en payant l'intégralité de ses dettes. (Loi 2 et 4 au Code, *Qui bonis cedere*) (2).

La cession de biens ne dispensait pas les créanciers de demander l'envoi en possession.

Cela résulte du § 78, C. III, de Gaius, qui assimile les débiteurs condamnés et les débiteurs faisant cession, sur ce

ainsi : *Qui cedit bonis, antequam debitum agnoscat, condemnetur, vel in jus confiteatur : audiri non debet.*

Il est difficile de comprendre pourquoi, si un simple aveu extra-judiciaire eût suffi à l'époque classique, Ulpien aurait dit : *antequam debitum agnoscat, vel in jus confiteatur ;* difficile aussi de saisir comment, dans la même hypothèse, il ne sera pas possible à tout débiteur d'invoquer le bénéfice de cession.

(1) Comparer l'art. 901, Code de Proc. civile.

(2) Comparer art. 1269 et 1270, 3, Code civil.

point que la cession comme la sentence permet d'arriver à l'envoi en possession et à la vente des biens, et cela, sans faire de distinction sur le mode de procéder.

2e CATÉGORIE. — Dans cette dernière classe, se placent tous les cas où il s'agit pour le créancier d'arriver à faire condamner son débiteur *indefensus*.

A Rome nulle instance ne peut s'engager sans la présence du défendeur.

Sous le système formulaire, les deux parties doivent comparaître devant le magistrat, pour obtenir de lui la délivrance de l'action ; sous le système extraordinaire, elles doivent y venir encore pour y déposer leurs conclusions.

Mais une fois que le procès est engagé, une fois qu'il y a eu *lis contestata* ; il peut être poursuivi, et l'absence de l'une ou de l'autre des parties n'empêchera pas la sentence d'être rendue.

Si c'est le demandeur qui fait défaut, on jugera sur la seule plaidoirie du défendeur. (L. 28, pr. *de appel. et relat.*, 49, 1.)

Si c'est le défendeur, alors il faudra recourir à la procédure de contumace.

Le magistrat rendra, à cet effet, à dix jours d'intervalle, trois édits qui ordonneront la comparution du défaillant (et quelquefois, suivant les circonstances, un seul édit : *edictum peremptorium*) ;

Puis sur une dernière citation, l'affaire sera jugée *définitivement*. (Sentences de Paul, L. V, t. 5, A., § 7. ; L. 73, de *judiciis*, 5, 1.)

Mais cette procédure n'est possible qu'après qu'il y a eu *litis contestatio*, et pour cela il faut un adversaire capable et présent.

Comment faire alors, si l'on n'a pu *litem contestari*? Le préteur employa la *missio in possessionem* pour suppléer à la procédure par défaut.

C'est là, la deuxième application de l'envoi en possession.

Au surplus voici le texte de l'édit lui-même :

« *In bona ejus qui judicio sistendi causâ fidejussorem dedit, si neque potestatem sui faciat, neque defenderetur, iri jubebo.* » (Ulpien, Loi 2, pr. D. *Quibus ex causis*, 42, 4.)

Ce texte, il est vrai, ne prévoit que l'hypothèse où il y a déjà eu *vocatio in jus*, et constitution par les parties de fidéjusseurs destinés à garantir leur comparution, et laisse de côté le cas où la *vocatio in jus* elle-même est impossible. Mais l'édit n'a eu pour but que de prévenir tout doute à raison de la possibilité d'agir contre les fidéjusseurs.

En effet, Ulpien (L. 21, § 2, *Ex quibus causis majores*, 4, 6) s'exprime sans faire de réserve, lorsqu'il dit : « *Eorum qui* « *non defenduntur, si quidem latitent, prætor ex edicto polli-* « *cetur in bona eorum mittere, ut, si res exigerit, etiam* « *distrahantur, si vero non latitent, licet non defendantur,* « *in bona tantum mitti.* »

De ce texte il résulte, en effet, que l'envoi en possession sera possible toutes les fois que le défendeur sera *indefensus*.

Mais dans quels cas est-il *indefensus?* 1° Quand il ne se présente pas (par exemple, il est absent ou il se cache, *latitat*) et que personne ne se présente à sa place pour défendre à l'action qu'on veut intenter.

Mais il faut toutefois que le droit invoqué par le demandeur soit fondé, ou ne puisse être repoussé par une exception. (Ulpien, L. 2, § 3, *Quibus ex causis*, 42, 4; L. 7, § 14, *eod. tit.*)

Il faut encore, bien entendu, que le demandeur n'ait pas violé les règles de la compétence (1).

(1) Justinien applique la procédure par contumace contre le défendeur qui fait défaut avant la *litis contestatio*, et qui, ayant été averti de l'action dirigée contre lui, ne s'est pas mis en mesure d'y défendre. (Nov. 69, chap. 2 et 3.)

Il établit la nécessité de la procédure par contumace, même au cas de défaut du demandeur. (C. 13, § 2 ; Code, *de Judiciis*, 3, 1.)

Ce demandeur était considéré comme ayant fait défaut, même avant la *litis contestatio*, si après avoir lancé l'assignation, il ne comparaissait pas.

2° Quand le défendeur refuse de se défendre.

Dans ce cas, il sera traité comme s'il se cachait.

« *Non defendere videtur, non tantum qui latitat, sed et is « qui præsens negat se defendere, aut non vult suscipere actio- « nem.* » (L. 52, D. *De regulis juris*, 50, 17.)

3° Quand il est incapable de se défendre.

Ulpien nous parle d'un pupille qui est bien présent, mais qui n'a pas de tuteur, et il nous dit : « *Pro absente habendus est.* » (L 10, D. *Quibus ex causis*, 42, 4.)

Dans ce cas, si les personnes qu'un lien quelconque unit au pupille refusent de se charger de sa défense, le préteur enverra le demandeur en possession des biens de ce pupille, possession qui ne durera toutefois que jusqu'à ce qu'il trouve enfin un défenseur.

Si le pupille a un tuteur, mais que ce tuteur refuse de le défendre, nous donnerons les mêmes solutions.

Enfin, il faut appliquer tout ce que nous venons de dire au fou, au prodigue, au mineur de 25 ans, et en général à tous ceux qui ont des curateurs. Car ils ne sont pas *sui idonei defensores* (Ulpien, Loi 5, D. *De rebus auctoritate jud.*, 42. 5.). Ils ne sont pas, en un mot, capables de se défendre seuls.

4° L'envoi en possession pouvait avoir lieu à la suite d'une *minima capitis deminutio* subie par le débiteur. Rappelons tout d'abord certains effets généraux de cette institution.

Cette *capitis deminutio minima* a fait passer les biens du débiteur, biens qui formaient le gage de ses créanciers, entre les mains de celui à la puissance duquel il se trouve désormais soumis en vertu de l'*adrogatim*, de la *manus* ou du *mancipium* qui s'est opéré.

De plus, elle a eu pour effet d'éteindre toutes les obligations du *capite minutus*, sauf celles qui résultaient de ses délits.

En sorte que, celui sous la puissance de laquelle il est tombé, acquiert désormais tous ses biens, sans être aucunement tenu de ses dettes.

C'était un résultat inique.

Le préteur chercha à l'écarter au moyen de la *restitutio in integrum*. Il considéra le *capitis deminutio* comme n'ayant pas eu lieu, et accorda aux créanciers du *capite minutus* une action *utile* pour agir contre ce dernier.

C'est dans l'exercice de cette action utile que nous apparaît l'envoi en possession. Si, en effet, l'adrogeant, le père adoptif, ou celui qui avait le débiteur *in manu* ou *in mancipio* ne se présentait pas pour défendre à l'action des créanciers, ceux-ci étaient envoyés en possession des biens qui formaient leur gage avant la *capitis deminutio*. (Gaius, C. III, § 84) (1).

5° Cas. Il y a encore défaut ou insuffisance de défense et conséquemment possibilité d'envoi en possession, lorsqu'un débiteur étant mort, sa succession est vacante. Le texte qui suit fait foi de cette affirmation :

« *Si bona debitoris tui vacare constet, et hæc a fisco non* « *agnoscuntur, in possessionem eorum mitti te a competente* « *judice rectè postulabis.* » (Loi 5, Code *de Bonis auctoritate judicis*, 7. 72.)

Une incertitude trop prolongée sur le point de savoir si la succession sera recueillie, peut même donner lieu à l'envoi en possession : « *Si diu incertum sit heres extaturus, necne sit;* « *causâ cognitâ permitti oportebit bona rei servandæ causa* « *possideri.* » (Loi 8, D. 42, 4.) (Comp., Loi 9, pr. *eod. tit.*) (Loi 4, pr. D. 42, 5.)

Enfin, l'envoi en possession pourra encore résulter de ce que la succession est tombée aux mains d'un héritier qui ne présente pas par lui-même les garanties suffisantes et qui a refusé de donner une caution aux créanciers du défunt. (Loi 31, Dig. 42. 5.)

(1) Ces questions ne se soulevaient pas quand le débiteur subissait la *maxima* ou la *media capitis deminutio* : dans ces cas, ses créanciers pouvaient agir directement contre ceux qui avaient recueilli son patrimoine. (Loi 2, pr. D; *Ex quibus causis majores*, 4, 5.)

SECTION II.

EFFETS DE L'ENVOI EN POSSESSION.

Division générale. — A. Effets par rapport aux créanciers : 1° Détention et garde des biens ; 2° administration ; 3° *Pignus prætorium*. — B. Effets par rapport au débiteur.

Les effets de l'envoi en possession peuvent être envisagés à deux points de vue : par rapport aux créanciers et par rapport au débiteur.

A. A l'égard des créanciers, les effets principaux de l'envoi en possession sont de leur conférer : 1° la détention, la garde des biens ; 2° l'administration de ces biens ; 3° un *pignus prætorium* sur eux.

C'est en étudiant successivement ces divers effets que nous aurons l'occasion de constater les rapports nombreux qu'a la voie d'exécution dont nous nous occupons, avec la faillite.

1° *Effet.* — L'envoi en possession permet aux créanciers de détenir et de garder les biens du débiteur (1). Cela se comprend fort bien, si l'on considère le but même de l'envoi en possession ; c'est, en effet, une mesure essentiellement conservatoire, comme l'indique son nom : *missio in possessionem rei servandæ causâ,* et, d'autre part, il est naturel dans notre hypothèse, de confier aux créanciers eux-mêmes la conservation de leur gage, car c'est à eux à qui il importe surtout qu'il subsiste dans toute son intégrité.

Mais pour arriver à ce résultat : la sauvegarde des biens qui forment le gage, il était, on le conçoit, inutile d'en transférer la propriété aux créanciers.

(1) *Custodia et observatio,* Keller, *Actions*, § 78, a.

Aussi, des textes formels prennent soin de nous dire que les créanciers ne deviennent point propriétaires : « *Pro debito creditores addici sibi bona sui debitoris non jure postulant.* » (Const. 6, *de Bonis auct. jud.*, 7, 72).

L'envoi en possession ne leur attribuait pas même la possession proprement dite, qui mène à l'usucapion ; la constitution 8 (*cod. tit.*) en fait foi : « *Dominium, ex rei causâ tenentes, adipisci minime possunt.* »

Les créanciers n'ont pas même les interdits possessoires, Ulpien leur refuse catégoriquement l'interdit *Uti possidetis, quia*, dit-il, *non possident.* (L. 3, § 8. *Uti possidetis*, 43, 17.)

On leur a cependant accordé un interdit particulier (qui d'ailleurs s'appliquait d'une manière générale à tout envoi en possession) destiné à leur garantir la détention qu'ils exercent ; c'est l'interdit *Ne vis fiat ei qui in possessionem missus erit.* (Dig. 43. 4.)

En voici le texte : « *Si quis dolo malo fecerit quominus quis permissu meo ejusve cujus ea jurisdictio fuit, in possessionem bonorum sit, in eum in factum judicium, quanti ea res fuit, ob quam possessionem missus erit, dabo.* »

Cet interdit est donné contre toute personne qui, aussi bien par dol que par violence (*nec exigitur ut vi fecerit qui prohibuit*) (L. I, § 3, *cod. tit.*) empêche un créancier de prendre possession, ou le rejette d'une possession dans laquelle il est déjà entré, en vertu du décret d'envoi.

Le montant de la condamnation auquel l'interdit aboutit, s'estime d'après l'intérêt du demandeur ; si donc il peut être repoussé par une exception, l'intérêt manquant chez lui, il ne pourra rien obtenir. (Loi I, § 5, *hoc. tit.*)

Mais si l'intérêt du demandeur n'est point dénié, alors il parviendra à une condamnation au moyen d'une action *in factum* ; cette action est mixte : 1° elle est pénale par rapport au défendeur.

Il en résulte qu'elle ne dure qu'un an et qu'elle ne pourra être donnée après l'année contre le défendeur, ou contre ses héritiers après la mort de leur auteur, que *in id quod pervenit*.

2° Elle est *rei persecutoria* par rapport au demandeur, car il demande *id quod interest*, dès lors elle passe à ses héritiers (Loi I, § 8, *eod. tit.*)

Mais cette action n'est pas la seule manière pour le créancier d'obtenir satisfaction, il a un moyen direct de lever les obstacles de fait et d'arriver au bénéfice effectif de l'envoi.

Nous voulons parler de l'exécution forcée, *manu militari*. C'est un parti que l'on peut toujours prendre, et lorsque la résistance au décret d'envoi vient de la part du débiteur lui-même, on ne comprend guère l'autre façon d'agir.

Ce second moyen de protéger l'envoi en possession nous est indiqué formellement par Ulpien (Loi 3, pr. *eod. tit.*). Si on repousse l'envoyé, nous dit-il, le magistrat fera exécuter son décret, « *extra ordinem... nonnunquam etiam per manum militarem.* » Ulpien donne cette solution dans une hypothèse particulière, mais il nous paraît incontestable qu'il ne fait là que l'application d'une règle générale.

Le créancier a donc le choix entre deux partis ; mais il ne peut pas cumuler, il ne pourra à la fois obtenir une condamnation en vertu de son action *in factum*, et en même temps poursuivre le paiement de sa créance par l'envoi en possession.

Cette solution qui est d'abord conforme à la nature mixte de l'action dont nous avons parlé, trouve d'ailleurs un appui dans la loi 51 *De re judicata* (42, 1). Cette loi nous enseigne que si le créancier qui a été repoussé de l'envoi en possession a obtenu le montant de son intérêt, le débiteur sera libéré. La raison en est donnée par Paul : « *Et puto improbum esse eum*, dit-il, *qui velit iterum consequi quod accepit.* »

Toutefois, cette solution ne saurait être absolue, et au cas où la valeur des biens qui devaient être possédés (valeur qui est la mesure du montant de l'intérêt du créancier à la possession) n'égalerait pas la dette, il serait toujours possible d'agir contre le débiteur en paiement du surplus.

— Ainsi, le premier effet de l'envoi en possession est d'assurer et de garantir aux créanciers la détention et la garde des biens de leur débiteur.

Dès lors, on pourrait croire que quand il y a un obstacle matériel à la détention, lorsque, par exemple, les lieux sont inondés, cet effet va disparaître.

Mais des textes formels nous disent qu'il n'en est pas ainsi. (Conf. Loi 12. § 2, et Loi 13 *De rebus auct. jud.* Dig., 42. 5.). Les créanciers seront donc considérés comme si la possession avait réellement existé, et cela suffira pour qu'il y ait possibilité de *venditio*.

L'étude que nous venons de faire nous permet de constater une première analogie frappante entre l'envoi en possession et le dessaisissement produit chez nous par le jugement déclaratif ; dans l'un comme dans l'autre cas, le débiteur tout en perdant la garde et l'administration de ses biens, en conserve la propriété.

2° *Effet.* — L'envoi en possession confère aux créanciers l'administration des biens qu'il affecte. C'est, en effet, dans l'intérêt des créanciers qu'elle est enlevée au débiteur, il était donc tout naturel de la leur confier, d'autant plus qu'ils ont déjà, nous venons de le voir, la détention et la garde des biens, et que ces droits se lient intimement avec des pouvoirs d'administration.

Nous examinerons successivement : par quelles personnes sera exercé ce droit d'administration, et ce qu'il comporte.

— Et d'abord par quelles personnes sera-t il exercé ?

Il peut être exercé par le créancier lui-même (Loi 9, pr. *De rebus auct. jud.*) (Loi 8, § 1, *eod. tit.*).

S'il y en a plusieurs, comme il est difficile (1) que tous administrent concurremment, *ne rationes corrumpantur*, il est exercé habituellement par un seul d'entre eux, désigné par eux (L. 15, *eod tit.*).

(1) Mais cela n'est pas impossible. (Comp. L. 9, *De rebus auct. jud.*)

S'ils ne peuvent s'accorder sur le choix, le préteur désignera celui qui sera chargé d'administrer (Loi 8, § 1, *eod. tit.*)

Le *curateur* (1) a beaucoup de ressemblance avec les syndics provisoires dont parlait l'art. 480 du Code de commerce de 1808.

Il n'est pas essentiel que le curateur ainsi nommé soit l'un des créanciers, ce peut être un étranger (loi 2, § 1. *De curatore bonis dando, Dig.* 42, 7). Il y a là une nouvelle analogie avec notre droit commercial sur les faillites (art. 462, *in fine*).

La nomination d'un curateur par le magistrat est nécessaire quand il s'agit d'exercer les actions du débiteur (L. 14, pr. *De rebus auct. jud.*).

Doneau explique la nécessité de cette intervention du prêteur en disant que probablement, la représentation du débiteur *in jure* par ses créanciers, ne pouvait avoir lieu que par une personne chargée spécialement de cela par l'autorité publique (Lois civiles, XXIII, 17, 1). Au reste, en fait, le curateur était désigné d'abord par les créanciers, et le prêteur confirmait simplement leur choix (Loi 2, princ. *De curatore bonis dando*).

En général, celui qui avait été nommé curateur pouvait refuser cette fonction, à moins qu'en raison de la gravité des circonstances, l'empereur ne lui eût donné l'ordre formel d'accepter. (Loi 2, § 3. *De cur. bon. dando*). Au surplus, cette

(1) Il ne faut pas confondre, comme l'ont fait certains auteurs, le *curateur* avec le *magister* chargé de la vente des biens.

De tout temps, il y a eu à côté du *magister*, qui devait faire la vente, un curateur chargé de l'administration du patrimoine. (Conf. Paul, Loi 1. *De curatore bonis dando*, 42. 7.)

Ce qui a fait croire que le *curateur* et le *magister* n'étaient qu'une seule et même personne, c'est que Gaius et Théophile ne parlent que de ce dernier ; mais cela se comprend, car ils ne s'occupent de la *venditio* que comme produisant une succession prétorienne, ils ne peuvent dès lors parler du curateur dont le rôle est relatif à l'administration des biens. — (Jules Tambour, *Voies d'exécution*, p 185 et suiv. ; Muhlenbruch, *Doctrinæ Pandectorum*,)

curatelle était tout à fait personnelle et ne passait pas aux héritiers de celui qui en avait été chargé (Loi 9. *De curatore furioso.* 27. 10).

Le curateur une fois nommé, quel est son rôle :

1° Le curateur représente la personne du débiteur, auquel il est en quelque sorte substitué. Des actions utiles sont données contre lui, et c'est contre lui qu'agissent les créanciers pour faire valoir leurs droits (Loi 2, § 1. *De cur. bon. dando*).

Il devra même prévenir l'action dans le cas où le défaut de paiement ferait encourir une clause pénale. C'est ce que nous rapporte la loi 1, § 2. D. *De cur. bon. dando*, en ces termes : « *Sed si grave æs alienum sit, quod ex pœnâ crescat, per curatorem solvendum æs alienum.* »

2° Le curateur dont la nomination a été confirmée par le magistrat et qui agit dans la limite de ses pouvoirs oblige tous les créanciers ; s'il n'a pas été élu à l'unanimité, ceux qui lui ont donné leur voix auront contre lui l'action de mandat, les autres l'action de gestion d'affaires (L. 2. § 1. *De cur. bon. dando*. Loi 22, § 10. *Mandati* 17. 1).

Au contraire, au cas où le magistrat n'est pas intervenu dans la nomination du curateur, ce curateur n'est plus qu'un simple mandataire des créanciers qui l'ont nommé ; dès lors ceux-ci ont bien contre lui l'action de mandat, mais quant aux autres, ils ne pourront l'actionner ; ils auront cependant la ressource de s'adresser directement aux créanciers électeurs par l'action *negotiorum gestorum*, si ceux-ci connaissaient l'existence des créances de ceux qui n'ont point participé à la nomination, par une action *in factum*, s'ils l'ignoraient (Par anal. L. 22, § 10, *Mand.* L. 5, *De cur. bon. dando*).

Ajoutons enfin que : s'il y a eu plusieurs curateurs de nommés et qu'ils ne se soient pas partagés l'administration, il y aura contre chacun d'eux une action *in solidum*, à moins que l'un d'eux n'ait été nommé malgré lui, auquel cas, il ne sera tenu qu'à raison de ce qu'il aura fait ou reçu. (L. 2, § 2 et 5.

De cur. bon. dando. L. 46, § 1, *De adm. et peric. tutorum*, 26. 7).

— Entrons maintenant dans les détails de l'administration exercée soit par les créanciers, soit par leur curateur et demandons-nous ce qu'elle comporte. Cicéron nous rapporte le texte de l'édit (1) qui pose le principe de la conduite des créanciers qui entrent en possession.

« *Qui ex edicto meo in possessionem venerint, eos ita videtur in possessionem esse oportere : quod ibidem recte custodire poterunt, id ibidem custodiant : quod non poterunt, id auferre et abducere licebit. Dominum invitum detrudere non placet.* »

Ainsi, les créanciers qui sont, de par l'envoi, constitués les gardiens du patrimoine du débiteur, ne pourront déplacer les objets compris dans ce patrimoine à moins qu'il n'y ait nécessité absolue ; de plus, ils n'auront pas le droit d'expulser le débiteur par la violence.

Mais leur droit de surveillance et leur responsabilité, comme aussi l'intérêt qu'ils ont à prendre toutes mesures tendant à empêcher la disparition de leur gage, leur laissent toujours le pouvoir de faire l'inventaire des biens de leur débiteur, de donner un état de ses titres et de vérifier ses comptes (Loi 15. *De rebus auct. jud.*).

Nous savons d'ailleurs que les créanciers peuvent s'assurer de la personne de leur débiteur *confessus* ou *judicatus* au moyen de l'ordonnance *duci jubere*.

Ceci nous permet de faire un nouveau rapprochement entre la procédure romaine et notre procédure des faillites (Conf., art. 455, art. 479, 491, C. de Com.).

Telles sont les opérations préliminaires que les créanciers peuvent faire en entrant en possession.

Les Lois 8 et 9 (*De rebus auct. jud.*) réglent l'administration proprement dite.

(1) Chap. 27, *Pro Quintio*.

D'après ces textes, les créanciers pourront percevoir les fruits des biens du débiteur et les vendre.

Ils pourront, s'ils le préfèrent, affermer les biens, et pourvu qu'ils aient agi sans dol, la location sera maintenue quelque grande que soit sa durée.

Mais ils devront respecter les ventes de récoltes et les locations faites antérieurement et sans fraude par leur débiteur, quelque désavantageuses qu'elles puissent être pour eux.

Lorsque l'administration cesse, soit parce que le débiteur paye et reprend ses biens, soit parce que l'officier chargé de de la vente se met en devoir d'y procéder, il y aura certainement des comptes à débattre ; l'édit règle les diverses situations qui peuvent se présenter.

Voici le texte de cet édit : « *Si quis, cum in possessione bonorum esset quod eo nomine fructus ceperit, ei, ad quem ea res pertinet non restituat : — sive quod impensæ sive dolo malo fecerit, ei non præstabitur : — sive dolo malo ejus deterior causa possessionis facta esse dicetur : — de eà re judicium in factum dabo.* » (L. 9, pr., *De rebus auct. jud.*). Examinons chacune des parties de l'édit :

Ainsi 1°. Les créanciers envoyés en possession (1) qui ont perçu les fruits doivent en rendre compte, « *quod eo nomine fructus ceperit.* »

On entend ici par fruits, non-seulement tout ce que la chose produit périodiquement, mais encore tout ce qui est recueilli à l'occasion des biens possédés ; *quidquid ex re debitoris pervenit*, par exemple : le montant d'une peine que le débiteur aurait stipulée pour garantie d'une convention relative à l'un de ces biens.

Les créanciers remettront toutes ces choses ; s'ils n'ont acquis que des créances, ils se dégageront en les cédant à ceux à qui ils doivent rendre compte (L. 14, § 1 *De rebus auct. jud.*).

(1) Ce que nous disons des créanciers s'applique bien entendu au curateur, si c'est un curateur qui a été chargé d'administrer pour eux.

Le créancier envoyé en possession doit compte non-seulement de ce qu'il a perçu, mais encore de ce qu'il aurait dû percevoir, car, par le fait qu'il a demandé et obtenu l'envoi, il a aussi bien le devoir que le droit d'administrer. Il doit donc justifier d'une gestion raisonnable et honnête.

Ainsi, on pourra lui reprocher le mode dont il a administré, lui imputer à faute de n'avoir pas vendu les récoltes, ou loué les biens, quand il en eut tiré ainsi un parti plus avantageux qu'en exploitant lui-même (L. 9, § 6, *eod. tit.*).

Il répond, *a fortiori*, des dégradations qu'il a commises ou laissé commettre sur les biens remis en ses mains.

Dans tous ces cas, cependant, le créancier ne sera tenu que de son dol ou de sa faute lourde, sa situation est donc bien meilleure que celle du gagiste relativement à l'objet engagé (§ 5, *ead. lege*).

Au surplus, la responsabilité du créancier est limitée au temps pendant lequel il garde la possession, soit par lui-même, soit par un curateur. Il peut renoncer à cette possession, et, dès ce moment, sa responsabilité cessera pour l'avenir. (§ 6, *in fine*).

2° Le créancier qui doit rendre compte de ce qu'il a perçu ou dû percevoir, peut à l'inverse se faire indemniser des frais que lui a causé l'envoi en possession. Le *principium* de la loi 9 qui rapporte les termes de l'édit, ne nous laisse aucun doute sur l'existence de cette règle souverainement équitable : « *Sive quod impensæ nomine sine dolo malo fecit, ei non prestabitur.* »

Pour vérifier si le créancier a droit au montant de ses déboursés, on n'examinera pas les résultats, on recherchera simplement si le créancier a été de bonne foi en faisant la dépense, s'il a cru agir sagement, et, cela constaté, il aura le droit de faire entrer sa créance en compte, pour en réclamer le montant, ou la compenser avec ce qu'il doit lui-même (§ 2 et § 3, *in fine et princip.*)

3° Lorsqu'on aura ainsi fait la balance entre les divers éléments du compte, on donnera pour ou contre l'envoyé en possession, suivant que cette balance le constituera ou non créancier ou débiteur, une action *in factum*. Ce ne sera pas l'action *negotiorum gestorum*, le § 4, *in fine*, nous en fait la remarque. La raison en est que le créancier a voulu faire son affaire et celle de ses cocréanciers, et non pas celle d'autrui. (Conf., L. 14, § 1, *in fine, De rebus auct. jud.*)

Mais quelle est la nature de cette action ? Elle est *rei persecutoria*. C'est l'intérêt du demandeur qui en est la mesure, et elle a pour but de faire sortir du patrimoine du défendeur, une valeur qui y figure à tort.

Elle est donc perpétuelle, transmissible à des héritiers et contre des héritiers.

Il est un cas cependant où elle est transformée et prend un caractère pénal, c'est quand elle est fondée sur le dol même de l'envoyé en possession, dans ce cas elle devient pénale contre le défendeur, et elle ne peut plus être donnée contre lui après l'année ou contre ses héritiers après sa mort, *nisi quatenus ad eum pervenit*. (Loi 10, *De rebus auct. jud.*)

Mais elle reste toujours *rei persecutoria* quant au demandeur, car le montant de la condamnation est toujours basé sur son intérêt, elle se transmet donc aux héritiers de ce demandeur. (Loi 11, *eod. tit.*)

4° Occupons nous maintenant, puisque nous analysons tous les chefs de l'édit, des personnes auxquelles le compte devra être rendu.

Il sera rendu: *ei ad quem ea res pertinet*, dit l'édit. Ces mots généraux, ne désignent pas toujours la même personne.

Ils peuvent viser le débiteur lui-même. C'est, en effet, à lui que doivent être rendus les comptes, si, alors que l'envoi en possession qu'il a subi n'avait pour cause que le défaut de paiement, il est venu y mettre fin en s'exécutant.

Ils peuvent aussi s'appliquer au *magister* dont le préteur autorise la nomination pour procéder à la vente, quand le débiteur n'est pas venu payer dans le délai de tolérance qui lui est laissé pour le faire, § 3. (1).

Nous en avons ainsi fini avec les règles de l'administration proprement dite.

— En ce qui concerne la jouissance, il suit de ce que nous avons vu plus haut, que le créancier perçoit les fruits, mais qu'il en doit rendre compte à qui de droit ; que, par exemple, il doit, si le débiteur fait cesser l'envoi, les lui restituer ou les imputer sur sa créance. (L. 48, D. *De solutionibus*, 46, 3.)

La perception des fruits ne les fait donc point gagner au créancier, et il n'en peut prendre même pour sa consommation pendant la durée de l'envoi. (L. 7, pr. *Quibus ex causis in poss.*, 42, 4.)

Néanmoins, il y a une exception à cette règle générale, c'est lorsqu'il y a eu envoi en possession de la chose même qu'on réclame ; dans ce cas les fruits sont quelquefois accordés au créancier, *ut lucro ejus cedat*, comme moyen de vaincre la résistance obstinée (*nimia contumacia*) du défendeur. La loi 7, § 19 *Quibus ex causis in poss.* (42, 4), nous donne cette solution à propos de la *petitio hereditatis*.

Ces fruits qui ne sont pas attribués en général au créancier, ne sont pas davantage remis au débiteur, qui a perdu du même coup par l'envoi en possession : la jouissance et l'administration. Ils sont affectés au paiement de ses dettes et grossissent le gage de l'envoyé ou des envoyés en possession.

Néanmoins la rigueur de ce principe tombe en faveur du pupille *indefensus* qui a subi l'envoi en possession de ses biens. Dans ce cas on prendra sur les biens possédés de quoi

(1) Le texte du § 3 se sert de l'expression : *curator bonis distrahendis datus*. Ces mots *curator*, *distrahendis* conviennent pourtant davantage à la vente en détail (*distractio*) qui se faisait par un curateur ; cependant, on peut penser qu'il s'agit bien réellement ici du *magister bonorum vendendorum*, et de la vente en bloc, *venditio bonorum*, car au temps des jurisconsultes, notamment au temps d'Ulpien de qui émane notre texte, la *venditio bonorum* ne s'était pas encore établie comme droit commun.

nourrir le pupille, « *vescendi pupilli causâ.* » (L. 33, *De rebus auct. jud.* (Sentences de Paul. *De rebus auct.*, § 1, tit. 5, B.) (1).

3° *Effet.* — Un troisième effet de l'envoi en possession à l'égard des créanciers qui l'ont obtenu est de faire naître à leur profit un droit de gage spécialement appelé *pignus prætorium.*

Le *pignus prætorium* diffère à plusieurs égards d'une autre institution prétorienne qui est la source de notre hypothèque judiciaire, et portait le nom de *pignus in causa judicati captum.* Ce *pignus in causâ judicati captum*, n'a lieu, son nom l'indique, qu'après une sentence; ajoutons, ou une *confessio in jure*, qu'on doit assimiler à la sentence. (Loi 31. *De re judicata* D. 42. 1).

Il est destiné à garantir l'exécution d'une sentence non plus précisément cette fois de la part d'un débiteur qui ne peut pas payer, mais plutôt d'un débiteur qui refuse de se soumettre au jugement qui le frappe.

La vente demeurant donc toujours le mode ordinaire en cas d'insolvabilité du débiteur, le préteur permit par sa nouvelle institution de procéder par voie de saisie sur des objets particuliers appartenant à celui-ci, pour vaincre sa mauvaise volonté et son injuste résistance.

Ce sont les agents du magistrat (*viatores, apparitores*) qui sont chargés de la saisie et ensuite de la vente.

Et une fois que cette saisie est opérée, le créancier auquel le préteur l'a accordée a sur les biens qu'elle affecte, un droit de préférence opposable aux autres créanciers qui n'ont acquis sur eux aucun droit antérieur de préférence.

Ces notions succinctes sur le *pignus in causâ judicati captum* nous permettront, tout en étudiant le *pignus prætorium,*

(1) Ce texte rectifie la loi 39, *De rebus auct. jud.*, qui sans lui serait incompréhensible, en ce que parlant d'abord au singulier, elle parle ensuite au pluriel (*pupillus, minoribus*), et aussi en ce qu'elle emploie maladroitement l'expression *minoribus*, qui ne convient juridiquement qu'à des mineurs de vingt-cinq ans et non à des impubères.

d'établir les différences qui existent entre ces deux créations du droit prétorien.

— Ulpien nous apprend l'existence du *pignus prœtorium* en ces termes :

« *Non est mirum, si ex quâcumque causâ magistratus in possessionem aliquem miserit, pignus constitui* » (Loi 26. *De pigneratitia actione vel contra*, 13, 7).

Entrons maintenant dans les détails :

1° Le *pignus prœtorium* qui n'est que la conséquence de la *missio in possessionem* est donné dans tous les cas où elle est elle-même donnée, c'est-à-dire aussi bien à la suite d'une sentence ou d'une *confessio in jure*, qu'en raison du défaut ou de l'insuffisance des défenses du débiteur.

Au contraire, le *pignus in causâ judicati captum* suppose toujours une condamnation ou un aveu judiciaire. Voilà pour la cause.

2° Le *pignus prœtorium* porte sur tous les biens du débiteur corporels ou incorporels.

« *Si prœtorium pignus quicumque judices dandum alieni perspexerint, non solum super mobilibus rebus et immobilibus et a se moventibus, sed etiam super actionibus quœ debitori competunt, prœcipimus hoc eis licere decernere.* » (L. 1, Code *De prœtorio pignore*, 8, 22).

C'est là une différence avec le *pignus in causâ judicati captum* qui ne porte que sur quelques objets ; on ne saisit, en effet, que jusqu'à concurrence de ce qui est suffisant pour assurer l'exécution de la sentence. Voilà pour l'étendue.

3° Les effets du *pignus prœtorium* diffèrent aussi beaucoup de ceux du *pignus in causâ judicati captum*. Le créancier n'acquiert, en effet, par le premier *pignus* aucun droit de préférence vis-à-vis de ses cocréanciers. Car lorsqu'on possède au nom de quelqu'un, on ne peut par cette possession acquérir un droit de gage opposable à celui qu'on représente, or, il est certain, que le créancier qui a obtenu l'envoi en possession, possède au nom de la masse, que cet envoi profite à tous, qu'il a été donné en un mot, *in rem* et non *personæ solius petentis*. C'est ce que témoigne la loi 12 *De rebus auct. judic.* : « *Cum unus ex creditoribus postulat in bona se mitti, quæritur utrum solus is, qui petit, possidere potest? An cum unus petit, et prætor permisit, omnibus creditoribus aditus sit? Et commodius dicitur, cum prætor permiserit non tam personæ solius petentis, quam creditoribus et in rem permissum videri.* »

Nous savons, au contraire, que le *pignus in causâ judicati captum* confère un véritable droit de gage, de préférence, au profit du créancier pour lequel les *apparitores* du magistrat ont saisi.

Mais les deux institutions se rapprochent ici par un point ; c'est que ce n'est que du jour de la prise de possession de la part du créancier qui a obtenu l'envoi, comme ce n'est que du jour de la saisie de la part des agents du magistrat, que datent les effets d'ailleurs si différents de ces deux garanties d'exécution : « *Sciendum est, ubi jussu magistratus pignus constituitur, non alias constitui nisi ventum fuerit in possessionem* » (Conf. L. 26, § 1. *De pign. act. Dig.* 13. 7). (*Const.* 2. C. *Qui potiores.* 8. 18).

4° Le mode de procéder varie aussi, suivant qu'on se place dans l'une ou dans l'autre hypothèse ; ainsi, tandis qu'au cas de *pignus in causâ judicati captum*, la saisie et la vente doivent être faites par l'intermédiaire des *apparitores* ; au cas de *pignus prætorium*, les créanciers peuvent prendre d'eux-mêmes possession des biens de leur débiteur, à partir du décret d'envoi.

— Demandons-nous maintenant quelle est l'utilité du *pignus prætorium*.

Il a des effets semblables à ceux du dessaisissement en matière de faillite.

Désormais la situation respective du débiteur et de ses créanciers est fixée ; le débiteur ne peut plus y porter atteinte, il ne peut améliorer ni détériorer la condition des uns au détriment ou au profit des droits des autres. Les créanciers gardont chacun les causes de préférence qu'ils peuvent avoir acquises, « *suam vim singulis creditoribus habentibus*, » (Const. 8, *Qui bonis cedere* 7 71), il serait, en effet, très-injuste de les leur enlever; mais en dehors de ces droits acquis antérieurement, il règne entre eux une égalité que le débiteur ne peut pas altérer.

Dès lors, une fois l'envoi en possession, les créanciers pourront prétendre qu'ils ne peuvent être atteints par les actes que leur débiteur a pu faire depuis cette époque et que ces actes sont, quant à eux, sans aucune valeur.

Premier exemple. — Un créancier s'est fait payer ce qui lui est dû par son débiteur dont il connaissait l'insolvabilité; sera-t-il tenu de partager avec les autres créanciers la somme qu'il a reçue?

Tout dépend de savoir si le décret d'envoi en possession a été ou non, obtenu et exécuté au moment où le paiement a eu lieu; dans le premier cas, le paiement sera non avenu, en raison du principe d'égalité dont nous avons parlé plus haut. « *Neque enim debuit præripere cæteris post bona possessa, cum jam par conditio omnium creditorum facta esset* » (Loi 6. § 7. D. *Quæ in fraudem*. 42. 8).

Dans le second cas, au contraire, le paiement sera maintenu; il n'y a, en effet, aucun motif pour l'attaquer, et l'on ne peut reprocher au créancier qui a reçu son paiement dans de telles conditions, d'avoir commis un acte répréhensible. *Sibi enim vigilavit*, dit Ulpien.

Mais dans le cas où le créancier qui a touché devra rapporter le paiement à la masse, par quelle action l'y obligera-t-on? Ulpien nous enseigne (Loi 6. § 7 et Loi 10. § 16, *Quæ in fraudem creditorum*) que ce sera par l'action Paulienne. Ainsi: 1° l'acte n'est pas nul de plein droit, comme ceux que ferait chez nous en cas de faillite un débiteur dessaisi.

2° D'autre part, le dessaisissement a néanmoins, en droit romain, des effets spéciaux, puisqu'il rend l'exercice de l'action

Paulienne dans un cas où elle ne le serait pas en droit commun.

Ceci nous conduit à admettre comme très-probable, que c'était par une action *in factum* que procédait le créancier qui prétendait avoir été lésé. Cette action réussira à la seule condition qu'on prouve que l'acte attaqué est po térieur à l'envoi qui fixe irrévocablement la situation de créanciers.

Les solutions que nous venons de donner ne sont pas spéciales au paiement, elles s'appliquent encore à la constitution d'un gage, d'une hypothèque de la part du débiteur au profit d'un des créanciers compris dans l'envoi.

— Mais les appliquerons-nous encore au cas où le débiteur aurait contracté des obligations, constitué des hypothèques, consenti des aliénations au profit de tiers ? Faut-il prouver la mauvaise foi de ces tiers, démontrer qu'ils ont connu l'envoi en possession ; ou bien la validité de l'acte, sera-t-elle subordonnée à une simple question de date, comme cela se passe chez nous en matière de faillite, après le jugement déclaratif ?

Il n'y a point de documents à cet égard et l'on doit se borner à de simples conjectures.

Néanmoins, en décidant que l'envoi en possession confère à la masse un droit opposable aux tiers, on expliquerait d'une manière rationelle la formalité de publicité de la *proscriptio*, dont nous parlerons plus loin et qui est non-seulement une mise en vente, mais qui est aussi une mesure destinée à faire connaître aux tiers le dessaisissement du débiteur, ce dont on ne comprendrait guère l'utilité si ce dessaisissement ne valait pas contre eux (1).

On pourrait encore invoquer dans le sens de cette idée la loi 10, § 3 (*Quæ in fraudem cred.*), en la généralisant. Voici l'hypothèse de cette loi :

Un débiteur veut vendre un de ses biens, les créanciers

(1) Comp. Art. 442, C. de Com.

notifient défense d'acheter à celui qui veut s'en rendre acquéreur, « *testato conventus est a creditoribus ne emeret* : » Si, nonobstant cette défense, celui à qui elle a été faite, achète, il sera soumis à l'action Paulienne. « *Et magis est ut teneri debeat, non enim caret fraude qui conventus testato perseverat* » (*ead. leg.*).

Eh bien ! on peut dire que la *proscriptio* a fait l'office de cette défense formelle, et que la situation des tiers contractants, après l'envoi en possession, ne peut être différente de celle de celui qui a acheté au mépris de l'avertissement des créanciers du vendeur.

Ainsi, l'on peut admettre que le *pignus prætorium* donne à la masse un droit de préférence sur les créanciers postérieurs.

Mais donne-t-il un droit de suite, comme l'hypothèque ?

Certains auteurs pensent qu'il en fut ainsi, du moins depuis Justinien et se fondent pour l'établir sur la Const. 2 au Code. *De prætorio pignore.* (8. 22).

Justinien nous y apprend, disent-ils, que la question était controversée dans l'ancien droit : « *Veteris juris dubitationem decidentes.* » Il tranche cette controverse et décide que les créanciers pourront toujours, en vertu du *pignus prætorium*, recouvrer la possession, l'eussent-ils perdue par leur propre faute ; « *quocumque modo possessionem amittat, sive suâ culpâ, sive non, sive fortuito casu.* »

Cette solution trancherait la difficulté que nous avons exposée précédemment.

Mais il n'est pas certain que la Constitution 2 ait la portée qu'on lui assigne. Elle peut s'expliquer tout autrement. Elle semble, en effet, ne s'occuper que d'une simple perte de la possession et non pas du cas où l'un des objets sur lesquels portait le *pignus* est tombé dans les mains d'un tiers acquéreur.

La controverse qui existait dans l'ancien droit et que Justinien a terminée n'était autre que celle-ci : la possession effective, nécessaire pour l'acquisition du *pignus prætorium* (inutile pour celle du *pignus conventionale*), est-elle aussi nécessaire pour sa conservation? Justinien décide la question en faveur du *pignus prætorium* (1). Il est, dès lors, difficile de conclure du texte précité, qu'un droit de suite a été conféré au créancier nanti d'un *pignus prætorium*.

B. — Il nous est plus facile maintenant de préciser les effets que produit l'envoi en possession à l'égard du débiteur?

1° L'effet principal de cet envoi est de dessaisir le débiteur. et de lui ôter l'administration et la jouissance de ses biens.

Néanmoins, nous l'avons déjà vu, par une faveur spéciale, des aliments sont assurés aux pupilles (et aussi probablement aux autres incapables) qui n'ont pas été défendus et ont pour cette raison, subi l'envoi en possession (Sent. de Paul. L. V, t. 5, D. 1), (L. 33 pr. Ulp. *De rebus, auct. jud.*).

2° L'envoi en possession infligeait, au moins au débiteur qui avait fait défaut, une sorte de déshonneur.

Cicéron, dans son plaidoyer pour Quintius, fait de la nullité d'un envoi en possession une question qui touche à l'*existimatio* : « *Cujus bona ex edicto possidentur, hujus omnis fama et existimatio cum bonis simul possidetur.* » (Ch. 8. 9. 13. 14. 15).

Aussi désormais, d'après ce que nous apprend la Table d'Héraclée, le débiteur était exclu des fonctions municipales, sauf toutefois l'incapable qui n'était pas suffisamment défendu par ses représentants et le citoyen qui était absent sans aucun dol de sa part, pour le service de la République.

« *Cujusque bona ex edicto ejus qui juridicundè præfuit præfuerit, præterquam si cujus, quum pupillus esset reive publicæ causa abesset, neque dolo malo fecit fecerit, quo magis reipublicæ causa abesset, possessa proscriptave sunt, erunt.* »

3° Enfin le débiteur devait désormais fournir *la caution*

(1) Dans la Const. 2, le mot *prætorium pignus* pris par opposition à *pignus conventionale*, paraît avoir une portée générale et comprendre le *pignus in causâ judicati captum*.

judicatum solvi, dans toutes les actions où il était défendeur (Gaius, IV, § 102). Il est probable cependant que par analogie de motifs avec le cas précédent, les incapables non défendus et les citoyens absents pour le service de l'Etat étaient dispensés de cette caution.

SECTION III.

AU PROFIT DE QUI A LIEU L'ENVOI EN POSSESSION, ET SUR QUELS BIENS IL PORTE.

Principe général. — A. Restrictions qu'il souffre quant aux personnes. — B. Restrictions quant aux biens.

A propos du *pignus prætorium* qui résulte de l'envoi en possession, nous avons eu l'occasion de remarquer que l'envoi en possession était une voie d'exécution introduite dans l'intérêt de tous les créanciers et que une fois qu'il était obtenu par l'un d'eux, il profitait à tous. Nous avons cité à l'appui de cette affirmation la loi 12 princ. *De rebus auct. jud.*

L'envoi en possession qui profite ainsi à la masse de tous les créanciers, est également général quant aux biens sur lesquels il s'exerce. A la manière du dessaisissement qu'implique dans notre législation commerciale le jugement déclaratif de faillite, c'est un droit qui est donné à l'ensemble des créanciers sur l'ensemble des biens.

Toutefois ce double principe admet quelques exceptions, et nous allons le reprendre dans chacune de ses parties pour découvrir les restrictions qu'il souffre soit quant aux personnes, soit quant aux biens.

A. — Nous disons donc que tout créancier du débiteur peut obtenir l'envoi, qu'il n'est pas nécessaire que tous les créanciers se concertent pour le demander, et qu'une fois qu'il est accordé à l'un d'eux il existe pour tous les autres.

Il subsiste encore à leur profit, alors même que le créancier impétrant a été désintéressé par le débiteur ; et, nonobstant ce paiement, les autres créanciers n'en pourront pas moins poursuivre la vente (Loi 12 princ. *De rebus auct. jud.*).

Mais d'après la Const. 10 au Code, *De bonis auct. jud.* (7.72) de Justinien, quand les créanciers viendront réclamer le bénéfice de l'envoi obtenu par l'un d'eux, ils devront lui notifier leurs créances dans un certain délai et lui rembourser leur part dans les frais faits jusque-là, frais dont le montant sera fixé sous serment par celui qui en aura fait l'avance.

— L'envoi en possession peut-il être obtenu même par un créancier à terme ou sous condition ?

Les textes sont en désaccord sur ce point, ainsi qu'on peut le voir par la comparaison de la loi 6, pr. de Paul. et de la loi 7, § 14 d'Ulpien, *Quibus ex causis*.

La première dit, en effet : « *In possessionem mitti solet creditor, etsi sub conditione pecunia ei promissa sit*... et la seconde : *si in diem vel sub conditione debitor latitet, antequam dies vel conditio veniat, non possunt bona ejus venire.* »

D'autre part, Paul contredit lui-même la décision qu'il donne dans la loi 6, par celle qu'il donne dans ses *Questions* et qui est reproduite dans la loi 14, § 2, *eod. tit.* : « *Creditor autem conditionalis in possessionem non mittitur, quia is mittitur qui potest bona ex edicto vendere.* »

On a proposé plusieurs conciliations de ces diverses lois. Celle qui nous paraît la plus satisfaisante est celle de Doneau ; d'après lui, il faudrait distinguer suivant que le créancier à terme ou sans condition est seul créancier, ou qu'il y en a d'autres qui se soient fait envoyer en possession.

Dans le premier cas, on lui refusera l'envoi en possession, parce qu'il n'a aucun titre pour l'obtenir.

Il ne peut certes être question pour lui d'une condamnation à exécuter ; ce premier chef d'envoi lui fait donc défaut.

Il ne pourra pas davantage invoquer l'absence ou l'incapacité de son débiteur ou des faits de *latitatio*, car ces faits ne motivent l'envoi en possession que s'ils empirent la situation de celui qui les invoque.

Or dans notre hypothèse, le créancier ne peut se prétendre lésé, car ou il ne peut pas agir du tout, ou il ne peut le faire sans se voir repousser par une exception.

« *Quid enim interest debitor quis non sit an nondum conveniri possit? nam, etsi non sit debitor, idem dicemus* » (Loi 7, § 14, *eod. tit.* Ulpien).

D'ailleurs un débiteur qui par son absence ne préjudicie pas à la condition de son créancier, n'est pas un débiteur *indefensus* : « *Defendi autem videtur qui per absentiam suam in nullo deteriorem causam adversarii faciat* » (L. 2, § 3, *Ex quibus causis* (1).

Dans le deuxième cas, au contraire, c'est-à-dire quand il y a d'autres créanciers que le créancier à terme ou sous condition, et que ces créanciers dont le droit était exigible ont obtenu l'envoi en possession, nous pensons qu'on peut dire que le créancier à terme ou sous condition sera admis à en profiter.

Parlons d'abord du créancier à terme.

Gaius, C. IV, § 65, etc., prévoit l'hypothèse suivante : Un *bonorum emptor* s'occupe de recouvrer des débiteurs du *defraudator* dont on a vendu les biens, une créance personnelle qu'il a contre eux ; il se trouve que ces tiers sont créanciers du *defraudator*; le *bonorum emptor* est donc à la fois débiteur (*defraudatoris nomine*) et créancier d'une même personne ; il devra dans son action faire déduction de ce qui est dû à celui qu'il poursuit : « *Item debet cum deductione agere... ita ut in hoc solum adversarius condemnetur quod superest, deducto eo quod invicem tibi defraudatoris nomine debet,* » (§ 65).

(1) Il en est tout autrement en matière de *missio in possessionem legatorum servandorum causâ*; le légataire à terme ou conditionel peut l'obtenir, si l'héritier refuse de lui donner caution.

Il y a plus et il devra déduire ce qu'il doit *defraudatoris nomine*, même *in diem*. « *Item vocatur in deductionem et id quod in diem debetur.* »

Ce passage autorise à admettre que la *venditio* rend les dettes exigibles (1) et à conclure que le créancier à terme, qui a droit de toucher une partie du prix de vente, peut participer aux actes qui la préparent.

Quant au créancier conditionnel, l'irrésolution est plus grande, car on ne sait pas s'il se trouvera avoir été créancier; cependant, comme il peut se faire que l'événement de la condition d'où dépend l'existence de son droit, démontre qu'il était bien créancier, il y a quelque rigueur à l'écarter d'une manière absolue de la distribution de biens qui, peut-être, seront considérés rétroactivement comme ayant été son gage.

Aussi l'on comprend très-bien que les textes l'ait assimilé au créancier à terme, en ce qui concerne l'envoi en possession, mais il convient toutefois d'adopter ce tempérament que si l'on en vient à la vente, il ne pourra recevoir son dividende qu'en donnant caution de restituer au cas où il résulterait de l'événement de la condition qu'il n'a jamais eu de droits.

B. — Le second chef de notre affirmation est que l'envoi en possession s'exerce sur la masse entière des biens du débiteur. « *Bonorum possessio spectatur non in aliquâ parte, sed in universis quæ teneri ac possideri possunt,* » dit Cicéron (*Pro Quintio*, c. 29).

Il faut comprendre dans cette masse les biens qui auraient cessé d'en faire partie mais que les créanciers y feraient rentrer par l'exercice de l'action paulienne.

Il est à peine besoin de dire que l'envoi ne porte que sur les choses susceptibles de propriété et non sur les personnes libres que le débiteur peut avoir sous sa puissance.

— Il y a cependant certaines restrictions à apporter à notre principe.

(1) F. Duranton, *Revue de droit français et étranger*, 1846, p. 745.

Occupons-nous, 1° de celles qui tiennent à la nature de l'objet.

Parmi les choses qui ne tombaient pas, à cause de la nature de l'objet, sous le coup de notre règle, étaient :

Les enfants naturels que les débiteurs avaient eus d'une esclave et cette esclave, sa concubine. « *Bonis venditis, excipiuntur concubina et liberi naturales.* » (L. 38, *De reb. auct. jud.*)

Il en était de même des statues élevées en l'honneur du débiteur dans les lieux publics (L 29, *De reb. auct. jud.*) et qui appartenaient à ce débiteur (1).

Mais une difficulté s'élève à propos du fonds dotal.

Le fonds dotal est, sans doute, la propriété du mari, néanmoins, celui-ci n'en peut pas disposer à sa guise, il n'a pas le droit, d'après la loi Julia, de l'aliéner sans le consentement de sa femme.

Eh bien ! si le mari ne peut faire seul une telle aliénation, comment ses créanciers pourront-ils la faire pour se payer du montant de leurs créances ?

Si l'on n'examinait que les principes qui régissent l'envoi en possession, on serait tenté de décider qu'en effet, les conditions dans lesquelles se trouve le fonds dotal s'opposent à ce que les créanciers s'en emparent pour le vendre.

Car les créanciers qui obtiennent par l'envoi la garde et l'administration du patrimoine de leur débiteur, ne peuvent exercer ces droits cependant, que sous l'obligation de respecter les rapports précédemment établis sans fraude entre ce débiteur et les tiers. En passant dans les mains des créanciers, les biens n'ont pas changé de caractère, le bien dotal reste dotal, ses revenus demeurent affectés à l'entretien du ménage, il ne peut pas être plus qu'avant vendu par le mari seul, ni par ses créanciers qui sont purement et simplement substitués à lui et n'ont pas plus de droits que lui ; il semble donc qu'on

(1) La loi 41 *De adq. rer. dom.* (41, 1) nous apprend qu'il était possible qu'une statue élevée dans un lieu public appartînt à un particulier.

en doive conclure que relativement à ce bien dotal, l'envoi en possession est sans objet et, par conséquent, ne doit pas s'appliquer.

Cependant lorsqu'on examine d'autre part les règles qui régissent l'inaliénabilité du fonds dotal, on est conduit à une solution tout à fait opposée.

Car l'aliénation qui est défendue au mari, c'est l'aliénation à titre particulier et non l'aliénation *per universitatem*. La loi Julia n'a jamais mis obstacle à une transmission universelle.

Ainsi quand le mari meurt, devient esclave, ou se donne en abrogation, le fonds dotal passe, comme tout le reste, à celui qui recueille l'universalité de ses droits.

Or la *bonorum emptio* est une espèce de succession (Inst., Titre XII, dans tous les cas c'est une acquisition *per universitatem*, et de ce chef elle comprend le fonds dotal (L. 1re, § 1. *De fundo dotali*. 23. 5).

Mais si le fonds dotal passe à l'*emptor*, ce n'est pas à dire qu'il va changer de nature et de condition entre ses mains ; il restera néanmoins inaliénable, et ses revenus seront affectés comme primitivement aux besoins du ménage (L. 1, § 1 et 2, *eod. tit.*), « *transit prædium.... cum suo tamen jure, ut alienari non possit.* »

L'*emptio bonorum* suppose bien que les affaires du mari sont dans le plus mauvais état, ce qui rend la dot exigible ; mais cela n'empêche pas le fonds dotal de tomber entre les mains de l'*emptor* avec tous les autres biens, pas plus que l'exigibilité survenue par le décès du mari n'empêche ce fonds de passer à son héritier quel qu'il soit, *ab intestat* ou institué, civil ou prétorien.

L'action *rei uxoriæ*, action privilégiée *inter personales actiones* seulement, ne comporte pas davantage pour la femme, avant Justinien, le droit de recouvrer le fonds dotal, elle ne vient donc pas modifier les idées que nous venons d'admettre et de développer (1).

(1) Demangeat, *Traité sur le fonds dotal*, p. 102 et suiv., p. 146.

2° N'y a-t-il point d'autres restrictions tenant à la nature de l'action ?

Plaçons-nous d'abord sous le système formulaire.

J'ai revendiqué ma chose, une sentence est intervenue qui m'a donné gain de cause et, à la suite de cette sentence, j'ai obtenu l'envoi en possession.

Dans ce cas, il ne peut y avoir de modifications au principe, car sous le système formulaire toute action, même réelle, aboutit à une condamnation pécuniaire, et comme alors il n'y a pas de raison pour faire porter l'envoi plutôt sur une partie du patrimoine que sur l'autre, l'envoi portera sur le tout.

Mais quand le débiteur est *indefensus*, il n'est pas intervenu de condamnation pécuniaire et la question que nous nous sommes posée reparaît.

En pareil cas, l'envoi en possession sera-t-il limité à la chose réclamée ?

Dans l'origine, l'envoi en possession portait sur l'universalité des biens, mais plus tard, il y eu controverse entre les jurisconsultes. Ulpien nous rapporte cette controverse dans la Loi 7. § 16 et 17. *Quibus ex causis*.

Nératius était pour la vente en masse et un rescrit d'Adrien confirmait cette doctrine. Celsus, lui, se prononçait en faveur de l'envoi en possession restreint à la chose réclamée.

Ulpien, § 17, concilie lui même ces deux théories en faisant remarquer que Celsus vise le cas spécial de *latitatio*, cas où en raison de ce qu'on devait arriver promptement à la *venditio*, l'envoi en possession prenait un caractère plus grave et cessait d'être un acte ayant un caractère surtout conservatoire.

Quand la chose réclamée était non plus un fonds spécial déterminé, mais une hérédité, y eût-il *latitatio* du possesseur, l'envoi se limitait à la masse de l'hérédité, à moins que le possesseur n'eût cessé de posséder l'hérédité par dol, telle est la décision que nous rapporte Ulpien au § 18 :

— Dans le Bas-Empire, quand le revendiquant a obtenu une sentence de condamnation, l'exécution devra porter sur la chose réclamée ; quand il s'agit d'un débiteur *indefensus*, il faudra recourir à l'envoi en possession et il est croyable que cet envoi se limite finalement à l'objet litigieux.

Cette opinion qui s'était déjà fait jour à l'époque de la procédure formulaire, se fortifie encore d'une décision de Scœvola, qui vivait sous Marc-Aurèle.

Il suppose qu'une action négatoire de servitude a été intentée et qu'on n'y a pas défendu ; dans ce cas, dit-il, il y aura mise en possession du fonds seulement : « *ad me possessio transferenda est* » (Loi 45. *De damno inf.* 39. 3).

Enfin il y a, au temps classique, deux hypothèses remarquables ou l'action *in rem* n'aboutira qu'à l'envoi en possession de la chose réclamée. Le premier était le cas où le défendeur possesseur refusait la *cautio judicatum solvi* ; le demandeur se faisait alors envoyer en possession par l'interdit *Quem fundum* ou *Quam hereditatem* et était constitué désormais défendeur au procès (Paul. Sentences, L. I, t. 2, § 1).

Le second cas est celui où, sur l'*interrogatio in jure*, le défendeur à l'action réelle déclarait faussement ne pas posséder : le demandeur était alors envoyé en possession à sa place (L. 20. § 1. D. *De interrogationibus*, 11. 1).

3° Il y a certains biens appartenant au débiteur qui seront soustraits exceptionnellement à l'envoi en possession à la suite de la séparation obtenue par les créanciers d'une personne à qui ce débiteur avait succédé.

Les créanciers héréditaires, refusant de devenir les créanciers personnels de l'héritier (*recesserunt a personâ heredis*), pourront se faire envoyer seuls, en possession des biens qui ont appartenu à leur débiteur, biens qui resteront leur gage exclusif.

L'abstention de l'héritier sien et nécessaire (*suus ac necessa-*

rius) produira, à l'égard des créanciers de la succession, des effets analogues à ceux de la séparation qu'ils auraient pu demander.

Dans ce cas, comme dans la première hypothèse, les créanciers héréditaires n'auront pas l'héritier pour débiteur ; à leur égard le défunt est considéré comme existant encore, les biens de la succession ne sont pas confondus avec ceux de l'héritier et ne seront pas compris dans l'envoi qui pourra être admis au profit des créanciers de ce dernier (1).

— Sous Justinien, il est au moins vraisemblable que l'envoi en possession a perdu sa portée générale.

(1) Ces notions nous permettent de comprendre la loi 28, *De rebus auct. judicis* qui prévoit et règle l'espèce suivante :

Un père de famille a institué son fils impubère et pour le cas où il mourrait avant sa puberté, il lui a donné un substitué.

A la mort de son père, le fils use du bénéfice d'abstention ; par suite les créanciers paternels vendent les biens qui composent la succession de leur débiteur. L'impubère est ensuite appelé à une autre succession ; il fait adition, mais il meurt avant d'avoir atteint sa puberté.

Les droits du substitué s'ouvrent alors ; et l'on se pose, dans cette circonstance, la question suivante : Les créanciers envoyés en possession des biens du père auront-ils contre le substitué acceptant, le droit de faire vendre la succession qui est advenue au pupille après son abstention, succession qui n'aurait pu être vendue entre les mains de celui-ci ?

De prime-abord, la négative paraît certaine. Comment, dira-t-on, donner plus de droits contre le substitué que contre le pupille héritier lui-même ? Comment restituer aux créanciers, rien que par l'acceptation de la succession du pupille de la part du substitué, un droit qui était perdu pour eux, au point que si le pupille était mort laissant son hérédité vacante, toute action sur elle leur aurait été refusée ?

Cependant, dit le jurisconsulte Javolenus, il faut décider le contraire ; car, lorsque le substitué accepte l'hérédité de l'impubère, c'est en vertu d'une vocation qui lui vient du père, l'auteur même du testament, de sorte qu'il est en même temps et l'héritier du fils et l'héritier du père ; appelé du même coup aux deux hérédités, il ne peut accepter l'une et répudier l'autre : *unum est testamentum*.

D'ailleurs, continue-t-il, le substitué ne sera pas recevable à prétendre qu'il n'est l'héritier du père que comme l'était l'institué dont il prend la place, car le bénéfice d'abstention est une faveur toute personnelle au fils héritier nécessaire de son père. Pour lui, sans doute, la qualité d'héritier

La Novelle 53 ch. 4. § 1, s'occupant du cas où un débiteur s'est soustrait aux poursuites de son créancier, décide que l'envoi aura lieu dans la mesure du montant de la prétention. « *In possessionem mittat actorem rerum ejus secundum mensuram declarati debiti.* »

Cette solution était commandée par la transformation qui s'était opérée dans le système des voies d'exécution ; à cette époque, en effet, la vente en masse avait disparu, l'envoi en possession de tout le patrimoine n'avait donc plus de raison d'être.

L'étude de la portée de l'action *in rem*, en matière d'envoi en possession, nous avait déjà donné d'ailleurs, des traces non équivoques de cette tendance restrictive.

est inévitable, mais du moins il ne subit pas forcément la honte qui s'attacherait à la vente de ses biens. Donc tous les biens qui font ou feront, par la suite, partie de son patrimoine, échappent aux atteintes des créanciers.

Mais quand le substitué accepte, son acceptation est indivisible et le rend obligé personnel des créanciers du testateur ; dès lors, ne pouvant soustraire ses biens en général, aux poursuites des créanciers, on ne voit pas comment il pourrait y soustraire ceux qui lui viennent du chef de l'impubère.

— Nous dirons pourtant que cette solution n'était pas admise unanimement.

Marcellus et Ulpien la critiquent et la combattent, comme il est facile de le voir dans la loi 42 *De adq. vel om. her.* (29, 2).

Une semblable décision, disent-ils, va directement contre l'intérêt du pupille, car le substitué, menacé des dettes du père, ne fera pas adition et laissera la succession *ab intestat* s'ouvrir.

Ce substitué pourra même trouver avantage à cette combinaison. Par exemple, il était le frère du testateur (c'est la supposition d'Ulpien) ; il ne fera pas adition, la succession *ab intestat* s'ouvrira, il profitera alors de la vocation qu'il a de ce côté et recueillera l'hérédité du pupille sans avoir rien à craindre des créanciers de son père et sans avoir à payer les legs contenus dans le testament.

Et il sera impossible de dire que cette manière d'agir est frauduleuse, car elle n'a eu qu'un but très-légitime, celui de soustraire aux charges paternelles l'hérédité du pupille.

SECTION IV.

QUEL EST LE MAGISTRAT COMPÉTENT ET COMMENT IL PROCÈDE.

A. Magistrat compétent. — **B.** Comment il procède.

Les créanciers doivent s'adresser au magistrat pour obtenir l'envoi en possession (1).

A. — Mais à quel magistrat ?

Pour répondre d'une manière complète à cette question, il faut l'examiner en passant brièvement en revue toutes les transformations de l'organisation judiciaire à Rome.

Constatons d'abord une règle qui domine constamment toute cette matière.

C'est que l'exécution, à Rome, s'est toujours faite *extra ordinem*, c'est-à-dire en vertu du pouvoir du magistrat, et non au moyen de la nomination d'un *judex* chargé d'y procéder.

Le texte suivant, le démontre irréfragablement : « *A divo Pio rescriptum est*, dit Ulpien, *magistratus populi romani, ut judicum a se datorum vel arbitrorum sententiam exequantur, hi qui eos dederunt* » (L. 15. D. *De re judicatâ*. 42. 1).

Ainsi, la sentence une fois prononcée par le juge, il faut revenir devant le magistrat pour arriver à la faire exécuter.

Demandons-nous maintenant à qui a appartenu successivement le pouvoir d'exécution dans le droit romain (2).

— Sous la République, il était conféré à Rome aux préteurs

(1) Ils ne sauraient procéder à l'exécution forcée de leur autorité privée; en le faisant, ils se seraient exposés, suivant les cas, à la peine du *furtum* ou de la *rapina*. (Loi 6, § 2 *De re Judicata*.)

(2) Le pouvoir d'exécution découlait pour le magistrat du *mixtum imperium* qui ne se séparait guère de la *jurisdictio* (L. 3 et 4, D., *De jurisdict.*, 2, 1).

et probablement aussi aux édiles, dans les limites de leur juridiction.

En Italie, aux magistrats municipaux, *duumviri* ou *quatuorviri juri dicundo,* et dans certaines villes à des *præfecti* envoyés de Rome. Toutefois, le droit de ces magistrats municipaux n'était pas aussi étendu que celui des magistrats de Rome, et si l'on n'admet pas ce que croient certains auteurs, qu'il était restreint à l'exécution sur la personne, tout au plus peut-on dire qu'il ne s'appliquait que dans des cas tout à fait spéciaux à l'exécution sur les biens (1).

Dans les provinces, sauf pour quelques villes dont l'organisation était calquée sur celle des municipes d'Italie, le droit d'exécution appartient uniquement aux gouverneurs.

— Sous l'empire, à Rome, les préteurs voient décliner leurs pouvoirs ; les édiles perdent également peu à peu les leurs ; et des magistrats nouveaux, les préfets de la ville, finissent par supplanter hiérarchiquement les préteurs.

Les consuls sont aussi, à cette époque, investis d'une certaine juridiction (Aulu-Gelle. XX. 13).

En Italie, la juridiction municipale déjà restreinte, comme nous l'avons vu, s'affaiblit progressivement, à la suite de la création des quatre *consulares* d'Adrien (remplacés sous Marc-Aurèle par des *juridici*, et sous Aurélien par un *curator*), magistrats supérieurs à qui appartenait la *jurisdictio ;* et il est certain que sous Paul et Ulpien, c'est-à-dire dans le droit du Digeste, les magistrats municipaux qui avaient certainement conservé la *pignoris capio* (L. 29, § 7. *Ad leg. Aquiliam*. 9. 2. arg. des mots : *ex lege pignus capere*), n'avaient pas l'exécution sur l'ensemble du patrimoine (L. 26. *Ad municipalem*, 50. 1).

Dans les provinces, ce sont toujours les gouverneurs qui, sous divers noms, suivant qu'ils sont à la tête de provinces du sénat, ou de provinces de l'empereur, exercent la juridiction et le pouvoir d'exécution.

(1) Tambour, *Voies d'exécution*, p. 67, t. 1.

Dans certaines villes se trouvent encore des magistrats municipaux.

Au sommet de la hiérarchie, se place l'empereur et après lui, les préfets du prétoire, investis d'une haute juridiction.

— Sous les empereurs chrétiens, les préteurs n'ont plus la juridiction contentieuse. A Constantinople et à Rome, le magistrat principal est le préfet de la ville.

L'administration de l'empire est confiée à quatre préfets du prétoire qui sont assistés de *vicarii*; ils ont les uns et les autres la juridiction supérieure, leurs sentences sont exécutées par des *officiales* qu'ils ont sous leurs ordres.

Au-dessous d'eux, et à la tête de chacune des provinces que comprend la préfecture, se trouve un magistrat appelé *proconsul*, *rector*, *præses*; il est, par excellence, le *judex ordinarius*.

Le pouvoir des magistrats municipaux tend toujours à disparaître; à côté d'eux apparaissent bien de nouveaux magistrats locaux, les *defensores civitatis*, mais ils ne pouvaient pas ordonner la *missio in bona*, leur pouvoir se bornait à la *mulctæ dictio* (1). Const. 5. *De defens. civit.*

Tels sont, suivant les époques, les magistrats auxquels durent recourir les créanciers pour obtenir l'exécution sur les biens de leur débiteur.

Mais il eut été fort rigoureux de contraindre les créanciers à s'adresser directement à ces magistrats si peu nombreux, et, par conséquent, le plus souvent très-éloignés de leurs justiciables; aussi admit-on de tout temps, dans le droit romain, le principe de la délégation de la juridiction.

Le magistrat peut conférer, même à un simple particulier, les pouvoirs qui résultent de sa fonction même (2).

Cette délégation entraînait l'*imperium mixtum* qui ne se sépare pas de la juridiction.

(1) Ils avaient probablement aussi la *pignoris capio*.

(2) Mais les pouvoirs que le magistrat tenait d'une loi spéciale ne pouvaient être délégués. (L. I, *De off. ejus cui mand.*, 1, 21.)

« *Mandata jurisdictione privato, etiam imperium quod non est merum videtur mandari, quia jurisdictio sine modicâ coercitione nulla est* » (L. 5. § 1. *De off. ejus cui mand.*) (L. 1. § 1, *in fine, eod. tit.* 1. 21).

La délégation pouvait-elle porter seulement sur le pouvoir d'envoyer les créanciers en possession ? Les textes sont muets à cet égard, mais hors ce silence, rien ne s'oppose à ce qu'on admette la possibilité d'une délégation ainsi restreinte

— Parmi ces magistrats qui pouvaient permettre l'exécution sur les biens, était compétent *ratione personæ* celui qui avait désigné le juge (L. 15, pr. *De re jud.*), et sous le système extraordinaire celui qui avait connu de l'affaire ; ou, si ses pouvoirs ne l'autorisaient pas à employer ces voies d'exécution, le magistrat supérieur duquel il relevait (C. 13. § 3. *De judiciis.* 3. 1.)

Ce n'était pourtant point toujours le magistrat qui rendait la sentence, eût-il eu plénitude de juridiction, qui en ordonnait l'exécution, et il fallait pour l'obtenir, aller devant le magistrat qui avait autorité sur le territoire où les biens étaient situés.

On ne pouvait, en effet, permettre aux officiers d'un magistrat de procéder sur un territoire soumis à la juridiction d'un autre magistrat, et cela sans l'aveu de ce dernier.

Ulpien nous indique une application de cette idée en ces termes : « *Sententiam Romæ dictam etiam in provinciis posse præsides, si hoc jussi fuerint, ad finem persequi imperator noster cum patre rescripsit* » (L. 15. § 1. D. *De confessis.* 42. 1).

Ce texte nous indique à quelle condition le président de la province faisait exécuter une sentence rendue à Rome : « *Si hoc jussi fuerint præsides* » ; mais que faut-il entendre par ces mots ? Pothier et Cujas pensent que les *præsides* recevaient sans doute une commission rogatoire du magistrat qui avait rendu la sentence, et estiment que le mot : « *jussi* » ne peut impliquer l'idée d'un commandement ; mais leur manière de voir ne nous paraît avoir la valeur que d'une simple conjecture.

— Telles sont les règles générales.

Mais faut-il dire que la situation des biens détermine la compétence du magistrat, quand l'exécution porte sur tout l'ensemble du patrimoine.

Il nous semble qu'il n'en peut être ainsi, car c'est alors tout le patrimoine, une universalité, et en quelque sorte la personne juridique même du débiteur qui est en cause ; après la *venditio*, l'*emptor bonorum* est, on le sait, considéré comme un successeur prétorien et se trouve *loco heredis*.

De pareilles voies d'exécution ont un caractère d'indivisibilité qui n'admet pas des décisions diverses, contradictoires ; que faire, en effet, si un magistrat avait permis la vente et que son collègue l'eût ensuite repoussée ?

Il faut donc s'adresser à un seul magistrat pour obtenir l'envoi en possession ; ce sera au magistrat qui a été compétent pour accorder l'action aux créanciers.

Cette unité d'exécution est proclamée pour la vente dans la première loi du titre *De rebus auctoritate judicis possidendis* (D. 42. 5) en ces termes : « *Venire bona ibi oportet, ubi quisque defendi debet.* » Conséquemment, ce qui détermine le lieu de la vente, ce n'est pas la situation des biens, ce sont les règles de compétence pour l'exercice de l'action.

Mais s'il y a peu de difficultés en ce qui concerne la vente, il y en a pour l'envoi en possession, et un texte de Paul semble imposer une solution contraire à celle que nous avons admise en principe, il est ainsi conçu :

« *Is qui possidere jubetur, eo loco jussus videtur cujus cura ad jubentem pertinet* » (L. 12, § 1, *eod. tit.*).

Pothier conclut de cette loi, qu'il faudra, si les biens sont situés dans diverses provinces, s'adresser successivement au magistrat de chaque province.

Nous repousserons cependant cette opinion, et nous déciderons que le magistrat, seul compétent pour permettre la vente, est aussi seul compétent pour autoriser l'envoi en possession.

Car, outre qu'il est singulier de voir la vente et l'envoi en possession qui en est le préliminaire, soumis à une compétence différente, le respect dû à l'autorité de chaque magistrat dans son ressort ne commande pas le moins du monde la solution de Pothier.

En effet, l'envoi en possession n'est pas, en général, une dépossession par force ; c'est un droit de garde, de surveillance donné au créancier.

Si des difficultés s'élèvent, il faudra sans doute recourir à l'autorité locale, mais elle n'interviendra que dans ces cas, et l'exercice régulier et ordinaire de l'envoi en possession ou de la vente aura lieu habituellement sans elle.

Réduite dans ces limites, notre théorie n'a donc rien d'exorbitant. De nos jours encore, on ne trouve pas que l'autorité d'un tribunal a reçu échec lorsque le jugement déclaratif de faillite émané d'un autre tribunal, produit des effets sur les biens situés dans son ressort.

Il nous reste à combattre le texte du § 1. On peut le faire de plusieurs façons.

On peut tout d'abord supposer qu'il n'était pas à l'origine rapproché comme il l'est au Digeste, du texte qui forme le principium de notre loi, et qu'il ne parlait pas du tout de l'envoi en possession obtenu par les créanciers. Ce qui le fait croire, c'est l'expression « *possidere jubetur*, » qui désigne habituellement au cas de *damnum infectum* l'envoi en possession *ex secundo decreto* donnant lieu à l'usucapion.

Une deuxième manière d'interpréter le texte du § 1 appartient à Voët.

Le décret véritable, dit-il, ne pouvait être rendu que par le magistrat compétent, mais les magistrats dans le ressort desquels se trouvaient les biens, accordaient une sorte d'*exequatur* à sa décision (1). Toutefois, ils n'auraient pas pu se refuser à l'envoi en possession et leur *exequatur* n'était donné que pour la forme.

(1) Voët, au titre. *De re. judic.*, n° 40.

Une troisième explication peut encore être donnée du texte du § 1.

C'est que sous Justinien, à l'époque de la réunion des textes du Digeste, la vente en masse n'était plus admise; dès lors, il est facile de concevoir qu'à cette époque les créanciers fussent obligés de demander l'envoi à chaque magistrat.

B. — Demandons-nous maintenant comment le magistrat procède dans la *missio in bona.*

Il ne fait que présider à la procédure d'exécution et il en autorise sans doute les divers actes, mais son rôle se borne à cette autorisation ; ce sont les créanciers qui se mettent eux-mêmes en possession et ils peuvent choisir eux-mêmes des administrateurs, des agents qui les représentent.

— Mais pour accorder l'envoi en possession, le magistrat peut-il procéder par une simple ordonnance sur requête *de plano*, ou bien doit-il se trouver à l'audience *pro tribunali ?*

Cette question se rattache à celle de savoir si la demande d'envoi exigeait ou non une *causæ cognitio ;* dans le premier cas, le préteur ne pouvait prononcer qu'à l'audience *pro tribunali.*

Cette relation entre les deux questions n'est point douteuse, elle est notamment manifeste dans la Loi 11. *De reg. juris* (50, 17) : « *Omnia quæcumque causæ cognitionem desiderant, per libellum expediri non possunt.* »

— Examinons donc si le préteur devait approfondir la cause, *causam cognoscere*, toutes les fois qu'on lui demandait l'envoi en possession.

Il faut distinguer suivant les cas ; toutefois, auparavant, il faut dire que pour tous les cas, il y aura certainement a constater le fait donnant lieu à l'envoi en possession. Mais cela seulement ne constitue pas une *causæ cognitio*, et l'on peut dire qu'elle ne sera pas exigée lorsque le demandeur ne sera pas tenu de faire la preuve de son droit.

Pourtant, nous faisons une réserve; quand il s'agit d'exécuter une sentence, la preuve du fait qui donne lieu à l'envoi se confond avec celle du droit, néanmoins, dans cette hypothèse, l'envoi en possession devait probablement être accordé à l'audience ; la raison en est qu'au moment où on le réclame, des difficultés peuvent être soulevées et l'action *judicati* demandée, ce qui rend très-admissible l'existence de la *causæ cognitio*, et par suite la prononciation de la sentence *pro tribunali*.

En cas de cession de biens, si l'envoi était nécessaire, il pouvait sans doute être ordonné *de plano*.

Quand le défendeur fait défaut, ou est *indefensus*, quelle solution donnerons-nous ?

Il faut distinguer : si le défendeur s'est caché, *latitavit*, il y aura *causæ cognitio* (Const. 9, *De bonis auct. jud.*, 8, 5) (Loi 18 *Si servitus. vind*., 7. 72), parce que dans ce cas la vente des biens doit suivre de près l'envoi en possession.

Quand le défendeur fait simplement défaut, on peut croire que la seule constatation du défaut suffit.

La loi 1, § 5 *Ne vis fiat ei qui in possessionem* (43. 4) rend cette conjecture très-vraisemblable ; elle suppose, en effet, que l'envoi a été pratiqué *ob falsum creditum vel ob falsam petitionem*, ce qui tend à faire croire que la démonstration du droit du demandeur n'était pas nécessaire.

Cette idée trouve encore une confirmation dans un passage du *Pro Quintio* de Cicéron. Il résulte de ce passage, que Nœvius après la constatation du défaut de Quintius, avait obtenu sans autres formalités, l'envoi en possession des biens de ce dernier.

Sous Justinien d'ailleurs, la *causæ cognitio* paraît toujours avoir été exigée, au cas de défaut du défendeur (C. 13, § 3, *De judic.*, 3, 1) (Nov. 53, chap 4, § 1).

A l'égard des incapables non défendus, on peut affirmer sans hésiter qu'il y avait *causæ cognitio*, car on prenait pour constater qu'ils étaient *indefensi* les plus grandes précautions (L. 5, § 1, *Quibus ex causis in poss*., 42, 4) ; à plus forte raison devait-on exiger du créancier la preuve de son droit.

— La *causæ cognitio* nous semble aussi nécessaire lorsqu'on demandait l'envoi en possession des biens d'une succession. « *Si diu incertum sit*, dit la loi 8 au D. *Quibus ex causis, heres extaturus necne sit; causâ cognitâ permitti oportebit, bona rei servandæ causa possideri.*

Mais dans notre hypothèse, il faudra examiner si les circonstances donnent lieu à l'envoi en possession.

SECTION V.

COMMENT L'ENVOI EN POSSESSION PREND FIN ET DANS QUELS CAS IL PEUT ABOUTIR A LA VENTE.

Généralités. — Division. — **A.** Envoi en possession à la suite d'une sentence ou d'une *confessio in jure*. — **B.** Envoi à la suite d'une cession de biens faite par le débiteur *confessus* ou *judicatus*. — **C.** Envoi en possession donné contre un débiteur *indefensus* : 1° Absence ou incapacité ; 2° *Capitis deminutio* du débiteur ; 3° Décès du débiteur. — **D.** Remarques.

L'envoi en possession peut cesser de trois manières différentes : par la renonciation des créanciers, par la vente du patrimoine du débiteur et par l'accomplissement de certaines conditions de la part de ce dernier.

Le premier cas n'offre pas de difficultés, aussi nous ne nous occuperons que des deux autres, et nous les étudierons dans chacune des applications de l'envoi en possession.

A. — Envoi en possession à la suite d'une sentence ou d'une *confessio in jure*.

Cette première situation est très-simple ; ou le débiteur s'exécutera volontairement, et alors l'envoi en possession n'aura plus de raison d'être (1) ; ou il ne s'exécutera pas, et alors on arrivera forcément à la vente.

(1) Dans ce cas, comme dans tous les cas où la cause d'envoi aura disparu, le créancier, s'il n'abdique pas volontairement la possession, sera

B. — Envoi en possession à la suite d'une cession de biens faite par le débiteur *confessus* ou *judicatus*.

Il faudra donner les mêmes solutions et dire que si le débiteur s'offre de payer il se fera réintégrer dans ses biens. (Const. 2, C. *Qui bonis ced. poss.*) « *Si quantitatem quam... debebas inferre paratus est.* »

On pourrait conclure des lois 3 et 5 *De cess. bon.* qu'il suffit, pour anéantir l'effet de la cession, que le débiteur déclare qu'il est prêt à se défendre en justice, « *si paratus est se defendere* ; » mais une pareille conclusion serait en désaccord avec cette idée, que la cession des biens implique toujours au moins une reconnaissance de la part du débiteur, reconnaissance qui ne peut tomber que si on en demande la nullité, ce qui n'est pas faire cesser les effets d'une cession valablement faite, mais au contraire prétendre que ce qui a été fait est entaché d'un vice qui doit entraîner l'invalidation.

L'expression « *se defendere* » ne peut donc guère s'entendre que de la satisfaction donnée aux créanciers : soit, par exemple, par un paiement effectif, soit encore par l'opposition d'une compensation.

C'est dans ces deux premiers cas d'envoi que nous trouvons l'application la plus fréquente de la *bonorum venditio*.

C. — Envoi en possession donné contre un débiteur *indefensus* (1).

contraint de l'abandonner en vertu d'un interdit que donnera le préteur au débiteur.

Cet interdit est mentionné pour le cas du pupille *indefensus*, dans la loi 5, § 2 et § 3, *Quibus ex causis*; et pour les légataires envoyés en possession des biens du défunt et qui ont ensuite obtenu le paiement de leurs legs, dans la loi 40 *De solutionibus* (46. 3).

(1) Nous supposons toujours dans toutes les hypothèses que nous allons examiner, que le défaut a lieu avant la *litis contestatio*. Si, en effet, il ne s'était produit qu'après cette époque, la procédure de contumace suivie de la sentence, aurait rendu tout irrévocable. (C. 13, § 3. *De jud.*, 3, 1.)

Plus tard, quand la procédure de contumace fut possible avant la *litis contestatio*, cette irrévocabilité cesse d'être admise. (Const. 2. *Ubi in*

1° Absence ou incapacité. Si le débiteur est absent, le moyen pour lui de faire cesser l'envoi en possession c'est d'en faire disparaître la cause en se présentant et en venant se défendre.

Un tiers peut aussi faire cesser l'envoi en se présentant au nom du débiteur, mais alors il devra fournir la caution *judicatum solvi* (L. 33, § 1. Ulp., *De rebus auct. jud.*).

Au contraire, le débiteur qui se présente en personne ne le devra que si l'envoi a duré trente jours (1).

La caution sera toujours due alors que le débiteur ou son représentant prétendrait que l'envoi a été accordé à tort à un homme qui n'est point le créancier, car on ne peut savoir que par le résultat de l'instance si le droit de l'envoyé était fondé ; or la caution se fournit au début de cette instance. L'envoi en possession était donc considéré provisoirement comme valable, sauf à celui qui en avait profité à justifier de son droit. Le refus de fournir caution de la part du défaillant qui reparait, mettrait à sa charge la preuve de la vanité des prétentions du créancier qui, lui, n'aurait rien à démontrer. C'est ainsi qu'avait décidé le préteur à l'égard de Quintius.

Nous dirons de l'incapable dont l'incapacité est venue à cesser, ce que nous avons dit de l'absent.

Un chef spécial de l'Edit indiquait, pour le pupille, le moyen de mettre fin à l'envoi en possession : « *Si is pupillus in suam tutelam venerit, cave pupilla viripotens fuerit, et rectè defendetur ; eos qui bona possident, de possessione decedere jubebo.* » (L. 5, § 2, *Quibus ex causis in poss.*)

rem actio, 3, 19. — Const. 8, § 8. *De delatoribus*, 10, 11. — Nov., 53, chap. 4, § 1.)

Cet état de choses dura jusqu'à l'empereur Léon qui, par la Novelle 108, attacha l'irrévocabilité au jugement par défaut *faute de comparaître* rendu après la procédure de contumace, à moins que le défaillant ne produisit des excuses légitimes.

(1) Ciceron. *Pro Quintio*, C. 8.

Seulement, dans ce cas, on n'exigeait pas du pupille la caution *judicatum solvi*, quelle qu'ait été la durée de l'envoi en possession, comme on l'exige du tiers qui vient le défendre ou de l'absent qui se représente (§ 3, *ead. lege.*). Il est probable qu'on devait en dire autant des incapables en général, et aussi de la personne absente *sine dolo malo* pour un service public.

Cette dernière assertion semble justifiée par la loi 35 *De rebus auct. jud.* ainsi conçue : « *Eum autem qui rerum ejus qui sine dolo malo reipublicæ causa abfuit, in possessionem missus sit, « pignus non contrahere » ; ideo discedere oportere de possessione.* »

— Mais, si l'absent ne se représente pas, si l'incapable n'est point défendu, l'envoi en possession pourra-t-il aboutir à la vente ?

Suivant l'ordre que nous avons adopté, nous parlerons d'abord de l'absent et ensuite de l'incapable.

Absence. — Il faut prévoir deux hypothèses :

1° Si l'absent se cache, *latitat*, pour se soustraire à ses créanciers, ses biens pourront être vendus, et cela sans qu'on ait à distinguer si l'absence a précédé et par suite a rendu impossible la *vocatio in jus*, ou si elle l'a suivie : « *Qui fraudationis causa latitavit, si boni viri arbitratu non defendetur, ejus bona possideri vendique jubebo* (L. 7. § 1. *Quibus ex causis*), ajoutons toutefois avec une autre loi : « *Si res exegerit* » (L. 21. § 2. *Ex quibus causis maj.* 4. 6). »

A l'absent qui *latitat*, il faut assimiler l'individu qui, bien que présent, refuse de se défendre : « *Non defendere videtur non tantum qui latitat, sed et is qui præsens neget se defendere aut non vult suscipere actionem* » (L. 52. *De reg. juris*, 50. 17).

2° S'il s'agit d'une absence proprement dite, non aggravée par une *latitatio*, il devient très-important de distinguer si l'absence du débiteur existait dès le principe, et a, par suite, rendu impossible la *vocatio in jus* ; ou si elle n'a eu lieu qu'après qu'il était intervenu de la part de ce débiteur promesse de comparaître en justice, soit que cette promesse ait été faite lors de la *vocatio in jus* (*cautio judicio sisti*), soit que la remise de l'affaire ait donné lieu à un *vadimonium*.

Dans le premier cas, l'absence ne peut aboutir qu'à l'envoi en possession.

Quand l'absence a une cause légitime, cela ne peut faire aucun doute (L. 39. § 1. *De rebus auct. jud.* L. 6. § 1. *Quibus ex causis*).

Quand l'absence n'est point justifiée nous croyons qu'il en serait encore de même, pourvu qu'il n'y ait point de *latitatio*. S'il en était autrement, on ne comprendrait pas le soin minutieux avec lequel la loi a distingué les cas de *latitatio* (L. 7. *Quibus ex causis*).

Tout ce qu'on peut concéder, c'est que s'il y avait mauvaise foi du côté du débiteur, ou si le retard devait causer du dommage au créancier, la vente serait possible (Comp. L. 7. § 11, *eod. tit.* par analogie de ce qui est dit pour le *furiosus* non défendu).

Dans le deuxième cas, c'est-à-dire quand le débiteur a promis de se représenter et qu'il ne se représente pas, il y a de sa part un manque de parole qui aggrave sa position : que l'absence soit donc justifiée ou non, l'envoi en possession pourra conduire ici à la vente.

Aussi l'Édit portait en termes généraux : « *In bona ejus qui judicio sistendi causa fidejussorem dedit, si neque potestatem sui faciat, neque defenderetur iri jubebo* (L. 2., pr. *Quibus ex causis*) ; ce qui doit s'entendre de celui qui « *absens non defenditur* » comme de celui qui *latitat* (L. 2. § 2, *eod. tit.*).

La loi 6, § 1 en rapportant deux exceptions à cette règle absolue, consacre encore la règle générale que nous avons posée : « *Et ejus cujus bona possessa sunt a creditoribus, veneant, prœterquam pupilli et ejus qui reipublicœ causâ sine dolo malo abfuit.* »

Incapacité. — La partie de l'édit qui s'occupait du pupille a été perdue ; cependant, plusieurs lois s'y réfèrent C'est ainsi que la loi 3, § 3, *Quibus ex causis ;* nous dit : « *Si pupillus heres exstiterit alicui, exque eâ causâ legata debeat videndum est an* HUIC EDICTO *locus sit.*

De même, dans la loi 5, § 2 (*eod. tit.*) ou nous retrouvons une fraction de l'édit, nous voyons les mots : *Si* IS *pupillus*, EAVE *pupilla* (ce pupille-là, cette pupille-là), ce qui fait très-probablement allusion à un principe posé antérieurement et relatif au pupille.

Mais puisqu'on ne trouve ce principe formulé nulle part, cherchons à le reconstituer par l'étude des textes particuliers qui s'occupent spécialement du pupille relativement à l'envoi.

Il y en a deux surtout : la loi 3, *Quibus ex causis*, et la loi 33. *De rebus auct. jud.*

Le premier de ces textes est relatif à l'action *communi dividundo.*

Il prévoit les faits suivants : Deux personnes avaient la copropriété d'une même chose, l'une d'elles est morte laissant un fils impubère ; on se demande ce que celui qui intentera l'action *communi dividundo* pourra obtenir si personne ne se présente pour défendre le pupille contre lui.

Il pourra certainement se faire envoyer en possession de tous les biens du pupille, y compris ceux qui proviennent de la succession du communiste.

Mais pourra-t-il arriver à les vendre ?

En principe, il devra attendre la puberté du pupille (Loi 6, § 1, déjà citée) : « *bona veneant prœterquam pupilli.* »

Comment fera-t-il donc pour arriver à se faire payer ?

Le jurisconsulte Julien donne une première réponse. Si le père, qui est décédé, a commis des détériorations ou a fait des perceptions de fruits sur la chose commune ; si, en un mot, il a commis des faits qui, en le constituant débiteur personnel de l'autre copropriétaire, l'exposaient à une condamnation, et par suite, à la vente de ses biens ; alors le demandeur, à ce titre de créancier personnel du défunt, pourra réclamer le bénéfice de la séparation des patrimoines, et au moyen de cette séparation, la personne du défunt continuant fictivement d'exister en ce qui le concerne, il arrivera sans difficulté à la vente.

Au contraire, suivant Marcellus, la simple créance née de l'état d'indivision suffit pour arriver à cette séparation. Il considère comme de la dernière iniquité que celui qui n'a point contracté avec le pupille soit obligé d'attendre sa puberté pour arriver à l'exécution du contrat. Ulpien se déclare aussi de cet avis.

Ainsi l'étude de cette loi nous révèle la règle suivante :

Le créancier a-t-il acquis sa qualité de créancier du chef du pupille lui-même, l'envoi en possession est seul possible et il faudra atteindre la puberté du débiteur pour arriver à la vente.

Le créancier l'est-il devenu, au contraire, du chef de l'auteur du pupille, il pourra y avoir lieu à une *venditio bonorum* au moins dans la mesure de la masse des biens qui sont tombés entre les mains du pupille, venant de son auteur.

Notre distinction est confirmée par la loi 33 *De rebus auct. jud.*, le second texte des deux dont nous avons parlé.

Cette loi est ainsi conçue : « *Si pupillus ex contractu suo non defendatur, ideoque bona ejus creditores possidere cœperint : diminutio ex his bonis fieri debet, vescendi pupilli causâ.* »

Elle prend bien soin de nous dire : « *Si pupillus ex contractu suo* ; » c'est que si le pupille était obligé comme *héritier* en vertu du contrat de son auteur, il serait impossible de maintenir la solution qu'elle a donnée.

Car les créanciers, au lieu de s'en prendre aux biens du pupille, feraient porter leur exécution sur les biens de leur débiteur, après en avoir obtenu la séparation ; or la disposition de la loi qui assure des aliments au pupille, ne pourrait s'appliquer sur ces biens ainsi séparés et parfaitement susceptibles d'être vendus avant l'époque de sa puberté.

Ces idées une fois admises, si nous considérons maintenant que l'acceptation de l'héritier l'oblige personnellement envers les créanciers et légataires, nous comprendrons très-bien la décision que donnent Marcellus et Ulpien au § 3 de notre loi, à savoir que : les créanciers et légataires de la succession pourront, à leur choix, posséder tous les biens du pupille, ou demander la séparation des patrimoines pour pouvoir arriver à la vente des biens qui proviennent de leur débiteur.

Ajoutons ici que l'abstention d'un héritier sien, fût-il un pupille, produit à l'égard des héritiers un effet analogue à la séparation qu'ils auraient obtenue ; cette abstention permettra donc la vente des biens de la succession. Mais comme le bénéfice d'abstention n'efface pas la qualité d'héritier, s'il reste quelque chose après les dettes payées, l'héritier sien en profitera (L. 6, princ. *De rebus auct.).*

— Occupons-nous maintenant du mineur de vingt-cinq ans, qui n'est point défendu par son curateur.

Ulpien, L. 5, *De rebus auct. judicis*, semble dire que dans ce cas la vente est toujours possible : « *Bonorum venditionem patitur, etsi non latitet.* »

On explique cette décision en disant qu'autrement les créanciers seraient privés de toute protection, puisque la *latitatio fraudationis causâ* n'est point possible pour l'incapable.

Mais comment concilier cette décision avec un autre texte où le même jurisconsulte, constatant que la *latitatio* suppose une intention frauduleuse, que le fou, le prodigue et, en général, tout individu pourvu de curateur, « *cæterisque qui curatorum ope juvantur,* » ne peut pas avoir, arrive à décider que ces personnes ne peuvent subir la vente « *hinc venditionem pati non posse.* » (L. 7, *Quibus ex causis*, §§ 9 et 12.)

Pourquoi prendre tant de soin de nous dire que la *latitatio*, de la part de ces personnes, ne peut autoriser la vente, vu qu'elle ne se conçoit guère chez elles, si d'autre part, il était de règle que la vente pouvait avoir lieu par le seul fait qu'elles sont incapables et non défendues ?

La conciliation nous paraît être dans cette idée que la loi 5, *De rebus auct. jud.*, ne s'appliquera que dans les cas où le retard dans la vente mettrait les droits des créanciers en péril.

Cette solution donnée pour le *furiosus* dans le § 11 de la loi 7, *Quibus ex causis*, est étendue par le § 12 à tous les incapables.

Dans ce système, la loi 5 signifierait tout simplement que : de ce qu'il ne peut y avoir *latitatio* frauduleuse dans le cas qui nous occupe, il ne faut pas croire que la vente ne sera jamais possible ; elle sera possible quand il y aura péril en la demeure pour les créanciers.

2° *Capitis deminutio* du débiteur. Nous ne parlons que de la *minima capitis deminutio*, celle qui n'entraîne pas la perte de la qualité de citoyen, et nous nous occupons du cas où elle a pour résultat de faire passer sous la puissance d'un autre un individu *sui juris*.

C'est ce qui arrive quand une personne se donne en adrogation, quand elle tombe *in manu* ou *in mancipio*.

Dans ces trois cas, la *capitis deminutio* produisait, on le sait, un double effet en droit civil ; elle éteignait les dettes de celui qui la subissait, elle transférait la propriété de ses biens à l'adrogeant ou au *coemptionator*.

Le créancier est donc en présence d'un double obstacle ; d'une part, sa créance est éteinte, et, d'autre part, son débiteur n'a plus de biens.

Le préteur vint à son secours : 1° il lui rend sa créance au moyen d'une *restitutio in integram rescissa capitis deminutione ;* 2° si l'adrogeant ou le *coemptionator* ne vient pas défendre à l'action intentée contre ce débiteur, le préteur envoie le créancier en possession des biens appartenant autrefois à son débiteur. Or, dans cette hypothèse, ce qui est surtout l'important pour nous en ce moment, la vente pourra toujours avoir lieu. (Gaius, C. III, § 84.)

Sous Justinien, en ce qui concerne les créanciers de l'adrogé, on va droit au but ; ce n'est plus contre l'adrogé que l'action est intentée par une rescision fictive de la *capitis deminutio*, c'est contre l'adrogeant lui-même, *qui nomine filii convenietur*.

Alors, ou il viendra défendre lui-même à l'action et, s'il

est condamné, c'est contre lui qu'on exécutera ; ou il ne défendra pas à l'action, et alors les créanciers de l'adrogé pourront obtenir l'envoi en possession des biens de ce dernier et les faire vendre comme si l'adrogation n'avait pas eu lieu (Inst. de Justinien, liv. III, titre 10).

3° Décès du débiteur. Nous aurons, dans le cas où le débiteur est venu à mourir, à parcourir plusieurs hypothèses.

Supposons d'abord que le débiteur étant mort, sa succession a été acceptée par un héritier solvable et capable ; dans ce cas, il n'y a pas de difficulté, c'est à cet héritier que les créanciers s'attaqueront.

Il n'y en a pas davantage si la succession du débiteur est vacante ; c'est-à-dire si les héritiers la répudient ou s'abstiennent de l'accepter ; si personne, pas même le fisc, ne se présente pour recueillir, de sorte qu'il soit dès à présent certain que le débiteur n'aura pas d'héritier. (Gaius, C. III, § 78.)

Nul doute qu'en pareil cas on puisse arriver à la vente.

Mais quelle solution donner, s'il y a incertitude sur l'existence d'un héritier ?

Cette incertitude peut venir : 1° de ce que l'héritier ne se présente pas, ou délibère (1). Dans ce cas, il pourra y avoir lieu à l'envoi en possession (L. 8, *Quibus ex causis*), et cela même pendant les délais donnés pour délibérer (L. 9, § 1. *eod. tit.*). Si l'héritier ne prenait point parti dans ces délais, il est probable que les créanciers pouvaient aller jusqu'à la vente.

2° L'incertitude peut venir d'une condition mise à l'institution ; ce cas est prévu par la loi 1, princ., et § 1 (*De curatore bonis dando*, 42. 7) et aussi par la loi 4, *De rebus auct. jud.*

Si la condition est potestative de la part de l'institué, les créanciers feront déterminer un délai pour son accomplissement; ce délai expiré, ils pourront faire vendre les biens, tout comme s'il n'y avait pas d'institution d'héritier.

(1) Si c'est un fils héritier nécessaire qui use du bénéfice d'abstention, ce bénéfice produit, quant aux créanciers, les effets d'une répudiation ou d'une séparation des patrimoines.

La loi 4 qui suppose un esclave institué *cum libertate*, ajoute une restriction très-équitable ; c'est que la fiction par laquelle on considère dans notre hypothèse l'institution comme n'ayant jamais eu lieu, au point de vue des biens héréditaires, ne doit pas s'étendre contre la personne de l'institué : « *Hæc quantum ad bona ita observandum.* »

Aussi quant au legs de la liberté, il en sera comme si la condition s'était accomplie, et en compensation de ce que les biens héréditaires échappent à l'institué, de telle manière qu'il ne peut les ressaisir même en exécutant la condition après les délais qui lui ont été donnés pour le faire, la liberté lui est assurée, fût-il certain qu'il ne sera ni héritier ni *bonorum possessor*.

Il y aurait encore lieu à poursuivre la vente si l'héritier déclare qu'il ne fera pas adition même au cas où la condition s'accomplirait (L. 1, pr., *De curat bonis dando*). Ce fait ne constitue pourtant point une répudiation, car on ne peut répudier pas plus qu'accepter une hérédité avant l'accomplissement de la condition mise à l'institution (1).

A l'inverse, sans accepter l'hérédité, en promettant seulement de faire adition si la condition s'accomplit, ou en défendant aux actions intentées contre le défunt, l'héritier institué empêchera la vente de l'hérédité (Loi 4, § 1, *De rebus auct. jud*).

— Enfin, l'on sait que l'envoi en possession peut être accordé aux créanciers d'une succession, sur les biens qui la composent, quand elle est acceptée par un héritier suspect.

Cet envoi en possession n'a lieu qu'au refus de l'héritier de donner caution et, dans ce cas, il aboutira à la vente des biens héréditaires. (L. 31, § 3, *De rebus auct. jud.*)

— Nous ne reviendrons pas sur la succession acceptée par un incapable, nous en avons, en effet, déjà parlé à propos de

(1) Pothier, *Pandectes*, liv. 42, tit. IV, n° 25.

l'envoi en possession fondé sur l'incapacité du débiteur que personne ne vient défendre.

D. — Nous terminerons cette section par des observations générales.

1° Nous avons vu qu'il faut distinguer, suivant les divers cas d'envoi en possession, pour savoir si le préteur doit prononcer *de plano* ou *causâ cognitâ*.

L'autorisation d'aller jusqu'à la vente, au contraire, n'admet pas ces distinctions. Elle ne pourra être donnée que *causâ cognitâ*. On ne peut concevoir, en effet, qu'on en vienne à un acte aussi important que la vente sans un examen préalable du droit du poursuivant.

Tout au plus, pourrait-on concéder qu'au cas de cession de biens et à raison de la nature spéciale de cet acte, la *causæ cognitio* ne sera pas exigée.

2° Nous avons toujours raisonné dans l'hypothèse d'un envoi en possession régulièrement obtenu.

Nous ne nous sommes pas occupés du cas où l'envoi en possession pourrait être déclaré nul.

Cette nullité peut être prononcée si les formes et délais prescrits n'ont pas été observés, si encore celui qui a obtenu l'envoi n'était pas créancier ou s'il pouvait être repoussé par une exception.

Dans l'ancien droit la procédure d'une pareille demande en nullité avait probablement lieu *per sponsionem*, c'est ainsi du moins que fut organisé le procès de *Quintius*, qui demandait la nullité de l'envoi en possession de ses biens (1).

Plus tard, on dût procéder par *præjudicium*. C'est du moins ce que la loi 30 *De reb. auct. jud.* nous apprend pour la nullité de la vente.

(1) Cicéron, *Pro Quint.*, ch. 7, 8 et 27.

SECTION VI.

PUBLICITÉ DE L'ENVOI EN POSSESSION.

A En quoi consistait la *proscriptio*. — B. Son but. — C. A quelle époque doit-elle avoir lieu ?

A. — L'envoi en possession qui avait des effets si importants et qui le plus souvent était le préliminaire de la vente, était rendu public par affiches (*libellus, titulus*) *in celeberrimis locis*. Cette formalité de publicité portait le nom de *proscriptio*.

B. — Quel est au juste le but de cette *proscriptio* ?

Il n'est pas exact de dire qu'elle a pour but unique d'avertir les tiers du dessaisissement qui frappe le débiteur (1).

La formule même de l'affiche, telle que nous l'empruntons à Théophile, résiste à cette solution restrictive. Elle est ainsi conçue : « *Ille debitor noster in ea causa est ut bona ejus divendi debeant : nos, creditores, patrimonium ejus distrahimus ; quicumque emere velit, adesto* » ; ce qui prouve bien qu'elle avait aussi trait à la vente.

D'un autre côté, ce n'est pas assez d'en faire une simple mise en vente, car elle apparait dans une période où il n'est encore question que de l'envoi en possession. Gaius au § 79 de son commentaire III, nous dit, en effet : « *Si quidem vivi bona veneant, jubet ea prætor per dies continuos XXX possideri, tum proscribi.* »

D'ailleurs, nous voyons la *proscriptio bonorum* ordonnée à la suite d'un envoi en possession purement conservatoire (*Lex Julia municipalis*. 115 et 116).

La vérité nous parait être dans la combinaison de ces idées.

(1) Giraud, *Traité des Nexi*, p. 144, 148.

Ainsi la *proscriptio* aurait eu un triple but : avertir les tiers du dessaisissement créé par l'envoi en possession ; prévenir les créanciers qu'il eussent à se présenter ; inviter les acheteurs.

C. — Gaius semble dire que la *proscriptio bonorum* avait lieu en même temps que l'envoi ; « *Jubet ea prætor per dies continuos trigenta possideri et proscribi.* » (C. III. § 79.)

Le discours de Cicéron (*Pro Quintio* C. 15), achève de nous démontrer qu'il pouvait au moins en être ainsi.

Cependant, Théophile place la *proscriptio*, après la nomination du *magister bonorum vendendorum*, nomination qui n'intervient qu'après que l'envoi en possession a duré un certain temps.

Peut-être l'ordre à suivre était-il indifférent. Peut-être le principe était-il simplement celui-ci : après le délai de quinze ou trente jours, les créanciers peuvent faire poser les affiches ; après ce même délai, ils peuvent se faire autoriser à nommer le *magister*.

CHAPITRE II.

DE LA VENTE EN MASSE DES BIENS DU DÉBITEUR *(venditio bonorum)* (1).

PRÉLIMINAIRES

L'envoi en possession a un caractère essentiellement conservatoire et préparatoire. C'est dans la vente que réside réellement l'exécution

Donc, lorsqu'il s'est écoulé un certain délai depuis cet envoi sans que les créanciers aient obtenu satisfaction, et lorsque, de plus, on se trouve dans un des cas où l'envoi aboutit à la vente, la vente peut avoir lieu.

Il ne s'agit plus à présent de conserver le gage, mais de le réaliser.

Immédiatement la procédure prend un caractère plus sévère.

Ainsi, les créanciers qui pouvaient, du moins en général, nommer un *curator* sans l'intervention du magistrat, doivent maintenant s'adresser au préteur pour obtenir de lui l'autorisation de nommer un *magister bonorum vendendorum*, sorte de syndic destiné à s'occuper de la vente.

Ainsi encore, le magistrat doit toujours statuer, *causâ co-*

(1) Le mot *venditio* désigne spécialement ce mode de vente. *Vendere bona*, ou *Bona veneunt*, signifie donc vendre en masse.

Le mot *distractio*, au contraire, s'applique à la vente en détail ; *distrahere bona* veut donc dire vente en détail.

Mais il n'y a pas là pourtant une terminologie constante, et dans certains textes ces mots sont employés l'un pour l'autre.

gnité, lorsqu'il s'agit de la vente, alors qu'au contraire il n'est pas indispensable qu'il le fasse dans toutes les hypothèses, lorsqu'il ne s'agit que de l'envoi en possession.

Dans notre procédure des faillites, on retrouve la même marche.

On se borne à des actes conservatoires tant qu'on espère arriver à un concordat. Mais quand cet espoir s'est évanoui, la faillite entre dans une nouvelle phase, les créanciers sont constitués en état d'union, et il faut, en raison de cette situa- nouvelle, nommer de nouveaux représentants des créanciers, ou du moins, confirmer le mandat des anciens.

Et de même que nous avons constaté qu'il existait une grande analogie entre le curateur et les syndics provisoires de notre droit commercial, de même nous constatons, sinon cette même analogie, du moins une certaine correspondance entre le *magister* et nos syndics définitifs.

Nous diviserons l'étude de la *venditio bonorum* en deux sections :

Section I. — Délais préliminaires et formes de la vente.

Section II. — Effets de la vente.

Et enfin, nous examinerons sous forme d'Appendice, quel fut le sort de la *venditio bonorum* dans le Bas-Empire.

SECTION I.

DÉLAIS PRÉLIMINAIRES ET FORMES DE LA VENDITIO BONORUM.

A. Délai pendant lequel on ne pouvait procéder à la vente. Son étendue. Son but. — **B.** Nomination du *magister bonorum*. Ses fonctions. — **C.** Rédaction de la *lex bonorum vendendorum*. Son contenu. Sa publicité. — **D.** Dernier délai accordé au débiteur pour *dejicere libellos*. — **E.** Vente. Enchères publiques. Adjudication à celui qui offre le plus fort dividende. — **F.** Cas où la vente ne se fait pas sur la promesse d'un dividende. — **G.** Observation.

Gaius C. III, § 79 et 80, et Théophile (*De success. sublatis*) nous tracent la marche de la procédure suivie pour arriver à la vente des biens.

A. — Après avoir obtenu l'envoi en possession, les créanciers doivent avant de réclamer du préteur l'autorisation de procéder à la vente. laisser s'écouler un certain délai ; délai qui est de trente jours, s'il s'agit des biens d'un débiteur vivant, de quinze jours, s'il s'agit des biens d'un débiteur décédé.

Ce délai, qui d'ailleurs pouvait probablement être prolongé par le magistrat, suivant les circonstances, avait pour but : si le débiteur avait été condamné, ou avait fait *cessio bonorum*, de l'avertir qu'il eût à satisfaire à ses créanciers ; s'il était *indefensus*, de lui laisser le temps (à lui ou à d'autres pour lui), de venir défendre au procès.

Enfin, quand il s'agissait d'une succession, le délai avait pour objet de laisser le temps aux successibles de se présenter, ou à l'héritier suspect de fournir caution.

Il était plus long quand le débiteur était vivant, parce qu'on voulait lui éviter, autant que possible, l'infâmie et les autres conséquences désastreuses qui résultaient de la *bonorum venditio*.

B. — Les délais expirés, les créanciers demandaient au préteur l'autorisation de choisir parmi eux un *magister* chargé de procéder à la vente (1) (*magister bonorum vendendorum*).

Ce *magister* avait, pour seule fonction, de s'occuper de cette vente, de la diriger et de la conclure.

Aussi, Gaius et Théophile ne nous en parlent qu'à l'occasion de la vente. C'est encore sous ce seul point de vue que Cicéron le considère, lorsqu'il dit dans son *Pro Quintio* : « *Magistri* (2) *fiunt et domini constituuntur, qui, quâ lege et qua conditione pereat pronuntient.* »

Le *magister* pouvait probablement accorder des délais, toutes les fois que ce pouvoir ne lui avait pas été retiré.

C'est ce que fait supposer un passage d'une lettre de Cicéron,

(1) Est-ce avant ou après cette nomination que devait avoir lieu la *proscriptio* ? Nous avons examiné cette question en terminant notre étude sur l'envoi en possession.

(2) Il pouvait, en effet, y en avoir plusieurs.

ainsi conçu : « *A magistris cum contenderem de proferendo die, probaverunt mihi sese, quominus id facerent, et compromisso et jurejurando impediri* (*Ad famil.* XII, 30) (1).

C. — Peu après la nomination du *magister*, *paucis diebus elapsis*, suivant les expressions de Théophile, les créanciers s'adressaient encore au préteur pour en obtenir l'autorisation de rédiger la *lex bonorum vendendorum*, ce qu'on appellerait aujourd'hui le cahier des charges.

Elle contenait les conditions de la vente : Théophile nous en donne un modèle : « *Ea quicumque emerit creditoribus in* (*dimidiam?*) *partem eorum quæ ipsis debentur, respondere debet, sicut cui centum aurei debentur accipiat quinquaginta, et cui ducenti, accipiat centum.* »

En outre, elle devait contenir l'indication des biens du débiteur, la liste de ses créanciers, et probablement aussi le montant de leurs créances, avec désignation spéciale des créances privilégiées (2).

Sans doute, les créanciers qui ne se faisaient pas inscrire à l'époque de la rédaction de la *lex* étaient forclos ; car autrement, on eût trompé l'acheteur, auquel il importait, avant tout, de connaître le montant des dettes au moment même où il offrait, pour chacune d'elles, un dividende qui nécessairement devait varier en raison inverse du passif.

Mais le silence des textes ne nous permet que des conjectures sur ce point.

La *lex*, après avoir été approuvée par le préteur et avoir reçu confirmation de lui, par l'ordre qu'il donnait d'adjuger aux conditions qu'elle indiquait, devait être affichée à la suite du *libellus* au moyen duquel on avait fait la *proscriptio*.

D. — Un dernier sursis était accordé au débiteur, pendant

(1) Il semble résulter de ce texte que le *magister* devait prêter serment.

(2) Il est vraisemblable, en effet, que ces créances devaient être acquittées intégralement par l'*emptor*, et ne pouvaient recevoir d'atteinte de la nouvelle situation du débiteur. Nous reviendrons plus loin sur ce principe.

lequel il pouvait encore *dejicere libellum*, faire cesser l'envoi en possession, soit par un paiement, soit par l'offre d'une caution sérieuse.

Ce sursis était de trente jours quand le débiteur était vivant, de vingt jours seulement quand il était mort, après quoi l'attribution avait lieu au plus offrant.

E. — Y avait-t-il des enchères publiques ?

Il est probable que oui ; car ce mode de vente était suivi pour la *bonorum sectio*, qui, comme on le sait, a servi de modèle à la *bonorum venditio*.

Un passage de Cicéron paraît d'ailleurs être concluant en ce sens ; il dit, en effet, du débiteur dont les biens sont vendus : « *De quo homine præconis vox prædicat et prœtium conficit* (*Pro Quintio*, C. 15).

Néanmoins, il est probable que le *magister bonorum* pouvait recevoir à l'avance et en particulier les offres d'achat, les mises à prix. C'est ce qu'on peut induire du passage suivant de Théophile : « *Cum molestum esset omnes quotidie in unum coire unum ex numero suo creabant, qui magister dicebatur, et de cætero ille cum iis qui emere vellent, contrahebat.* »

Mais, dans la *bonorum sectio*, c'est sur une mise à prix fixe que les enchères s'engagent, et l'adjudicataire sera débiteur d'une somme déterminée.

Tandis que dans la *bonorum venditio*, c'est sur un dividende qu'elles portent, et celui qui promettra de donner pour chaque dette la plus forte quote-part, sera le *bonorum emptor*.

La formule de la *lex bonorum vendendorum*, que nous avons citée plus haut ne laisse aucun doute à cet égard.

F. — Cette vente moyennant la promesse d'un dividende, se comprend très-bien quand on vendait les biens d'un débiteur insolvable, ce qui était le cas le plus fréquent de *bonorum venditio* ; mais quand il s'agissait des biens d'un incapable *indefensus*, parfaitement solvable, ce mode de procéder perdait complétement sa raison d'être.

Dans ce cas, la valeur des biens excédant ou même égalant le montant des dettes, il ne pouvait plus être question de dividende ; la vente devait se faire pour un prix fixe dont le surplus, une fois les dettes payées, revenait directement au débiteur.

Ce principe général a dans le Digeste deux applications.

La première se trouve à la loi 7, § 11. *Quibus ex causis*, à propos de la vente des biens d'un fou. Elle dit : « *Ita autem vendenda, ut quod supersit furioso detur.* »

La deuxième est dans la loi 6, pr. *De rebus auct. jud.* qui à l'occasion d'un pupille qui s'abstient, permet aux créanciers de vendre l'hérédité, mais en déclarant que ce qui restera du prix sera remis au pupille : « *Prætor bona defuncti venire permittit, ut quod superevit pupillo restituatur.* »

On a critiqué ces arguments (1) en prétendant que les expressions *venire* ou *vendere* peuvent désigner aussi bien une vente en détail qu'une vente en masse ; c'est vrai, et la loi 7, § 10 nous en donne un exemple.

Aussi trouvons-nous plutôt notre raison de décider dans l'opposition qu'on remarque entre les § 10 et 11 de la loi 7, opposition qui semble indiquer qu'on s'occupe dans ce dernier paragraphe d'une vente en masse.

G. — Nous avons dit que le *bonorum emptor*, est celui qui a mis l'enchère la plus élevée.

La loi 16 (*De rebus auct. jud.*), nous donne à cet égard un détail curieux.

A offres égales, celui qui est créancier ou parent du débiteur est préféré à l'étranger ; le créancier est préféré au parent ; et entre créanciers, le chiffre de la créance détermine le choix.

— Telles sont les formes de la *venditio bonorum* ; nous nous sommes occupés ailleurs du lieu où elle doit se faire, lorsque nous avons parlé de la compétence du magistrat qui y procède, nous ne reviendrons donc pas sur ce point.

(1) Zimmern, § 81. Sa critique n'est qu'implicite ; elle résulte surtout de ce qu'il invoque en première ligne pour la vente en détail, la loi 6, pr. *De rebus auct. jud.* que nous avons présentée, nous, comme s'appliquant à la vente en masse.

SECTION II.

EFFETS DE LA VENDITIO BONORUM.

A. Effets de la vente par rapport au *bonorum emptor*. Actions qui lui sont données. *Deductio*. — **B.** Effets par rapport au débiteur. — **C.** Effets par rapport aux créanciers.

La vente produit des effets qu'on peut considérer par rapport au *bonorum emptor*, par rapport aux créanciers et par rapport au débiteur.

Nous allons les étudier successivement dans chacune des branches de cette division.

A. — Effets en ce qui concerne le *bonorum emptor*.

L'effet principal et direct de la *bonorum emptio*, nous l'avons déjà dit, est de faire acquérir l'universalité du patrimoine du débiteur à l'*emptor*.

Celui-ci devient *heredis loco*, comme le *bonorum sector*; mais il n'acquiert pas comme lui le *dominium ex jure Quiritium*. Aussi nous ne voyons pas figurer dans la vente en masse la lance, symbole de la propriété quiritaire, qui, au contraire, figure dans toute *bonorum sectio*, comme nous l'avons constaté antérieurement.

La conséquence de tout ceci est que le *bonorum emptor* est simplement *in bonis*, et que, pour arriver à la propriété du droit civil, il a besoin de l'usucapion (Gaius. Com. III, § 80).

Ainsi le *bonorum emptor* est un successeur, mais c'est un successeur prétorien ; il s'ensuit que ce sont seulement des actions utiles qui lui sont données ou qui lui sont données contre lui (Gaius, C. III, § 81 ; Théophile, pr. *De successionibus sublatis*, 3. 12). Il semble résulter du texte de Gaius, malgré les lacunes du manuscrit, que ce n'était pas en vertu d'un droit nouveau, fruit de l'engagement que contractait le *bonorum emptor*, mais par l'effet de leur titre primitif que ces créanciers pouvaient le poursuivre.

Ce texte s'exprime, en effet, de la manière suivante : « *Item quæ debita.... ipse debuit, neque bonorum possessor neque bonorum emptor ipso jure debent....* »

Il est probable que l'*emptor* pour faire réduire l'action des créanciers dans la mesure du dividende qu'il avait promis, devait procéder par une exception (peut-être, était-ce l'exception *pacti conventi*).

Pour exercer les actions du débiteur, *l'emptor bonorum* avait deux moyens, il pouvait agir par l'action Rutilienne ou par l'action Servienne. Gaius les rapporte tous les deux, dans son Commentaire IV, § 35.

L'action Rutilienne est la plus ancienne, elle vient du préteur Rutilius à qui l'on attribue l'introduction de la *bonorum venditio.*

Dans l'*intentio* de la formule de cette action, on conserve le nom du débiteur exproprié, mais la *condamnatio* est au nom et au profit de l'*emptor*. Le préteur dit au juge : Si vous reconnaissez que Seius est débiteur de Titius dont les biens ont été vendus, condamnez-le envers Sempronius l'acheteur des biens.

L'action Servienne qui ne parut qu'après l'action Rutilienne, est basée sur cette supposition que l'*emptor* est comme l'héritier de l'exproprié.

Cette fiction était déjà usitée pour le *bonorum possessor* ou successeur prétorien.

Ainsi dans la formule de l'action Servienne, le nom de l'*emptor* figure aussi bien dans l'*intentio* que dans la *condemnatio*, seulement on y ajoute la supposition que cet *emptor* est héritier ; il agit *ficto se herede.*

Mais pourquoi l'action Servienne s'est-elle introduite à côté de l'action Rutilienne ?

La raison en est probablement, que l'action Rutilienne n'était pas possible quand il s'agissait des biens d'un débiteur défunt. Il est, en effet, difficile de comprendre que l'*intentio* fût rédigée au nom d'un défunt qui ne peut plus avoir de droits.

Chacune de ces formules peut d'ailleurs s'adapter aussi bien à une action réelle qu'à une action personnelle ainsi que Gaius nous l'apprend dans son Commentaire IV (§§ 34 et 35) où il choisit précisément un cas de revendication dans le modèle qu'il nous donne de l'action Servienne.

Il semble dès lors, de prime abord, que l'existence de ces actions avec une semblable portée, constitue une sorte de double emploi avec le fonctionnement de la Publicienne.

Cependant, il n'en est rien, car la Publicienne suppose que celui qui l'intente a eu la possession de la chose réclamée, ne fût-ce qu'un seul instant. A cette condition, le préteur supposera que cette possession n'a pas cessé d'exister, mais il ne va pas jusqu'à la suppléer chez celui qui ne l'a jamais eue.

La Publicienne ne pouvait donc appartenir à l'*emptor bonorum* que pour les biens qu'il a déjà possédés; la Rutilienne et la Servienne lui seront utiles pour les autres biens à l'occasion desquels il ne pourrait invoquer la possession du débiteur.

Mais, dira-t-on, l'*emptor* pourra toujours invoquer la possession du débiteur, car il lui succède, il le représente !

Il est vrai qu'il le représente, mais comment ? En vertu de la fiction : *Si heres esset*.

Il n'est donc son successeur que fictivement, et lui appliquer la Publicienne qui est elle-même une action fictive, eût été combiner deux fictions ensemble ; il était plus simple de donner une action nouvelle.

En résumé, pour les biens que l'acheteur n'a pas encore possédé, il a la revendication utile au moyen soit de l'action Servienne, soit de l'action Rutilienne.

Pour les biens dont il a une fois pris la possession, il a la Publicienne.

— Ce n'est pas tout et comme troisième ressource, il a un

interdit appelé *interdictum possessorium* et mentionné par Gaius au § 145. C. IV.

Cet interdit a beaucoup d'analogie avec l'interdit *sectorium*, donné à l'adjudicataire des biens du condamné, et avec l'interdit *Quorum bonorum* donné au *bonorum possessor*.

Comme eux, il s'applique à un cas de succession universelle, comme eux il appartient à la classe des interdits *adipiscendæ psssessionis causâ*, c'est-à-dire à la classe de ces interdits qui tendent à faire obtenir une possession qu'on n'a jamais eue, mais qui ne sauraient faire recouvrer une possession qu'on aurait perdue.

Mais contre qui se donne l'interdit *possessorium*? S'il se donne contre tout tiers détenteur, alors il est inutile, car l'action Rutilienne ou Servienne, envisagée comme action réelle, suffisait pleinement.

Ici encore, on en est réduit aux conjectures.

D'après un premier système, la sphère d'action de l'interdit *possessorium* devrait être la même que celle de l'interdit *Quorum bonorum*, au moyen duquel le *bonorum possessor* peut appréhender seulement les biens détenus *pro herede* ou *pro possessore*. Donc vis-à-vis du tiers qui possèdera de cette manière, le *bonorum emptor* pourra n'agir qu'au possessoire, et usera simplement de son interdit; au contraire vis-à-vis d'un possesseur moins suspect, il ne triomphera qu'en prouvant la propriété du débiteur qu'il représente, et il devra employer l'action Rutilienne ou l'action Servienne.

On a aussi dit, toujours en s'appuyant sur l'analogie qui doit exister entre les deux interdits dont il vient d'être parlé, que l'interdit *possessorium*, comme l'interdit *Quorum bonorum*, ne se donnait que relativement aux objets corporels.

C'est à une troisième explication que nous nous arrêterons. Nous pensons que l'interdit *possessorium* était spécial aux contestations portant sur l'universalité, qu'il était destiné à suppléer autant que possible la *possessoria hereditatis petitio* qui n'existait pas au profit du *bonorum emptor*.

Les actions Rutilienne et Servienne s'appliquant donc, soit à des revendications d'objets particuliers, soit aux poursuites exercées contre les débiteurs, et ne portant jamais sur une question de possession, on comprend très-bien l'utilité de l'interdit *possessorium*, mieux même que celle de l'interdi *Quorum bonorum* (1).

— En ce qui regarde le *bonorum emptor*, il y a une particularité très-importante à noter : c'est la *deductio* qu'il est tenu de subir quand il s'adresse à une personne tout à la fois créancière et débitrice du *defraudator* dont les biens ont été mis en vente. (Il la subira, bien entendu, en tenant compte de la remise qui lui a été faite dans la venté et dans la mesure du dividende afférant à la dette de l'exproprié.)

Gaius rapproche cette *deductio* de la *compensatio* imposée à l'*argentarius* agissant contre l'un de ses clients avec lequel il est en compte courant (§§ 65 à 68, C. IV).

Il existe entre ces deux opérations plusieurs différences :

1° L'*argentarius* est tenu d'opérer lui-même la balance de ce qui lui est dû et de ce qu'il doit, et de limiter son action au reliquat.

Le *bonorum emptor*, au contraire, fera figurer dans l'*intentio* le montant intégral de sa créance, il ne sera question de la *deductio* qu'il doit subir que dans la *condemnatio*, et c'est le juge qui la déterminera.

La seconde et la troisième différence dont nous allons parler ne sont que des conséquences de la première.

2° Le *bonorum emptor* subira la *deductio* alors que la dettte qu'on lui oppose n'a pas le même objet que celle qu'il réclame : le juge appréciera en argent l'objet des deux créances et fera lui-même la balance.

3° Le *bonorum emptor* ne pourra échapper à la *deductio* en s'appuyant sur ce que la dette qu'on lui oppose est à terme, par la raison que l'état de déconfiture du débiteur dont on

(1) Bonjean, *des Actions*, II, § 307.

vend les biens rend toutes ses dettes exigibles, même avant l'arrivée du terme qui les affectait.

B. — Effets de la vente relativement au débiteur.

La vente affecte à la fois, la considération, les droits et les obligations du débiteur.

1° Sa considération. La *venditio bonorum* a, à l'égard du débiteur, un premier effet dont nous avons déjà dit quelques mots : elle frappe d'infamie (Gaius, C. II, 154). Cicéron, dans son plaidoyer pour *Quintius* (1), appuie beaucoup sur les conséquences déshonorantes qui menacent son client, et Gaius, C. III. § 220, nous donne une idée du caractère flétrissant attaché à la vente en masse, lorsqu'il nous apprend que celui qui, de mauvaise foi, sachant qu'il ne lui est rien dû, a fait afficher la vente des biens d'un prétendu débiteur, s'expose à une action d'injures.

A son Commentaire II, § 154, il nous fait voir combien les Romains redoutaient pour leur mémoire la vente en masse de leur patrimoine, faite sous leur nom après leur décès ; cette crainte était cause que d'ordinaire les débiteurs obérés instituaient un esclave qui devenait leur héritier nécessaire, et sous le nom duquel la vente avait lieu. C'était alors à l'esclave que s'atachait l'infamie ; c'était le prix dont il payait sa liberté, « *Habet autem hujus infamiæ mercedem servus : primo libertatem*, etc. (Théoph.. § 1, *De hered. qual. et. diff.*, 2. 19.)

La gravité du déshonneur attaché à cette infamie nous fait croire qu'elle ne pouvait se produire contre l'incapable, dans le cas où l'on vendait ses biens faute par lui d'avoir été suffisamment défendu. On devait prendre, en effet, plus de ménagements à l'égard d'un citoyen qu'à l'égard d'un esclave.

La cession des biens permettait d'éviter l'infamie. La Const. 11, *Ex quibus caus. inf. irrog.*, nous le dit formellement : « *Debitores qui bonis cesserint, licet ex causâ bona eorum venierint, infames non fiunt.* »

(1) *Pro Quintio*, C. 16.

Toutefois, il est probable qu'une certaine déconsidération s'attachait à la cession des biens.

2° Ses droits. Son patrimoine est vendu en bloc, sa succession est, pour ainsi dire, ouverte de son vivant, sa personnalité juridique est désormais passée sur la tête de l'acheteur, et avec elle, tous les droits qu'il avait acquis antérieurement à la vente, de telle manière qu'il ne peut plus intenter d'action à raison de ces droits.

Ce principe est posé par la loi 4 *De curatore bonis dando* (42. 7) dans les termes suivants : « *Imperatores Antoninus et Verus Augusti rescripserunt, bonis per curatorem ex senatusconsulto distractis, nullam actionem ex ante gesto fraudatori competere.* »

Il est vrai que ce texte raisonne dans l'hypothèse d'une *distractio bonorum*, mais sa solution s'applique par un *a fortiori* évident au cas qui nous occupe.

Ce n'est pas, du reste, le seul texte où se manifeste l'existence de notre principe, et la loi 40 *De operis libertorum* (38. 1) relative, cette fois, à une vente en masse, nous en offre une application intéressante.

Voici l'espèce qu'elle règle : Les biens d'un patron ont été vendus en masse, son affranchi lui devait des *operæ*, ces *operæ* passeront-elles à l'acheteur ?

Papinien distingue : « *Si bona patroni venierunt, operarum, quæ post venditionem præterierint, actio patrono dabitur etsi alere se possit. Ante venditionem præteritarum non dabitur, quoniam ex ante gesto agit.* »

C'est-à-dire : le patron avait-il réclamé, avant la vente, les services promis par l'affranchi, le droit que cette réclamation a fait naître en sa personne passera au *bonorum emptor*, et il ne pourra plus s'en prévaloir, lui, *quoniam ex ante gesto agit*, parce qu'il s'agirait d'une créance qu'il a fait naître antérieurement à la vente.

Le patron, au contraire, s'est-il abstenu d'agir avant la vente, le droit qu'il a de réclamer les *operæ*, d'assigner des services à son affranchi, en un mot, de faire naître la créance, lui est personnel (Gaius, C. III, § 83, nous le démontre bien quand il nous dit qu'il ne passe pas à l'adrogeant), il ne passe donc pas à l'*emptor*, et reste intact entre les mains du patron.

La raison de cette distinction est dans ce principe que, même dans l'hypothèse où les *operæ* ont fait l'objet d'une *jurata promissio liberti*, c'est-à-dire même dans le cas où il s'agit de services spéciaux, d'*operæ fabriles*, distincts des bons offices que le patron a toujours droit de réclamer en l'absence de tout engagement; il n'y a, pour l'affranchi qui les doit, obligation née de les prester, et pour le patron, créance née à cette prestation, que du jour de la demande positive de ce dernier; ce sont ces services ainsi réclamés qu'on nomme *operæ præteritæ* ou *indictæ*.

Ce n'est donc qu'autant que l'acheteur trouvera les droits personnels du patron déjà transformés en créance déterminée, qu'il pourra se les approprier.

3° Mais la *bonorum venditio* qui ôte au débiteur ses droits, le libère-t-elle de ses anciennes obligations? Faut-il dire du passif ce que nous avons dit de l'actif?

On pourrait s'appuyer pour le soutenir, sur deux lois : la loi 25 *De rebus auct. jud. poss.* et la loi 25, § 7, *Quæ in fraudem creditorum* (42. 8).

Examinons chacun de ces deux textes.

Le premier est ainsi conçu : « *Ait prætor : quod postea contractum erit, quam is, cujus bona venierint, consilium receperit fraudare, sciente eo qui contraxerit, ne actio eo nomine detur.* »

Ainsi, l'action est refusée à celui qui a contracté avec le débiteur qui a été ensuite exproprié, s'il y a eu de la part de ce débiteur intention de frauder ses créanciers, et de la part du contractant complicité à cette fraude.

Mais on ne peut réellement conclure de cette loi que l'action sera toujours refusée contre le débiteur, par la raison qu'il est plus que probable que l'action dont elle parle est une action dirigée non pas contre le débiteur, mais bien contre le *bonorum emptor*.

Cette affirmation trouve tout d'abord un appui dans la place du texte dont nous nous occupons

Il se trouvait, en effet, dans le livre 64 d'Ulpien. Or, dans les livres 63 et 64, ce jurisconsulte s'occupait des priviléges et de la *separatio bonorum* accordés aux créanciers, avantages qui certes se rapportent bien moins aux relations du créancier avec le débiteur qu'à celle des créanciers entre eux et avec le *bonorum emptor*.

D'autre part, on ne peut guère concevoir que le débiteur puisse se prévaloir de sa propre fraude, et en l'invoquant, repousser l'action dirigée contre lui.

C'est seulement au profit des créanciers étrangers à la fraude qu'il doit être pris des mesures de protection, et l'extension de semblables mesures aux auteurs mêmes de la fraude serait incompréhensible.

Ainsi comprise, la disposition de la loi 25 offre pour les créanciers un grand intérêt; car de ce qu'elle dénie l'action contre l'*emptor*, il s'ensuivra que celui-ci, ayant à faire face à moins de créances, pourra s'engager à payer pour chacune un plus fort dividende.

On ne peut donc conclure de la loi d'Ulpien, ni que l'action n'existait plus contre le débiteur, ni qu'elle existait toutes les fois qu'il n'y avait pas fraude.

Reste la loi 25, § 7 *Quæ in fr. cred.* qui s'exprime ainsi :

« *Hæc actio etiam in ipsum fraudatorem datur ; licet Mela non putabat, in fraudatorem eam dandam ; quia nulla actio in eum ex ante gesto post bonorum venditionem daretur : et iniquum esset, actionem dari in eum, cui bona ablata essent. Si verè quædam disperdisset, si nulla restitutione recuperari possent, nihilominus actio in eum dabitur : et prætor non tantum emolumentum actionis intueri videtur in eo, qui exutus est bonis, quam pœnam.* »

Ainsi Venuleius enseigne dans ce paragraphe que l'action Paulienne se donne même contre le *fraudator*.

Nous savons qu'avant de réussir par l'action Paulienne, les créanciers doivent démontrer que l'acte qu'ils attaquent comme frauduleux leur est préjudiciable ; or le moyen le plus habituel de faire apparaître ce préjudice est de faire vendre les biens du débiteur et de constater l'insuffisance des biens pour payer ses dettes. Venuleius suppose qu'on a procédé ainsi et qu'on a commencé par faire vendre les biens du débiteur *fraudator*. Mais dans ce cas, objecte le jurisconsulte Mela, l'action des créanciers contre le débiteur *defraudator* est éteinte, car on ne peut comprendre qu'une action soit donnée contre lui à raison d'un droit antérieur à la vente.

A cela Venuleius répond : le préteur la donnera pourtant, si, depuis la vente, le débiteur a dissipé des biens qui ne puissent être restitués dans le gage des créanciers ; il la donnera plutôt pour punir le débiteur de sa mauvaise foi que pour indemniser les créanciers de la perte qu'ils subissent.

On s'est servi de la première partie de ce texte : « *Quia nulla actio, etc.*, » pour dire que les créanciers n'avaient plus d'action contre le débiteur exproprié pour les dettes contractées avant la vente.

Mais la seconde partie démontre la fausseté de ce raisonnement. En effet, si les créanciers peuvent se plaindre que le *fraudator* a dissipé des biens acquis depuis la vente, c'est donc que ces biens sont leur gage ; et la preuve qu'ils sont leur gage, ce sont ces mots mêmes : « *Si verè quædam disperdidisset, si nulla restitutione recuperari possent*, » qui indiquent clairement que le préteur, avant d'accorder l'action, devra commencer par examiner si les créanciers peuvent être restitués contre l'acte frauduleux de leur débiteur.

La doctrine que nous repoussons est d'ailleurs à la fois contraire aux textes et aux principes généraux du droit sur la matière.

1° Aux textes. Ainsi Gaius semble bien admettre que la personne dont on a vendu les biens peut encore être poursuivie par ses créanciers qui n'ont obtenu qu'un paiement partiel. Il dit, en effet : « *Quorum bona venierunt pro portione, si quid postea adquirant etiam sæpius eorum bona veniri solent* » (C. II, § 155), c'est-à-dire : « *Ceux dont les biens ont été vendus pour payer une portion de leurs dettes* (1), *subissent souvent une seconde vente s'ils acquièrent par la suite de nouveaux biens.* » S'il est ainsi, c'est donc qu'ils ne sont point libérés par la première *venditio* qu'ils ont subie.

De même, des textes très-clairs nous représentent le débiteur qui a fait cession comme redevable encore de la différence que n'ont pas touchée les créanciers. C'est ce que nous dit la loi 1, C. *Qui bonis cedere* (7. 71) : « *Qui bonis cesserunt, nisi solidum creditor receperit, non sunt liberati.* » Il acquiert seulement ce bénéfice de ne pouvoir être poursuivi que s'il a acquis de nouveaux biens (L. 6 et 7, Dig. *De cess. bonorum*, 43 3) ; et de n'être jamais condamné que *in id quod facere potest* (§ 40, Inst. *de Act.*).

On voit donc par là que la cession de biens et aussi la vente qui en est la conséquence, laissent subsister le droit de poursuite. Et rien ne nous indique que cette solution soit spéciale à la vente intervenue à la suite d'une cession. Aucun texte ne permet de favoriser ainsi le débiteur qui n'a pas fait cession de biens et qui encourt l'infamie.

Enfin, nous ajouterons en faveur de la doctrine que la vente n'éteint pas le droit de poursuite des créanciers, l'observation suivante : Il serait singulier que la *venditio bonorum* qui est d'origine prétorienne, pût éteindre des obligations reconnues par le droit civil.

(1) Il nous semble évident avec M. Pellat (traduction de Gaius, note), que ces mots *venierunt pro portione* ne font pas allusion, comme on l'a prétendu, à une vente partielle du patrimoine du débiteur ; il est plus conforme, et au caractère de la *venditio*, et au sens naturel des termes, de voir là une vente qui n'a donné aux créanciers qu'un dividende.

— Mais puisque la *venditio* n'anéantit pas le droit de poursuite des créanciers, voyons dans quelles limites et à quelles conditions ce droit peut être exercé. Subsistera-t il contre le débiteur dans toute sa rigueur primitive? Nous ne le croyons pas et nous disons : Sans doute, les créanciers agiront utilement si le débiteur a acquis de nouveaux biens depuis la vente ; mais il paralysera leur action au moyen d'une exception, s'il n'en a pas acquis depuis cette époque, et même, s'il est constant et avéré qu'il est dans cette situation, le préteur refusera tout simplement l'action.

Avec ces données, nous pouvons très-bien saisir la portée des premiers termes du § 7, L. 25, que la première opinion avait retournés contre nous.

On peut dire, en effet : quand le débiteur dont les biens ont été vendus n'a rien acquis de nouveau ; alors il faut dire avec Mela : « *Iniquum esset actionem in eum dari cui bona ablata essent.* »

Quand, au contraire, il a acquis de nouveaux biens, mais qu'il s'est empressé de les dissiper sans profit pour ses créanciers ; on donnera aux créanciers l'action comme s'il les avait encore. Cette action servira, du moins, à punir le débiteur qui paiera de sa personne puisqu'il s'est mis volontairement dans l'impossibilité de payer autrement.

Avec cette manière d'entendre la loi 25, le débiteur dont les biens ont été vendus, jouit du même bénéfice que le débiteur qui a fait cession (1), l'un et l'autre ne peuvent être poursuivis qu'à condition qu'ils auront acquis de nouveaux biens.

Mais faut-il dire que le premier a, comme le second, le bénéfice de n'être condamné que *in id quod facere potest* ? Il faudrait pour cela un texte formel ; les divers textes qui parlent de ce bénéfice ne s'occupent que de celui qui a subi la

(1) Celui qui avait cession de biens ne pouvait être poursuivi de nouveau que s'il avait acquis des biens d'une certaine importance. (L. 6 et 7, *De cess. bonorum*, 42. 3. — Inst., § 40, *De actionibus*.)

vente à la suite d'une cession, et non d'une manière générale de celui dont les biens ont été vendus.

Cujas (1) était pourtant d'un avis contraire, mais la Constitution 6, *De revoc. his quæ in fraud.* (7. 75), qu'il invoquait en faveur de son système, n'est évidemment pas suffisante pour le soutenir, car elle n'est relative qu'à l'action Paulienne dirigée contre le débiteur lui-même, comme le démontrent la place qu'elle occupe et la mention de l'annalité de l'action ; l'on ne peut donc sans tomber dans l'arbitraire, étendre ce qui y est dit à toute poursuite exercée contre le débiteur exproprié à raison de droits antérieurs à la vente.

C. — Effets de la vente relativement aux créanciers.

Ce que nous avons admis précédemment nous conduit à dire que la vente n'éteint pas le droit du créancier qui n'a obtenu qu'un dividende ; si donc le débiteur acquiert de nouveaux biens, le créancier pourra agir sur eux pour se faire payer par le débiteur ce qui lui reste dû.

Vis-à-vis de l'*emptor*, le créancier pour obtenir le dividende promis, procède par voie d'actions utiles ; il exerce, sous cette forme, les actions qu'il avait contre le débiteur originaire.

Le préteur ne les accordera (2) qu'après s'être assuré qu'on a tenu compte de la réduction consentie dans la vente. L'*exceptio pacti conventi* insérée dans la formule permettra d'atteindre ce résultat,

Néanmoins, les créanciers privilégiés (3) auront action pour

(1) Obs. XII, 5.

(2) Ces actions sont toujours des actions personnelles ; le préteur, en effet, n'avait pas besoin de donner d'actions réelles, car l'acquéreur ne pouvait obtenir les biens que *cum onere* : ceux donc qui, par exemple, étaient propriétaires, pouvaient revendiquer depuis comme avant la vente comme tels ils avaient un droit de séparation des patrimoines (*a creditoribus separantur*). (L. 10, C. *De bonis auct. jud.* (7, 72). Loi 10, pr. D. *De pact.*, L. 24, § 2. D, *De rebus auct. jud.* — Zimmern, § 80.)

(3) Il s'agit ici des créanciers qui priment la masse chirographaire, de ceux qu'on dit être privilégiés *inter personales actiones ;* ce sont les seuls dont il soit question à notre titre *De rebus auct. jud.*

le tout Rien n'autorise, en effet, à penser que le mauvais état des affaires de leur débiteur ait pu entamer leurs droits et les transformer en droits à dividendes.

Ils viendront donc pour le tout, et suivant la règle tracée par Paul dans la loi 32 *De rebus auct. jud.*, dans l'ordre déterminé par la qualité de leurs créances.

« *Privilegia non ex tempore æstimantur, sed ex causâ ; et si ejusdem tituli fuerunt, concurrunt, licet diversitates temporis in his fuerint.* »

Cette obligation pour l'*emptor* de payer d'abord intégralement les créances privilégiées, nous a fait croire, lorsque nous nous sommes occupé de la *lex bonorum vendendorum*, qu'elle devait contenir, indépendamment du dividende à payer à la masse, un état des créances privilégiées, et par suite qu'il devait y avoir un moment où les créanciers, privilégiés ou non privilégiés, ne devaient plus être admis à se faire inscrire sur la liste.

Mais qu'en est-il des créanciers qui ont sur les biens de leur débiteur un *jus pignoris* ou une *hypothèque*, et y a-t-il pour eux un délai de forclusion ?

Examinons d'abord leur situation par rapport aux autres créanciers.

Sur les biens qui leur sont spécialement affectés, ils priment à la fois les créanciers chirographaires et les créanciers privilégiés ; entre eux, la préférence se règle par un principe nouveau, tout différent de celui que nous avons constaté pour les privilégiés. C'est l'ordre chronologique des constitutions de gage ou d'hypothèque seul, qui fixe le rang ; la qualité de la créance n'a sur lui aucune influence. — Pour les créanciers hypothécaires, la maxime est donc : « *Prior tempore, potior jure.* »

Quel est maintenant, quant à ces créanciers hypothécaires, l'effet de la *bonorum venditio* ? Peut-elle modifier leur situation ? Non, en principe, car ils ont un *jus in re* qui les garantit contre l'insolvabilité de leur débiteur.

L'égalité qu'a créée entre les créanciers l'envoi en possession ne peut exister que sous la réserve des droits concédés valablement jusqu'à cet envoi, et les rapports établis régulièrement, à une époque antérieure, entre certains créanciers ou acquéreurs et la masse, doivent subsister dans leur intégrité, malgré l'envoi et malgré la vente (1).

Mais faut-il dire cependant, que les créanciars hypothécaires peuvent à leur guise et impunément ne révéler leurs droits qu'après la vente, et s'attacher à leur gage sans s'être fait connaître auparavant ?

Les textes ne nous apprennent rien à cet égard ; cependant à raison du caractère occulte de l'hypothèque qui pouvait se constituer par un simple pacte, sans aucune condition de publicité, il pouvait y avoir de grands dongers pour l'*emptor*, et par suite l'adjudication devait avoir lieu habituellement à un prix très-bas.

— Le moyen de remédier à ces inconvénients eût été d'obliger les créanciers, sous peine de forclusion, à se déclarer lors de la rédaction de la *lex bonorum vendendorum;* mais rien ne nous indique qu'il en était ainsi.

SECTION III.

SORT DE LA BONORUM VENDITIO DANS LE DROIT DU BAS-EMPIRE.

A. Substitution de la *distractio bonorum* à la *venditio bonorum*. — **B.** Etude sommaire de la *distractio bonorum* et comparaison de cette voie d'exécution avec la *venditio bonorum*. Procédure et effets.

A. — La *venditio bonorum*, vente en masse, fut remplacée, nous avons eu déjà l'occasion de le dire, par la *distractio*, vente en détail.

(1) Bonjean, *des Actions*, § 398.

Cette substitution ne s'opéra pas brusquement, et la *distractio* ne fut d'abord qu'une dérogation à la loi générale, un privilége accordé à certaines personnes de rang illustre (*claræ personæ*), destiné à leur éviter l'infamie qui résultait nécessairement de la vente en masse ; puis, peu à peu, l'exception devint la règle par une révolution analogue à celle qui fit que la procédure extraordinaire qui était d'abord l'exception, prit la place de la procédure formulaire, et au moment même que se fit ce dernier changement.

Il suffit, pour se convaincre de cette concordance entre la disparition de la *bonorum venditio* et celle de la procédure des *judicia ordinaria*, c'est-à-dire de la procédure formulaire. de se reporter au livre III, Inst., tit. XII, *De successionibus sublatis*, où Justinien s'exprime ainsi :

« *Sed cum extraordinariis judiciis posteritas usa est, ideo cum ipsis ordinariis judiciis etiam bonorum venditiones expiraverunt.* »

D'autre part, Théophile nous apprend que la *venditio bonorum* disparut avec les *conventus*, sortes d'assises que les gouverneurs allaient tenir dans les diverses parties des provinces qui ressortissaient de leur tribunal. « *Hodie vero cum judicia sint extraordinaria et quovis tempore exerceantur, non injuriâ et bonorum venditiones in desuetudinem abierunt.* »

Les *judicia ordinaria* et les *conventus* furent supprimés, on le sait, sous Dioclétien ; c'est donc sous Dioclétien que disparut la *bonorum venditio*, mais comment sa suppression se rattache-t-elle à celle de ces deux institutions ? C'est ce qui ne nous est révélé par aucun texte.

Cependant, on peut à cet égard conjecturer de la manière suivante :

Sous le système formulaire, l'instance est divisée en deux parties, l'une qui se passe, *in jure*, devant le magistrat ; l'autre, *in judicio*, devant le juge.

Habituellement, le magistrat ne fait que délivrer la formule et organiser l'instance, ce n'est que dans des cas très rares qu'il termine l'affaire; aussi un seul magistrat peut-il expédier un grand nombre de procès, et un gouverneur, par exemple, put suffire pour toute une province; seulement, pour éviter à ceux qui habitent loin du chef lieu, des frais de déplacement trop considérables, le gouverneur se transportait sur les différents points du territoire de son ressort et y tenait des assises ou *conventus*.

D'autre part, le magistrat qui organise l'instance préside à l'exécution des sentences rendues par le juge qu'il a commis, et, en général, à toutes les voies d'exécution qui supposent plus ou moins l'intervention de l'autorité publique. Ainsi, nous l'avons vu intervenir plusieurs fois dans la procédure de l'envoi en possession et dans la vente.

Or quand, sous le système extraordinaire, il dut connaître lui-même du fond du droit, d'un côté il dut cesser ses tournées dans la province, pour se tenir à la disposition des justiciables, et par là disparurent les *conventus*; et de l'autre, il fallut, en raison de ce surcroît d'occupation qu'on lui donnait, simplifier les voies d'exécution de façon à rendre sa présence moins nécessaire, plus rarement indispensable (1).

Ainsi, peut-être, on peut expliquer l'introduction de la *distractio* comme mesure générale de saisie, et la concordance entre la disparition de la *venditio bonorum* et celle des *judicia ordinaria* et des *conventus*.

B. — Etudions sommairement le mécanisme et les effets de cette nouvelle institution, et comparons-là, à chaque phase de notre étude, avec la *venditio bonorum*.

Procédure. — L'envoi en possession subsiste encore, mais il n'aboutit plus à la vente en masse. Cette vente *in globo*

(1) Dans la procédure de la *distractio bonorum*, l'intervention du magistrat est, en effet, très-rare; il n'intervient plus que dans la nomination des curateurs chargés de l'administration et de la vente des biens et dans l'autorisation de vendre.

est remplacée par la vente en détail des biens qui composent le patrimoine du débiteur (1).

Au lieu d'un acheteur unique comme dans la *venditio bonorum*, il peut y en avoir désormais autant que d'objets vendus.

On ne distingue plus les actes d'administration proprement dits, confiés à des *curatores*, et les actes tendant directement à la vente, remis aux soins des *magistri bonorum vendendorum* ; dès l'origine, un ou plusieurs curateurs ont mission d'administrer et aussi de vendre.

Quand la vente est terminée, le prix en est versé dans les mains du curateur qui en doit compte aux créanciers. Au contraire, nous avons vu qu'en cas de *venditio* c'est à l'*emptor* que les créanciers ont affaire.

Enfin, les délais si courts sous Gaius entre l'envoi en possession et la vente, sont considérablement étendus.

Justinien, dans la Constitution 10, au Code *De bonis auct. jud.*, donne aux créanciers deux ou quatre ans, suivant les cas, pour se présenter et profiter de l'envoi en possession, et il semble bien résulter de la même constitution (§ 1er) qu'on devait attendre l'expiration de ces délais pour procéder à la vente.

Effets. — Les effets de la *distractio* diffèrent à un double point de vue de ceux de la *bonorum venditio*.

Ainsi, 1° dans le cas de *bonorum distractio*, chacun des acheteurs n'est plus comme l'*emptor* un successeur universel investi de tous les droits du débiteur, tenu de toutes ses obligations, au moins dans la mesure du dividende qu'il a promis, mais un successeur particulier qui se libère par la remise de son prix entre les mains du curateur.

2° Le débiteur échappe désormais à l'infamie qui s'attachait

(1) Quand on prévoyait que pour payer les créanciers, il n'était pas nécessaire d'aliéner tous les biens, la vente, du moins dans les derniers temps, n'était autorisée que jusqu'à concurrence du montant des dettes. (L. 6, § 4. C., *De his qui ad eccles.*, 1, 12. — Nov. 53, c. 4.)

à la *bonorum venditio*. La suppression du caractère infamant de la vente en masse, cause première de l'introduction de la *distractio*, fut donc maintenue même après que la *distractio* fut devenue le droit commun.

— Mais il reste un point de contact entre la *distractio* et la *venditio bonorum*, c'est que l'une et l'autre voie d'exécution ont pour effet de priver le débiteur de toute action ayant une cause antérieure à la vente (*ex ante gesto*). Avant même que la *distractio* fût devenue le droit commun, il en avait déjà été décidé ainsi par un rescrit de Marc-Aurèle et de Vérus rapporté dans la loi 4 (*De curat. bonis dando*, 42, 7).

Cela ne pouvait plus tenir à l'ouverture de la succession, mais cela résultait de ce que tous les droits du débiteur avaient été compris dans l'envoi en possession, qui en attribuait l'exercice aux curateurs (1).

Nous terminerons en disant que si la vente en détail des biens du débiteur n'avait pas produit une somme suffisante pour désintéresser les créanciers, il n'y avait aucune raison pour considérer le débiteur comme libéré et qu'il restait tenu de tout ce qui n'avait pas été payé.

(1) Ce dernier effet de la *distractio* nous empêchera de la confondre avec la vente de certains biens du débiteur, autorisée par le magistrat même dans l'ancien droit, dans les cas où par égard pour la situation du débiteur incapable, il ne permettait la vente en masse qu'en cas de péril en la demeure (par ex. L. 7, § 10, *Quibus ex causis*).

DROIT FRANÇAIS

DES EFFETS DU JUGEMENT DÉCLARATIF DE FAILLITE ET DE LA CESSATION DES PAIEMENTS

INTRODUCTION

Les législateurs en organisant le système des faillites ont eu pour but la protection des créanciers du commerçant failli ; ils ont voulu leur assurer les débris de sa fortune et leur réserver ainsi exclusivement les restes d'un gage devenu désormais insuffisant par suite de ses mauvaises affaires.

Les dispositions contenues dans les art. 443 à 450 où sont exposés ce que le code de commerce appelle *les effets de la déclaration de faillite*, tendent toutes au résultat que nous venons d'indiquer et réalisent d'ailleurs d'une manière satisfaisante les intentions qui ont présidé à leur rédaction.

On imagine en effet difficilement un ensemble de précautions plus complet que celui qu'elles forment, pour empêcher le failli de diminuer les dernières sûretés de ses créanciers, de favoriser quelques-uns d'entre eux au détriment des autres et enfin d'augmenter son passif par de nouvelles dettes.

— Tout d'abord, du jour où intervient contre le commerçant le jugement déclaratif de faillite, la loi le dessaisit, c'est-à-dire qu'elle le dépouille de l'administration de son patrimoine; elle la confie à des gérants spéciaux soigneusement choisis et agissant sous la surveillance d'un juge commissaire.

A partir de ce moment, le failli est impuissant à entamer ce qu'il a encore d'actif, par une dissipation maladroite ou intentionnelle, impuissant aussi à l'attribuer à certains créanciers par préférence à d'autres non moins favorables que les premiers et à porter ainsi atteinte à la situation d'égalité dans laquelle ils doivent tous se trouver désormais.

Il ne peut plus, en effet du moins à l'égard de la masse des créanciers, aliéner ni à titre gratuit ni même à titre onéreux; il ne peut plus payer valablement, ni prêter, ni emprunter, ni donner ses biens à bail, ni hypothéquer ses immeubles, il ne peut plus intenter une action ni répondre à une action, à moins qu'elle ne soit exclusivement atachée à sa personne, etc. etc ; de telle sorte qu'on doit dire que tous les actes qu'il fait postérieurement à l'époque de son dessaisissement, à moins qu'ils n'aient trait exclusivement à sa personne ou à moins qu'ils ne soient purement conservatoires, ne sont pas opposables à la masse, au regard de laquelle ils sont nuls de plein droit.

De cet état d'incapacité, des raisons qui le justifient et de l'égalité qui règne entre les créanciers, la loi tire plusieurs conséquences.

Le failli ne pouvant plus payer, les voies d'exécution par lesquelles ses créanciers pourraient procéder contre lui deviennent superflues puisqu'elles ne peuvent aboutir à rien (à moins que les créanciers ne se soient réservés des sûretés spéciales), aussi la loi les suspend.

De même, une fois le failli dessaisi, il n'a plus aucun intérêt à réclamer le bénéfice du terme; d'autre part il est naturel que les titulaires de créances même non encore exigibles participent aux opérations de la faillite puisqu'elles affectent le gage commun; et, il est sage au point de vue de l'économie dans les frais de les laisser participer aux répartitions; aussi la loi déclare-t elle exigibles les dettes non échues du failli.

La cessation du cours des intérêts des créances contre le failli à partir du jugement déclaratif est encore le résultat du dessaisissement. Non-seulement, le failli est dès lors incapable de payer mais il faudra qu'un temps assez long s'écoule avant que les créanciers reçoivent des dividendes; si les intérêts avaient continué de courir, ceux des fortes sommes auraient absorbé presque tout l'actif au préjudice des petits créanciers, tandis que la faillite doit rendre égale la position de tous ceux qui n'ont pas de cause de préférence.

— Mais le temps postérieur au jugement déclaratif n'est pas le seul où il puisse se commettre des fraudes et comme dans le temps qui suit la cessation des paiements ou qui la précède il a pu se passer des actes qui ont eu pour but soit d'avantager certains créanciers, soit de soustraire à la masse des valeurs qui doivent lui appartenir, la loi a tracé des règles sur les actes antérieurs au jugement qui déclare la faillite.

Parmi ces actes il y en a qui sont de telle nature qu'ils doivent être déclarés nuls rien que parce qu'ils sont postérieurs à la cessation des paiements ou qu'ils l'ont précédée de très-peu de temps, par exemple, de dix jours; l'art. 446 les énumère. La donation, le paiement de dettes non-échues, la constitution d'une sûreté pour dettes antérieurement contractées et d'autres actes encore rentrent dans cette classe.

Il y a, au contraire, certains actes énumérés dans l'art. 447 qui n'impliquent pas par eux-mêmes une intention d'amoindrir l'actif ou de favoriser certains créanciers; ceux-là ne seront pas forcément annulés si les créanciers réclament contre eux, mais le tribunal pourra cependant les invalider quand les tiers qui ont traité avec le débiteur avaient à cette époque connaissance de la cessation des paiements.

Par exemple, le paiement en espèces d'une dette échue, une aliénation à titre onéreux, ne sont pas des actes frauduleux par eux-mêmes, mais ils peuvent revêtir un caractère suspect quand ils ont été passés depuis la cessation des paiements avec des tiers qui avaient connaissance de cette cessation; les juges seront les appréciateurs des faits et des circonstances.

— C'est encore en vertu de ces deux idées : dessaisissement du débiteur et fixation définitive du sort des créanciers, d'une part, et entrave à la possibilité de fraude du fait du failli d'autre part, que la loi a pris les dispositions contenues dans l'art. 448 relativement aux inscriptions de priviléges et hypothèques.

Ainsi, après le jugement déclaratif les priviléges et hypothèques soumis à l'inscription ne peuvent plus être inscrits, car du jour de ce jugement le sort des créanciers est irrévocablement fixé. Quant aux inscriptions prises après l'époque de la cessation des paiements ou dans les dix jours précédents, les juges peuvent en prononcer la nullité quand il s'est écoulé plus de quinze jours entre la date de l'acte constitutif de l'hypothèque ou du privilége et celle de l'inscription. Le législateur a ainsi pris ses mesures contre la collusion possible entre le débiteur et le créancier, collusion qui aurait eu pour but, en retardant à dessein l'inscription hypothécaire, de ménager au débiteur déjà en dessous de ses affaires un crédit apparent capable d'induire les tiers en erreur sur sa véritable position.

— Tel est l'ensemble du système de la loi. C'est ce système que nous allons étudier avec détails. Nous n'examinerons pas évidemment toutes les conséquences de l'état de faillite. Nous prendrons cet état à son début, au moment ou le tribunal le constate judiciairement et nous déterminerons les effets de cette constatation.

Pour tracer d'une manière plus nette encore le cadre de notre sujet nous dirons qu'il se renfermera dans l'examen des art. 443 à 450 et dans l'étude de ce que la loi a entendu par ces mots : effets de la déclaration de faillite.

Nous supposerons connus deux éléments indispensables à la constitution de l'état de faillite, la profession commerciale (1) et la cessation des paiements.

Nous supposerons encore 1° que l'époque de la cessation des paiements est fixée d'une manière incontestable et définitive ; 2° que le jugement déclaratif est inattaquable.

Notre travail se divisera en trois chapitres. Le premier sera consacré aux effets du jugement déclaratif dans l'avenir ; et dans un appendice spécial nous examinerons son influence à l'égard de la personne et de la liberté du failli. Le second chapitre traitera des effets du jugement qui fixe la cessation des paiements (jugement qui est ou bien le jugement déclaratif lui-même ou bien son complément) dans le passé.

Enfin le troisième chapitre aura pour objet l'étude des nullités des inscriptions hypothécaires, théorie qui se rattache à la théorie plus générale des nullités en matière de faillite et que nous comprendrons d'autant mieux que nous l'aborderons aussitôt après avoir examiné cette dernière.

(1) En Angleterre, même les non commerçants sont susceptibles de faillite (bankruptcy) (loi du 6 août 1861).

CHAPITRE I.

EFFETS DU JUGEMENT DÉCLARATIF.

1er EFFET. — LE JUGEMENT DÉCLARATIF DE FAILLITE PRODUIT-IL LA FAILLITE ?

Controverse. — Son exposition. — Ses conséquences.

Au début de notre travail nous nous trouvons en face d'une difficulté.

Le jugement déclaratif produit-il la faillite ou bien résulte-t-elle de la seule cessation des paiements à l'existence de laquelle elle serait intimement liée ?

Le jugement déclaratif transforme-t-il, en un mot, du jour où il est rendu, la cessation des paiements en faillite ; ou ne fait-il que constater un fait préexistant datant du jour même de cette cessation des paiements et auquel il vient simplement donner des effets plus étendus ?

Une première opinion décide que le jugement déclaratif ne crée rien, qu'il ne déclare qu'un fait indépendant de lui, fait qui peut porter indifféremment le nom de cessation des paiements ou de faillite, fait, enfin, dont il se sert pour fixer le report en arrière de l'ouverture de la faillite et auquel il vient rattacher, il est vrai, certaines conséquences nouvelles.

Cette doctrine peut se traduire ainsi : « le commerçant qui a cessé ses paiements est forcément et de plein droit en faillite simple et le jugement déclaratif intervenant ne fait qu'aggraver l'état de faillite dans lequel ce commerçant se trouve déjà. »

Elle a deux avantages. Elle est tout à fait conforme au texte de l'art. 437. al. 1 ; enfin législativement elle est meilleure que l'autre.

Sans doute avec elle, on aura beaucoup de peine à déterminer le sort des actes faits entre la cessation des paiements et la déclaration judiciaire, mais la règle contraire en supprimant ces difficultés, si elle eût été plus simple, aurait été certainement moins juste en faisant prédominer une législation de formules sur une législation d'équité.

Les partisans de cette théorie en prennent texte pour conclure que la faillite dérivant nécessairement de la cessation des paiements, c'est-à-dire d'un fait, un tribunal quelconque peut, sans s'occuper de savoir s'il y a eu constatation judiciaire de faillite par le tribunal de commerce, reconnaître ce fait et s'appuyer sur lui pour l'appliquer aux litiges ou aux délits (par exemple aux banqueroutes simples et frauduleuses) dont il se trouve valablement saisi.

Les tribunaux civils ou criminels ne pourraient prononcer un jugement déclaratif de faillite emportant l'ensemble des effets généraux attachés par la loi au jugement rendu par le tribunal de commerce, mais ils pourraient constater la faillite pour faire telle ou telle application de certaines de ses conséquences (1).

Une deuxième opinion ne peut admettre qu'il y ait dans le Code de commerce des états différents portant la même dénomination. Il n'y a, dit-elle, qu'une sorte de faillite et cette faillite n'est produite que par le jugement déclaratif; jusque-là il pourra bien y avoir nullité des actes passés par le débiteur, mais il n'y a pas un état général d'incapacité d'établi, pas d'incapacité politique d'encourue, pas de procédure spéciale, pas de formalités particulières à remplir.

L'art. 437 ne doit pas nous détourner de cette décision, car

(1) Renouard. Faillites et banqueroutes, t. I., page 218. — Système adopté en principe par le code Hollandais — Jurisprudence gén. Jug. du tribunal de Bergerac 18 février 1845, confirmé par les cours de Bordeaux 6 mai 1848. — Cours de Rennes 17 mars 1849.

il n'a pour but que de dire aux tribunaux appelés à déclarer la faillite ce qu'ils doivent entendre par faillite ; alors la disposition de l'art. 437 se lie naturellement à celle de l'art. 440 et le tout s'explique de la manière suivante :

La faillite existe bien virtuellement du jour où a lieu la cessation des paiements, comme l'hypothèque judiciaire ou conventionnelle, par exemple, existe virtuellement du jour du jugement qui la constitue ; mais elle ne peut produire d'effet que du jour du jugement qui la déclare, de même que l'hypothèque judiciaire ou conventionnelle ne peut avoir d'effet que du jour où elle a été inscrite.

Ce second système concède, si l'on veut, que sous le code de 1808 il en était autrement, mais il prétend que depuis la loi de 1838 il est impossible de conserver les conséquences des règles de la législation abrogée, alors que l'expression : « ouverture de la faillite » employée si fréquemment sous l'empire de cette législation, est évitée si soigneusement dans la loi nouvelle; qu'on y distingue si nettement la cessation des paiements et le jugement déclaratif (1), et alors surtout que certains effets, par exemple l'exigibilité des dettes, que l'ancien texte attachait à l'ouverture de la faillite, sont maintenant attachés au jugement déclaratif (2).

Les auteurs qui se rallient à ces idées admettent, en général, que ce jugement déclaratif ne peut être rendu que par les juges consulaires et que les tribunaux civils et criminels suivant les uns, civils seulement suivant les autres, ne peuvent empiéter sur la compétence des tribunaux de commerce; ils s'appuient précisément sur ce qu'on ne peut faire qu'une chose, c'est déclarer la faillite avec toutes ses conséquences, mission qui est réservée sans distinction aux tribunaux de commerce, ou ne pas la déclarer du tout.

Nous nous rangeons de préférence à cette deuxième

(1) Comp., art. 448.
(2) Comp. ancien art. 448 et nouvel art. 444.

doctrine, car nous considérons comme arbitraire l'idée qu'il peut y avoir deux sortes de faillite, l'une qui n'aurait que certains effets et que pourraient prononcer les tribunaux civils et les tribunaux criminels, l'autre, au contraire, qui produirait tous les effets tracés et définis par le Code de commerce et que le tribunal consulaire serait seul apte à reconnaître (1).

2° Effet. — Du Dessaisissement.

SECTION A.

Du dessaisissement considéré comme effet principal du jugement déclaratif de faillite.

A. Ce que c'est. — B. But du dessaisissement. — C. Ses caractères. — D. Le failli n'est pas pour cela en interdiction légale. Conséquences. — E. Date du dessaisissement.

A. — L'effet principal du jugement déclaratif est d'enlever au failli l'administration de ses biens. C'est ce qu'on nomme le dessaisissement.

B. — Le dessaisissement a un but multiple ; il a pour but : 1° d'empêcher le débiteur, en lui retirant l'administration de son patrimoine, de diminuer son actif.

2° De lui ôter le moyen, en le frappant d'incapacité, d'augmenter son passif.

3° D'affecter l'ensemble des biens du failli, tel qu'il se comportait au jour du jugement déclaratif, au paiement du passif tel aussi qu'il existait et était composé ce jour-là, en sorte

(1) Bravard annoté par Demangeat, *Traité de droit commercial*, t. V p. 66. — Massé, *Le droit commercial* dans ses rapports avec le droit des gens et le droit civil, t. II, n° 809. — Delamarre et Lepoitrin, *Traité de droit commercial*, t. IV, p. 77.

que, à partir de ce moment, aucun créancier ne peut acquérir sur l'actif aucun droit de préférence, même en vertu d'un titre antérieur.

Cette affectation, disons-le en passant, est indépendante de l'inscription que mentionne l'article 490, al. 3 ; la meilleure preuve qu'on puisse en donner, outre le silence des articles 443 et 448, c'est que l'inscription ne peut être prise que sur les immeubles, tandis que l'affectation est générale.

La conséquence de toutes ces données est que : le failli ne peut plus contracter de nouvelles dettes opposables à la masse des créanciers antérieurs au jugement déclaratif ; vis-à-vis d'eux, elles n'ont point d'existence.

De même il ne peut favoriser certains créanciers qu'il préfère, au détriment des autres.

Enfin il est dans l'impossible de dissiper au préjudice de la masse un patrimoine qui est devenu son gage exclusif, et dont elle est désormais nantie.

Pour atteindre ces résultats, il était vraiment inutile d'enlever au failli la propriété même de ses biens ; la précaution aurait été disproportionnée avec le danger, aussi la loi n'a-t-elle enlevé au failli que l'administration de sa fortune.

Le jugement déclaratif n'opère donc aucune transmission de propriété et n'entraine après lui aucun droit de mutation ou de transcription (1).

C. — Voyons maintenant quels sont les caractères du dessaisissement. On peut les ramener à trois.

1° Il est *nécessaire*, il s'impose ; jamais le tribunal ne pourra déclarer un commerçant en faillite et dire qu'il ne sera pas dessaisi. Il est une suite virtuelle du jugement déclaratif dans le dispositif duquel il n'a pas besoin d'être prononcé.

2° Il a des effets *inévitables ;* et le juge n'a qu'à examiner si l'acte fait par le failli est postérieur au jugement déclaratif

(1) Dalloz, *Jurisp. gén.* Faillite, 182. — Massé, t. II, n° 1182.

pour être contraint de décider qu'il est nul, au regard de la masse des créanciers.

3° Il est *général*, et cela à un triple point de vue. Il frappe *tous les biens*, même ceux qui peuvent advenir au failli pendant sa faillite (art. 443 *in fine*) (1).

Si donc, par exemple, des donations sont faites au failli, si des successions lui échoient depuis le jugement déclaratif, elles tombent dans la masse (mais, bien entendu, les syndics ne peuvent s'en emparer qu'en acquittant les charges qui les grèvent).

Il atteint *tous les actes* passés depuis le jugement déclaratif. La loi ne se préoccupe pas de la question de savoir si les tiers qui ont traité avec le failli depuis le jugement déclaratif, ont été ou non de bonne foi. Cela se comprend, car il s'agit ici d'une question de capacité et non d'une question de bonne foi. On ne r[illegible] pas un tiers qui a contracté avec un mineur ignora[illegible] l'incapacité de celui-ci. Pourquoi en serait-il autrement dans notre hypothèse ?

Toutefois le failli pourrait encore être obligé valablement, même vis-à-vis de la masse, par les actes passés avec des tiers de bonne foi par son mandataire, si ce mandataire et ces tiers ignoraient la faillite du mandant (Arg. des art. 2008 et 2009).

La raison de décider ainsi est que si le dessaisissement a enlevé au failli sa capacité, il ne l'a pas enlevée au mandataire, qui la conserve tant qu'il ne connaît pas la révocation de son mandat.

Enfin le dessaisissement neutralise les actes du failli, au profit de la masse *toute entière* des créanciers de la faillite.

Mais ces créanciers (ou plutôt les syndics en leur nom)

(1) Cette décision fut adoptée par la Chambre des députés à la suite de la lecture faite par M. Teste d'un arrêt de la Cour de Paris du 2 février 1835 et pour combattre cet arrêt qui affectait les biens acquis par le débiteur postérieurement au jugement déclaratif, non pas à la masse seule, mais à tous les créanciers, antérieurs ou postérieurs, sans distinction.

peuvent seuls se prévaloir de ce bénéfice, et ni le failli ni les tiers avec lesquels il a contracté ne sont admis à l'invoquer. L'article 445 nous le fait voir nettement par ces mots restrictifs : « Le jugement déclaratif arrête *à l'égard de la masse seulement.* »

— Nous venons de dire que le dessaisissement était général, en ce sens qu'il s'étendait sur toutes les valeurs qui appartiennent ou qui peuvent appartenir au failli.

Cette proposition souffre quelques restrictions. Il y a certaines valeurs déclarées insaisissables par la loi, que les créanciers n'ont jamais pu considérer comme leur gage et qui pour cette raison ne sont pas atteintes par le dessaisissement.

De ce nombre sont les rentes sur l'Etat appartenant au failli (Cassation, 8 mai 1854) (1).

La portion insaisissable des traitements ou pensions de retraite qui lui sont dus.

De même, suivant nous, les objets mobiliers déclarés insaisissables par les articles 581 et 592 du Code de procédure civile ; car, à nos yeux, il n'y a aucune bonne raison de distinguer entre ces objets et les rentes sur l'Etat touchant lesquelles tout le mode est d'accord, et pour dire que l'article 443 du Code de commerce en prononçant le dessaisissement a abrogé les dispositions du Code de procédure relatives aux choses insaisissables.

C'est en vain qu'on invoque contre nous l'art. 469, Code de com., car nous répondrons qu'il règle tout simplement la mise à exécution en matière de faillite des articles du Code de procédure, et que si l'intervention des syndics et du juge-commissaire est exigée, c'est pour donner à la masse une garantie sérieuse que parmi les valeurs mobilières, celles-là

(1) La Cour dit, en effet, que : le principe qui soustrait les rentes sur l'Etat à toute espèce de main-mise de la part des tiers, n'est pas modifié par l'état du propriétaire de la rente.

seulement seront laissées au failli que la loi a déclarées insaisissables (1).

— Mais l'article 582, C. de pr. civ. vient à propos de valeurs insaisissables créer une difficulté qu'il importe de résoudre.

Cet article 582 nous apprend que les valeurs disponibles données ou léguées avec la clause d'insaisissabilité, et les sommes ou pensions constituées pour aliments pourront être saisies par des créanciers postérieurs à l'acte de donation ou à l'ouverture du legs, avec la permission du juge et pour la portion qu'il détermine.

Pour étudier l'application de cet article 582 à notre matière, il faut supposer plusieurs hypothèses.

1° Quand la donation est faite ou que le legs s'ouvre *après* le jugement déclaratif il n'y aucune hésitation possible; la masse des créanciers du failli n'a pas pu compter sur des valeurs qui n'existaient pas au moment où chacun des créanciers qui la composent a traité avec le failli.

2° Quand la libéralité a été reçue *avant* le jugement déclaratif, il faut sous distinguer.

Les créanciers de la faillite sont-ils tous antérieurs à la libéralité ; alors ils n'ont pas pu compter sur elle, conséquemment le dessaisissement ne leur fera pas en ce qui la concerne, une situation spéciale.

Mais si les uns sont antérieurs et les autres postérieurs au jugement déclaratif, comment réglera-t-on les droits de chacun ?

Suivant nous, la question doit être résolue d'après ces deux principes : 1° à partir du jugement déclaratif de faillite, tous les créanciers sont en quelque sorte immobilisés dans l'état où ils se trouvaient à cette époque et il est impossible que l'un d'entre eux ait sur les autres d'autres causes de préférence que celles qui sont indiquées au chapitre VII 2° On ne peut

(1) Demangeat sur Bravard, t. V, p. 72. — Alauzet, t. IV, n° 1663 et 1164. — Contra Renouard, t. I, p. 298, — Massé, t. II, n° 1184.

cependant déclarer anéanti le droit qu'avaient les créanciers postérieurs à la libéralité, de saisir dans la mesure que le juge détermine, des biens qu'ils ont vus entre les mains de celui avec lequel ils allaient contracter, et qu'ils ignoraient affectés des conditions qu'on leur oppose.

La solution sera donc celle-ci :

Ces droits des créanciers postérieurs subsistent toujours, mais ils ne subsistent pas exclusivement à leur profit, c'est la masse qui les recueille et elle les exercera dans la même limite qui aurait été imposée à ses créanciers.

Conséquemment, il n'est pas exact de dire, comme l'ont fait certains auteurs (1), qu'il y a véritablement ici *dessaisissement*, et que la masse aura *nécessairement* droit aux valeurs recueillies par le débiteur dans les circonstances que nous supposons.

La raison en est que la masse aurait une position plus avantageuse que celle qu'auraient pu espérer les créanciers postérieurs dont nous parlons, ce qui ne peut être ; elle l'aurait plus avantageuse, parce que tandis que les créanciers postérieurs à la libéralité ne peuvent saisir les objets dont s'agit qu'avec la permission du juge consulaire et pour une portion fixée par lui, la doctrine que nous combattons attribue ces mêmes objets à la masse *de plein droit et pour la totalité*.

En vain ceux qui soutiennent ce parti, prétendent-ils que l'article 443 se suffit à lui-même, et paralyse les dispositions du Code de procédure ; cette idée ne repose sur aucun fondement. Aussi les auteurs qui l'ont émise, n'osent aller jusqu'aux dernières conséquences de leur assertion, et au cas où la donation est postérieure au jugement déclaratif, ils admettent que la masse n'a pas droit aux valeurs données ou léguées sous clause d'insaisissabilité, et se condamnent ainsi eux-mêmes en retournant aux principes du Code de procédure civile (2).

(1) Renouard, t. I., p. 299 et suiv. — Massé, t. II, n° 1185.
(2) Demangeat sur Bravard, t. V, p. 75.

D. — Le failli ainsi dessaisi a quelques points de ressemblance avec l'interdit, en ce sens que, comme ce dernier, il n'a plus l'administration de ses biens, mais il faut bien se garder de confondre ces deux situations : l'interdiction et le dessaisissement.

Le failli, en effet, ne peut opposer son état d'incapacité Il conserve la jouissance et l'administration des biens de ses enfants, et de ceux de sa femme (si toutefois cette dernière n'obtient pas séparation de biens, art. 1449. C. civil) ; mais les revenus entrant dans son actif sont soumis au dessaisissement en tant du moins qu'ils excèdent les besoins de la famille (1).

Il garde l'exercice de tous les droits qui découlent de la puissance paternelle et de la puissance maritale.

Il peut être tuteur, membre d'un conseil de famille.

Il peut ester en justice quand il s'agit d'un droit inhérent à sa personne.

Les solutions diamétralement opposées s'appliquent à l'interdit, et en voici la raison : c'est que l'interdit incapable en droit parce qu'il est présumé l'être en fait, est atteint d'une incapacité générale, protectrice pour lui.

Le failli au contraire, n'est inhabile qu'au regard des créanciers qu'on veut sauvegarder contre un commerçant qui a déjà compromis leurs intérêts, et qui, n'ayant rien perdu de son intelligence, est peut être fort capable de leur nuire encore.

— Suivant les mêmes idées, nous dirons que l'état de faillite d'un commerçant ne fait pas obstacle, à ce que, avec des moyens nouveaux d'industrie ou à l'aide de son travail personnel, il acquière de nouveaux biens.

La faillite, en effet' n'est pas un état d'interdiction légale, mais un moyen pour les créanciers de conserver les biens qui forment l'actif de leur débiteur et leur gage ; de là il suit, qu'une fois que cet actif est en sûreté, les créanciers ne peu-

(1) Dalloz, Rep. de lég. V° 173 et 181.

vent se plaindre que des actes qui tendraient à porter atteinte à leurs légitimes espérances.

Les créanciers peuvent d'autant moins s'opposer à cela, en principe, que le dessaisissement porte aussi sur les bénéfices que le failli pourra retirer de son travail (art. 443 *in fine*) et *qu'ils en profiteront seuls*.

Ces derniers mots nous amènent à l'observation suivante: Il est bizarre de voir la loi autoriser d'une part le failli à contracter et de l'autre écarter les créanciers nouveaux, du concours sur les biens nouvellement acquis, mais c'est la loi (1).

Mais les créanciers de la faillite devront, avant l'appréhension de ces valeurs provenant des nouvelles opérations du failli, tenir compte des fonds avancés par une tierce personne et à l'aide desquels le failli a pu réaliser des bénéfices. « *Bona non intelliguntur, nisi deducto ære alieno.* »

Ainsi, en définitive, 1° il faudra déduire les sommes prêtées par des tiers pour l'aider dans son nouveau commerce. 2° Il faudra aussi laisser au failli les sommes nécessaires à son entretien, car avant tout, il faut qu'il vive (2).

Au reste, les syndics devront, dans l'intérêt de la masse, laisser une certaine latitude au failli qui se livrera ainsi à un commerce, ne pas le priver, par exemple, jour par jour du produit de ses labeurs, ne pas lui demander des comptes trop fréquents, car ils s'exposeraient à le décourager et à entraver les efforts qu'il fait pour rétablir sa fortune.

Nous croyons même qu'il faudra laisser au failli l'exercice des actions auxquelles son industrie peut donner lieu (par exemple, il pourra poursuivre ses nouveaux débiteurs), sauf, bien entendu, le droit pour les syndics d'intervenir dans l'instance.

(1) Dalloz, Rep. jur. n° 195.

(2) Jurisp. de la Cour de cassation. — Renouard, t. I, p. 294, 298. — Bedarride, t. I, n° 84 bis. — Massé, t. II, n° 1197. — Alauzet, t. IV, n° 1465. — Bravard et Demangeat, t. V, p. 75, note.

Ce système a l'avantage d'être concordant avec le principe qu'on ne peut empêcher le failli de stipuler et d'acquérir après le jugement déclaratif des droits par des opérations nouvelles ; si, en effet, ce principe est juste, pourquoi ôter au failli le pouvoir de faire consacrer ces droits lorsqu'ils sont méconnus ou contestés ?

— Cette situation du failli qui a, au regard de la masse, dans son incapacité, une capacité si grande, est-elle anormale ? Point. Car le mineur autorisé à faire le commerce se trouve dans le même cas, et ici encore nous trouvons la consécration de cette idée que le droit de faire le commerce implique celui de plaider dans les procès qui peuvent surgir à l'occasion des actes commerciaux (1).

E. — Demandons-nous maintenant de quel jour le dessaisissement produit ses effets.

C'est du jour même du jugement déclaratif puisqu'il en résulte de plein droit.

L'art. 443 est impératif et absolu : (Arg. des mots : *à partir de sa date.*)

En vain l'on s'appuie pour soutenir qu'il ne produira ses effets que du jour de la publicité du jugement, sur l'art. 442 qui, dit-on, serait insignifiant, si la publicité qu'il établit et organise n'avait pas d'influence sur ces effets ; en vain l'on invoque la protection que la loi veut accorder aux tiers exposés à contracter avec le commerçant dont ils ne connaissent pas la faillite ; la solution contraire nous semble la seule acceptable.

Car 1° En ce qui concerne l'influence de la publicité ; ou l'on retardera les conséquences du jugement déclaratif jusqu'au jour de sa publication, ou une fois publié, il aura un effet rétroactif à partir de sa date ; or, tout d'abord, rien dans

(1) Cass. 21 février 1859 et 12 janv. 1864. Jurisprudence. — Bravard et Demangeat, t. V, p. 75. — Bédarride, t. I, n° 84 bis. — Contra Renouard, t. I, p. 297. — Massé, t. II, n° 1198.

la loi ne nous autorise à croire qu'elle a adopté le premier de ces partis, et au contraire, les dispositions qu'elle a prises tendent à nous éloigner d'une semblable idée.

Les effets de l'affiche et de l'insertion dans les journaux nous paraissent, en effet, tracés et limités dans l'art. 580 qui nous apprend que c'est à partir de l'accomplissement de ces mesures que courront les délais d'opposition au jugement déclaratif.

Il serait vraiment singulier de dire que le législateur qui nous a avertis spécialement que le point de départ de ces délais ne pourrait dater que du jour de la publication du jugement déclaratif et qui n'a point pris ce soin en ce qui concerne la situation si grave constituée par le dessaisissement, a cependant entendu que le dessaisissement, lui aussi, ne daterait que du jour de cette publication.

Ce serait là une étrange prétention en face des termes si énergiques de l'art. 443.

D'autre part, si l'on dit que le jugement, dès qu'il sera publié, rétroagira au jour de sa date quant au dessaisissement, on arrive à cette conséquence dérisoire, c'est qu'aucun délai n'étant fixé pour prendre les mesures de publicité de l'art. 442, à quelque époque qu'on y procède, fût-ce même vingt ans après le jugement, elles produiront un effet rétroactif à la date de ce jugement, tout comme si elles avaient été faites le lendemain du jour où il a été prononcé.

2° Quant à l'objection tirée du prétendu souci qu'a dû avoir la loi de protéger les tiers; nous ferons remarquer qu'elle tombe radicalement si l'on songe que le législateur préoccupé surtout des intérêts de la masse, s'est si peu attaché à ceux des tiers qu'il fait produire à l'encontre de ceux-ci, au jugement qui fixe la date de la cessation des paiements et alors qu'il exige la publication de ce jugement, des effets qui rétroagiront à une époque antérieure à celle où il a été rendu.

Puis nous avons dit que le failli est en véritable état d'incapacité ; c'est une raison de plus de décider que le jugement déclaratif suffit et n'a pas besoin d'être connu, car on ne relève pas un tiers qui a contracté avec un incapable, ne sachant pas qu'il l'était, contre les conséquences de son erreur, même quand il aurait eu les meilleurs motifs de se tromper.

Enfin le rapprochement des art. 442 et 443 démontre une fois de plus que le législateur n'a pas voulu faire résulter le dessaisissement de la publicité qu'il ordonne, car à peine l'avait-il réglée qu'il employait à l'égard du jugement déclaratif ces termes expressifs :

« Le jugement déclaratif de la faillite emporte *de plein droit, à partir de sa date*, etc. », il ne dit pas : à partir de sa publication.

— La disposition du Code de 1808 d'après lequel le dessaisissement résultait de plein droit de l'état de faillite qui lui-même datait de la cessation des paiements (anciens art. 441 et 442) a été abrogée par le Code de 1838. Désormais le dessaisissement de fait et le dessaisissement de droit ont lieu à la même époque, à la date du jugement déclaratif.

C'est avec raison que la loi nouvelle a rejeté la règle de l'ancien Code. Il était ici peu rationnel et peu équitable.

Il était peu rationnel, car il ne rattachait pas l'effet à la cause, puisque, comme nous l'avons démontré plus haut, la cessation des paiements ne constitue pas seule et par elle-même l'état de faillite, mais qu'il faut pour cela un jugement qui la déclare.

Il était peu équitable en raison de la rétroactivité qu'il accordait au dessaisissement et maintes fois la jurisprudence avait reculé à l'idée de l'appliquer, pour ne pas frapper de nullité radicale tous les actes faits par le failli depuis la cessation de ses paiements jusqu'au jour du jugement déclaratif.

Elle avait même été jusqu'à dire que les syndics pour se prévaloir de la rétroactivité du dessaisissement, devaient

(1) Grenoble 12 avril 1851. — Cassation déjà sous l'empire du code de 1808. — Demangeat sur Bravard, t. V, p. 79 note. — Contra Bravard, t. V, p. 79.

démontrer que les tiers avaient été de mauvaise foi et que la masse avait éprouvé un dommage.

Evidemment c'était faire à la loi des transformations qu'elle ne comportait pas ; mais il était difficile, en face de l'intérêt que méritaient ici les tiers, de ne pas faire fléchir en leur faveur la rigueur des principes.

— Ajoutons encore une observation sur le point de départ du dessaisissement ; il date du jour du jugement, c'est-à-dire de la première heure de ce jour, car les jugements n'indiquent pas l'heure où ils sont rendus

Il en résulte qu'il n'a pu être fait d'actes préjudiciables à la masse ce jour-là, ni par le failli qui aurait, par exemple, fait un paiement, ni par des tiers qui auraient fait, par exemple des saisies-arrêts (1).

SECTION B.

DU DESSAISISSEMENT CONSIDÉRÉ DANS LES CONSÉQUENCES QUE LA LOI EN TIRE.

3e EFFET DU JUGEMENT DÉCLARATIF. — MODIFICATION DANS L'EXERCICE DES ACTIONS.

A. Actions que le failli ne peut exercer ou qu'on ne peut plus exercer contre lui. — B. Actions qui restent attachées activement et passivement à sa personne.

La première conséquence du dessaisissement et en même temps le troisième effet du jugement déclaratif est la substitution des syndics au failli en ce qui concerne l'exercice des actions relatives à l'administration des biens.

(1) Jurisprudence unanime.

A. — Désormais, dit l'art. 443, « toute action mobilière ou immobilière ne pourra être intentée ou suivie que contre les syndics. »

Cet article ne vise expressément que le cas où le failli est défendeur, mais il ne s'ensuit pas qu'il n'en est pas ainsi au cas où il serait demandeur, seulement la première hypothèse est la seule pour laquelle le législateur ait cru nécessaire de s'expliquer ; le cas où le failli serait demandeur lui a paru, sans doute, suffisamment réglé par le principe général qui le déclare dessaisi de l'administration de ses biens.

Et puis l'on comprend que la loi se soit davantage occupée des actions passives qui sont les plus nombreuses au cas particulier, et se multiplient surtout à l'approche de la cessation des paiements et dans les premiers temps qui suivent le jugement déclaratif.

— Ce sont les syndics qui remplaceront dorénavant le failli, ils auront le droit et le devoir d'intenter les actions mobilières et immobilières qui lui appartenaient ; de même, c'est à eux qu'incombe le droit et le devoir de répondre à celles qu'on exercera en vertu d'un droit mobilier ou immobilier existant contre lui.

Cette affirmation n'est pas contestable, surtout en face de l'article 471 C. de Com., qui dit que le juge de paix devra remettre les effets de portefeuille à courte échéance aux syndics qui en feront le recouvrement.

B. — Mais il y a certaines actions civiles que le failli pourra seul intenter, ou contre lesquelles il pourra seul défendre, ce sont celles qui ne concernent pas l'administration de ses biens mais qui sont exclusivement attachées à sa personne. Le failli, en somme, n'est pas mis en tutelle, et l'on ne peut laisser les syndics exercer ses droits de famille ou d'homme, diriger à sa place ou malgré lui une action en séparation de corps, par exemple, ou répondre pour lui à une semblable action.

Le texte de l'article 443 est donc conforme à la nature des

choses, lorsque confirmant l'article 1166 du Code civil, il restreint l'effet du dessaisissement aux actions mobilières et immobilières, c'est-à-dire aux actions relatives aux biens.

Mais il est très-difficile de tracer nettement la distinction entre les actions personnelles et les autres ; essayons-le cependant.

On peut dire que chaque fois qu'une action exige quant à son exercice une appréciation toute personnelle de celui qui en est le titulaire, c'est une action attachée à la personne.

De ce nombre sont les actions en séparation de corps, en adultère, en voie de fait, en diffamation, en nullité de mariage, en contestation d'état. L'action en revendication d'une donation pour cause d'ingratitude rentre aussi dans cette classe, cela n'est pas contestable quand c'est le failli qui est lui-même la victime de l'ingratitude. C'est le donateur, l'offensé seul, qui peut dire qu'il y a eu ingratitude et qui peut pardonner (1).

Quand c'est le failli qui est l'auteur de l'ingratitude, nous devons donner la même solution et dire que le failli seul aura à défendre à l'action, car la révocation est une sorte de peine ; mais le donateur fera bien de mettre les syndics en cause, afin de pouvoir invoquer plus tard contre la masse le jugement de révocation.

D'ailleurs l'action ne pourra rejaillir contre cette masse que si : 1° les faits d'ingratitude sont antérieurs à la déclaration de faillite, car le failli ne peut diminuer le gage de ses créanciers par ses mauvaises actions : ingratitude ou délits ; 2° que si la demande en révocation a été intentée avant le jugement déclaratif et inscrite en marge de la transcription de la donation, si c'était une donation d'immeubles (art. 958 C. civil).

Il en est différemment de la révocation pour inexécution des conditions et pour survenance d'enfants, ici l'action a

(1) Renouard, t. I, p. 312. — Dalloz, *Jurisp. gén.*, V° Faillite n° 205.

pour objet direct et principal un intérêt pécuniaire et repose sur un fait que tout le monde peut apprécier.

— Partant du principe que nous avons posé plus haut, et à titre d'application, nous dirons avec la jurisprudence (1) que le failli pourra exercer les actions concernant la réparation d'un dommage causé à lui-même et à sa famille, notamment qu'il pourra exercer l'action en indemnité qui lui est ouverte par l'expropriation des lieux qu'il détenait comme locataire.

Nous déciderons encore que c'est une action qui se rattache à la personne que celle qu'intente le failli contre un coassocié pour abus de confiance, quand il le fait en vue de rétablir son honneur et sa considération compromis par les détournements de ce coassocié (2).

On ne peut, en effet, ôter au failli le droit d'agir dans tous les cas où son honneur et sa considération se trouvent engagés.

— Mais dans le sens opposé nous admettons, toujours avec la jurisprudence (3), que l'action en séparation de biens sera intentée par la femme du failli contre les syndics de la faillite; car, s'il est vrai que la séparation de biens modifie l'état de famille et les conditions de l'autorité maritale, elle est cependant plutôt relative aux biens, en ce sens qu'elle autorise l'exercice des reprises de la femme et qu'elle modifie profondément les pouvoirs du mari sur les biens de celle-ci

Cependant le mari, en raison des restrictions apportées à son autorité, aura toujours la voie de la tierce opposition contre le jugement obtenu par la femme, à moins qu'elle n'ait eu le soin de le lier à l'instance en l'appelant en cause.

Quand c'est la femme commerçante qui est en faillite, les syndics de cette faillite ne pourront demander la séparation de biens du chef de la femme, l'art. 1446 du Code civil le

(1) Cass., 16 août 1852.
(2) Cass., 17 juin 1865.
(3) Angers, 11 mars 1842.

déclare positivement. Il en serait encore de même au cas où le mari, commerçant aussi, aurait de son côté le même sort que sa femme ; les syndics de la femme auront seulement le droit de venir exercer les droits de la femme sur l'actif laissé par le mari.

— Si les syndics ne peuvent intenter les actions attachées à la personne du failli, ils ont toujours le droit d'être présents à l'instance pour la surveillance et la conservation des intérêts de la masse, et on a décidé avec raison que les condamnations pécuniaires prononcées contre le failli hors de leur présence ne peuvent être opposables à cette masse.

— En dehors de ces actions dont l'exercice reste au failli, il est toute une classe d'actes qu'il peut faire sans conteste, nous voulons parler des actes conservatoires.

La loi, en effet, n'a pas voulu, en le dessaisissant, laisser à ses créanciers la faculté de compromettre ses droits par leur négligence, la loi a voulu tout simplement l'empêcher de dissiper son actif qui est leur gage ; or les actes conservatoires ne contrarient pas ce but, les créanciers ne peuvent se plaindre de les voir faire au failli. La jurisprudence a fait des applications nombreuses de ce principe.

Notamment il a été jugé : qu'un failli peut signifier un jugement rendu à son profit et faire ainsi courir les délais d'appel.

Qu'il peut agir en justice pour interrompre une prescription prête à s'accomplir.

Qu'il peut faire des actes conservatoires pour empêcher la péremption d'une instance, etc., etc.

— Au surplus, quand le failli introduit une instance conservatoire et qu'il ne s'agit pas d'un droit attaché à sa personne, il ne peut plus la suivre si les syndics veulent la continuer eux-mêmes ; il ne figurera plus, dès lors, dans l'instance que comme simple intervenant (1 .

(1) Dalloz, *Jurisp. gén.*, V° Faillite, n° 209.

— La loi parle aussi des actions déjà intentées. Elles doivent, après le jugement déclaratif, être poursuivies suivant la distinction que nous avons établie entre les actions relatives à la personne du failli et les autres, soit contre ou par ce failli, soit contre ou par ses syndics. (Arg. art. 443, al. 2.) (1).

4e EFFET. — SUSPENSION DES VOIES D'EXÉCUTION

A. Justification du principe. — **B.** Comment il est formulé dans la loi. — **C.** Créanciers qui n'y sont pas soumis. — **D.** Cas où le failli peut intervenir. — **E.** D'un créancier spécial qui se rencontre dans presque toutes les faillites, le propriétaire locateur. Loi du 12 février 1872.

A. — Un autre effet implicite du jugement déclaratif et à la fois une seconde conséquence du dessaisissement est la suspension des poursuites ou voies d'exécution pratiquées soit sur la personne soit sur les biens.

Nous parlerons dans une section spéciale de la suspension des voies d'exécution sur la personne; occupons-nous ici de la suspension des voies d'exécution sur les biens.

La disposition qui l'établit est facile à justifier en droit et en pratique.

En droit : car à partir du jugement déclaratif tous les biens du débiteur dessaisi sont affectés au paiement de son passif, chaque créancier recevra une quote-part de ces biens proportionnelle au montant de sa créance; dès-lors un créancier ne peut ni recevoir son paiement du débiteur ni se le procurer en faisant des actes d'expropriation.

En pratique : car l'administration de la faillite a été spécialement organisée dans le but de réaliser l'actif du failli avec économie et unité. Or si chaque créancier muni d'un titre exécutoire pouvait intenter des poursuites, il y aurait des tiraillements et des frais inutiles dans la réalisation de l'actif.

(1) Cass. req., 23 janvier 1866.

B. — Ce principe de la suspension des voies d'exécution de la part des créanciers, non seulement n'est formulé nulle part, mais encore semble contredit par l'alinéa 3 de l'art. 443, qui assimile toute voie d'exécution aux actions et permet d'y procéder pourvu que ce soit contre les syndics.

Malgré ce silence et cette opposition apparente de la loi, il est facile d'affirmer notre principe.

1° S'il n'est pas formellement exprimé, plusieurs textes s'y réfèrent néanmoins manifestement. Ainsi l'art. 527 nous dit que : par suite du jugement qui prononce la clôture des opérations de la faillite pour cause d'insuffisance de l'actif chaque créancier rentre dans l'exercice de ses actions individuelles.

De même l'art 539 dit que les créanciers rentrent dans l'exercice de leurs actions individuelles contre le failli dans le cas où il ne sera pas déclaré excusable.

De même encore, l'art. 571 dispose qu'à partir du jugement qui déclarera la faillite, les créanciers ne pourront poursuivre l'expropriation des immeubles sur lesquels ils n'auront pas d'hypothèques.

De ces articles il résulte déjà clairement que les titres exécutoires sont paralysés momentanément entre les mains des créanciers qui les ont.

2° Il nous faut maintenant expliquer l'art. 443 dans son alinéa 3. Il a deux défauts de rédaction : il est conçu en termes généraux quoique visant un cas particulier et il mentionne une exception sans avoir dit quelle était la règle générale. Voici ce qu'il a voulu dire :

Les créanciers ne peuvent, en règle, pratiquer des saisies sur les biens du failli; néanmoins cela est permis par exception à certains créanciers qui devront alors procéder contre les syndics et non contre le failli.

Mais ce n'est pas ainsi qu'il s'est exprimé. Il a dit : « Toute voie d'exécution tant sur les meubles que sur les immeubles sera suivie ou intentée contre les syndics. » Ce qui assimile absolument aux actions les voies d'exécution ; or, cette assimilation, la loi n'a eu l'intention de la faire qu'en ce qui concerne les personnes contre lesquelles devraient agir les créanciers à qui elle permet d'exécuter.

C. — Mais quels sont ces créanciers ? Ce sont ceux qui ont pris à l'avance leurs précautions contre l'insolvabilité et la faillite de leur débiteur et se sont fait donner un gage, une hypothèque ou ont acquis un privilége sans lesquels ils n'auraient point contracté.

Dans ce cas, leur situation ne peut plus être modifiée par la faillite de leur débiteur (Art. 508 C. de com.), cette faillite leur est étrangère, elle n'existe pas pour eux (1).

Les art. 450, 548, 551, 571 ne nous laissent aucun doute à cet égard.

Il est donc bien établi que le simple créancier chirographaire n'a pas le droit de commencer des poursuites ; mais ne peut-il pas du moins continuer celles qu'il avait antérieurement commencées ? Il ne le peut pas davantage, car il ne lui sera pas permis, une fois l'expropriation menée à fin, de toucher le prix de vente ; il faudrait donc dire qu'il continuera dans l'intérêt de la masse ; mais la masse, elle est représentée par les syndics qui doivent concentrer en leurs mains toute l'administration de la faillite et de ce chef doivent sommer le créancier de discontinuer les poursuites commencées (2).

— Cependant certains auteurs et la Cour d'Aix ont prétendu le contraire (3). Leur premier argument fondé sur les termes de l'art. 443 : « Toute poursuite devra être intentée ou suivie, »

(1) Nous verrons pourtant qu'elle a des effets relativement à l'inscription des priviléges et hypothèques.

(2) Demangeat et Bravard, t. V, p. 133. — Renouard, t. I, p. 328. — Alauzet, t. IV, n°s 1671 et 1888. — *Jurisp.*, Rouen 6 juin 1843, Paris 2 juin 1846. — Dalloz, et aussi la Cour de Paris font des restrictions pour la saisie immobilière. Ils se fondent sur les art. 571 et 572, mais ces articles peuvent très bien être expliqués autrement.

(3) Bédarride, t. I, n° 87. — Dalloz, répertoire *Jurisp.* V° Faillite, n° 224. — Caen, 12 août 1861. — Rouen, 10 août 1862.

nous l'écarterons en nous appuyant sur la raison que nous avons déduite plus haut, que cet article ne vise qu'une exception ; et d'ailleurs pour être conséquent il faudrait dire : même après le jugement déclaratif ces créanciers pourront *commencer* les poursuites, enfin il faudrait ne pas distinguer là où ne distingue pas la loi.

On a aussi essayé d'invoquer par analogie l'art. 572 portant que le créancier hypothécaire peut, après que les créanciers sont mis en union, continuer une poursuite qu'il ne serait plus en droit de commencer ; mais cette analogie n'existe pas, car dans l'article 572 il s'agit d'un créancier hypothécaire qui a intérêt à continuer les poursuites commencées, tandis que dans notre hypothèse, comme nous l'avons déjà établi, le chirographaire n'a pas cet intérêt puisqu'il ne peut pas toucher le prix de l'expropriation.

D. — L'article 443, en ôtant au failli l'exercice des actions et la défense aux voies d'exécution pour les conférer aux syndics n'a pas cependant voulu l'écarter absolument de toute participation aux débats où son intérêt est engagé ; au contraire, consacrant la jurisprudence qui existait sous le Code de 1808, elle lui permet, lorsque le tribunal le jugera convenable, d'intervenir au procès, que les syndics soient d'ailleurs demandeurs ou défendeurs.

Rationnellement on ne pouvait guère lui refuser ce droit, car parfois les intérêts du failli peuvent se trouver en opposition avec ceux de la masse dont les syndics sont les mandataires en même temps qu'ils sont ceux du failli. Cette double mission peut les placer souvent entre leur intérêt et leur devoir et il est bon que le failli qui, en somme, est resté propriétaire, ait la possibilité de présenter des moyens qui ne seraient peut-être pas employés par les syndics, soit par négligence, soit par ignorance, soit par calcul.

Cette intervention d'ailleurs n'a aucun danger puisqu'elle est subordonnée à l'autorisation du tribunal qui, à cet égard, a un pouvoir discrétionnaire et cela, aussi bien quand il s'agit d'une action concernant la propriété, que quand il s'agit d'une action relative à l'administration; la loi, en effet, n'a pas distingué (1).

C'est le failli lui-même qui formera sa demande en intervention, bien que la question en litige ne concerne pas la personne; nous trouvons là une exception au principe posé dans le second alinéa de l'art. 443; il pourra, de même, interjeter seul appel de la décision du tribunal si sa requête a été rejetée par lui. (2).

— Mais quand le failli n'a pas cherché à intervenir en première instance, sera-t-il recevable à intervenir en cause d'appel? Nous tenons l'affirmative.

On nous oppose les articles 446 et 474, C. de pr. civ. combinés, qui disent, l'un que :« en appel, aucune intervention ne sera reçue, si ce n'est de la part de ceux qui auraient droit de former tierce-opposition », l'autre que : « pour qu'une partie puisse la former, il faut un jugement qui préjudicie à ses droits et lors duquel ni elle, ni ceux qu'elle représente n'ont été appelés; » et l'on dit : le failli n'est point dans ces conditions puisqu'il a été représenté par les syndics

A cela nous répondrons que l'art. 443 parle d'une manière générale de tout tribunal devant lequel une procédure est engagée entre le syndic et un tiers, en remplaçant toute distinction par le pouvoir absolu qu'il laisse à ce tribunal d'être l'arbitre de l'admission de l'intervention ou de son rejet (3).

Enfin on peut ajouter encore que dans telles circonstances données le failli n'a pas été représenté suffisamment par les syndics, ce qui arrive notamment quand il y a contrariété entre ses intérêts et ceux de la masse ; et qu'alors il ne serait

(1) Cass. 25 février 1857. — 25 février 1862.

(2) Le tribunal compétent pour apprécier la demande en intervention est celui devant lequel est engagée entre les syndics et le tiers l'instance dans laquelle le failli demande à intervenir.

(3) Demangeat sur Bravard, t. V, p. 130, note. - Renouard, t. I, p. 329 - Dalloz, *Jurisp. gén.*, V° Faillite.

pas rigoureux d'admettre qu'on dût repousser la demande en intervention du failli en cause d'appel, sous prétexte qu'il aurait été représenté en première instance.

— Lorsque le failli a été admis à intervenir dans une instance, il peut interjeter appel du jugement qui y a été rendu ; mais s'il n'y a pas été admis est-ce à dire qu'il sera obligé de supporter malgré tout une décision qui lui est préjudiciable ? Il est impossible de le prétendre pour toutes les hypothèses et spécialement pour le cas où les syndics ont colludé, car on ne peut dire sérieusement qu'une personne qui s'est arrangée de manière à me causer un préjudice, m'a représenté.

E. — Pour en finir avec les voies d'exécution, il nous reste à parler d'un créancier que nous rencontrons dans presque toutes les faillites ; le propriétaire des lieux où s'exerce le commerce du failli.

Le bailleur d'un immeuble est un créancier privilégié (art. 2102, al. 1). La loi affecte à sa créance par une espèce de nantissement tacite les effets mobiliers qui garnissent la maison louée. C'est donc un créancier nanti ; comme tel il est en dehors de la masse et il devrait, malgré le jugement déclaratif, conserver le droit d'exercer des poursuites sur les objets qui constituent son gage.

Ce droit, il l'avait autrefois sans restriction, mais il en résultait de graves inconvénients pratiques. Le plus souvent, en effet, la réalisation immédiate et en bloc de l'actif du failli avait pour la masse des effets désastreux, car le plus souvent il était de l'intérêt de tous les créanciers de cette masse, de continuer un certain temps l'exploitation du fonds de commerce, or cela devenait impossible quand le propriétaire qui pouvait saisir et faire vendre immédiatement les objets indispensables à cette exploitation, usait de son droit.

L'art. 450 du Code de com. avait déjà eu pour but de porter remède à cet état de choses. Tout en reconnaissant que le bailleur est en dehors de la masse et que c'est une raison pour lui d'échapper à la règle de la suspension des voies d'exécution, il n'avait pas voulu qu'il pût faire de son droit un usage abusif ; il avait donc suspendu ce droit (au moins en ce qui concernait l'exécution sur les meubles et effets servant à l'exploitation du fonds de commerce) pendant un délai de trente jours à partir du jugement déclaratif. Dans cet intervalle les syndics et le failli pouvaient aviser et se procurer de quoi désintéresser le bailleur, s'ils s'étaient résolus à la continuation de l'exploitation.

Le propriétaire, quand toutefois son bail n'était pas arrivé à son terme, auquel cas il pouvait toujours reprendre possession des lieux loués, n'avait donc pendant ces trente jours que le droit de prendre des mesures conservatoires.

Cet article 450 vient d'être transformé par la loi du 12 février 1872.

Pour donner aux syndics le temps d'examiner la situation et de reconnaître s'il est bon qu'ils continuent l'exploitation, la loi leur a accordé huit jours après l'expiration du délai de l'article 492 donné aux créanciers domiciliés en France pour la vérification de leurs créances, pour faire la notification au propriétaire de l'intention où ils sont de continuer le bail à la charge de satisfaire à toutes les obligations du locataire.

« Jusqu'à l'expiration de ces huit jours, dit le nouvel art. 450, al. 2, toutes voies d'exécution sur les effets mobiliers du failli servant à l'exploitation du commerce ou de l'industrie du failli (1), et toutes actions en résiliation du bail seront supendues sans préjudice de toutes mesures conservatoires et du droit qui serait acquis au propriétaire de reprendre possession des lieux loués. Dans ce cas la suspension des voies d'exécution établie au présent article cessera de plein droit. »

Cette suspension des voies d'exécution était la conséquence logique du délai laissé aux créanciers pour prendre parti (2) ;

(1) Cette suspension ne s'applique donc pas au mobilier personnel du failli.

(2) La loi du 12 février 1872 a suspendu aussi pendant le même temps et pour les mêmes motifs l'action en résiliation du bailleur.

toutefois elle ne pouvait être absolue, et l'on ne pouvait empêcher le bailleur de procéder aux mesures conservatoires de son gage.

Enfin ces délais et cette suspension n'avaient plus de raison d'être lorsque le propriétaire avait le droit de reprendre possession des lieux loués ; la continuation du bail était, en effet, impossible. Nous adresserons une critique à la loi sur la manière dont elle s'est exprimée à cet égard. Les mots : « sans préjudice du droit qui serait acquis au propriétaire de reprendre possession des lieux loués » prêtent, en effet, à l'équivoque.

Ils se trouvaient déjà dans l'ancien article 450 et certains auteurs prétendaient en conclure que si le propriétaire avait demandé la résiliation antérieurement au jugement déclaratif, il aurait, le jugement de résiliation une fois rendu, et par l'effet rétroactif de ce jugement au jour de la demande, droit acquis dès cette demande à reprendre la possession des lieux loués.

Nous repoussons cette solution et pensons qu'il faut interpréter la phrase précitée, de cette façon : « sans préjudice du droit qui appartient au propriétaire quand le bail est terminé, etc. », car les demandes en résiliation ne tendent pas à faire reconnaître un droit préexistant, mais à créer un état nouveau dont les effets ne peuvent se produire qu'à la date de l'acte dont il résulte.

Il nous semble exagéré de conclure d'une phrase obscure à un tel renversement des principes.

Quoi qu'il en soit, la loi nouvelle eût bien fait de lever tous es doutes par une rédaction plus claire.

5e EFFET. — EXIGIBILITÉ DES DETTES

A. Du principe de l'exigibilité des dettes passives non échues. Son fondement. Sa portée quant aux dettes passives. Point de départ de l'exigibilité. — **B.** Conséquences notamment en matière de compensation. — **C.** Le jugement déclaratif rend-il exigible les dettes actives. — **D.** Cas où le failli a des codébiteurs solidaires, des cautions. — **E.** Cas spécial où l'un des signataires d'une lettre de change ou le souscripteur d'un billet à ordre est en faillite. — **F.** Application du principe de l'exigibilité des dettes à la dette du locataire, en ce qui concerne les loyers à échoir. (Loi du 12 février 1872.)

A. — Le jugement déclaratif rend exigibles à l'égard du failli les dettes passives non échues.

Ce principe est à la fois une conséquence du dessaisissement et l'application d'une idée générale en matière d'obligations.

Cette idée générale est fort bien développée par Pothier dans son traité des obligations, n° 234. « Le terme accordé par le créancier au débiteur est censé avoir pour fondement la confiance en sa solvabiliié; lors donc que ce fondement vient à manquer, l'effet du terme cesse. De là il suit que, lorsque le débiteur a fait faillite et que le prix de ses biens est distribué entre les créanciers, le créancier peut toucher, quoique le terme de la dette ne soit pas expiré.

A cette donnée que le terme est désormais sans cause, se joint, disons-nous, un motif spécial à notre matière et qui est tiré de l'état de dessaisissement dans lequel se trouve le débiteur.

Ce débiteur n'a, en effet, aucun intérêt à réclamer le bénéfice du terme; au contraire, son intérêt, comme celui de la masse, exige que tous les créanciers prennent part aux opérations de la faillite et aux répartitions.

D'ailleurs la liquidation de la faillite affectant le gage

commun de tous les créanciers, il est juste que tous y soient appelés.

Cette exigibilité tend donc à établir entre les créanciers, en les mettant tous sur la même ligne, une égalité qui facilitera la liquidation définitive. Au cas, en effet, où l'on eût été obligé de mettre les dividendes des créances à terme en réserve, on eût fait des frais inutiles et absolument sans profit pour personne, puisque cela n'aurait pas amélioré la position du failli.

— Cependant la crainte d'avoir ces frais à faire ne doit pas nous conduire à décider que le créancier conditionnel sera payé immédiatement.

Sans doute il pourra faire des actes conservatoires et prendre part aux opérations de la faillite (Comp. art. 1181), mais il ne touchera pas de dividende.

La raison en est simple, c'est que jusqu'au moment de l'arrivée de la condition, il n'y a pas de créance proprement dite, et on ne peut pas dire d'une dette qui n'aura peut-être jamais d'existence qu'elle est non échue.

Néanmoins, la condition peut s'accomplir, auquel cas, elle fait considérer la dette comme rétroactivement existante du jour du contrat; dès lors il importe que les droits du créancier conditionnel, soient assurés.

On peut atteindre ce but par trois moyens :

Ou bien on peut déposer le dividende à lui afférent à la caisse des dépôts et consignations pour lui être remis au moment de l'arrivée de la condition.

Ou bien on peut, comme nous l'indique Pothier, faire toucher provisoirement le montant de ce dividende par les créanciers non conditionnels, sous caution de restituer si la condition arrive.

Ou bien le faire toucher par le créancier conditionnel lui-même, mais sous caution de le restituer (et il sera juste qu'il en restitue aussi les intérêts) si la condition fait défaut.

— En résumé, après le jugement déclaratif et dans les rapports des créanciers avec la masse, il n'y a plus de créances;

elles se sont transformées en droits à un dividende fixe, invariable, et l'exigibilité est la conséquence forcée de cette conversion

Mais, bien entendu, cette transformation ne peut se concevoir qu'autant qu'il y a véritablement un droit de créance, et cela ne peut être dit rigoureusement dans le cas où le droit est subordonné à une condition suspensive.

Remarquons, du reste, que si le créancier à terme qui invoque le bénéfice de l'exigibilité est tenu lui-même d'une obligation corrélative envers le failli, que si, en un mot, sa créance n'est que l'une des obligations d'un contrat synallagmatique qui a pour contrepartie une obligation de sa part, non encore exécutée, il ne pourra refuser d'acquitter son propre engagement en disant qu'il a un terme, et réclamer immédiatement l'exécution de l'obligation de celui avec lequel il a contracté en disant que le terme est éteint, en se fondant en un mot sur l'exigibilité (1).

— L'exigibilité s'étend à toutes les dettes du failli, civiles ou commerciales, la loi n'a pas distingué et la jurisprudence est unanime en ce sens.

Mais le principe de l'exigibilité s'applique-t-il aux créances hypothécaires et privilégiées comme aux créances chirographaires?

La jurisprudence a décidé dans deux arrêts, l'un de la Cour de Bordeaux du 4 juin 1832, l'autre de la Cour d'Angers du 15 mai 1861, dans le sens de l'affirmative (2).

Voici le résumé des considérants de l'arrêt de la Cour d'Angers qui est le mieux motivé.

« Attendu que l'art. 444 C. com. n'est que le rappel des dispositions de l'art. 1188 C. civil; que dans ce dernier article le débiteur en faillite est assimilé au débiteur en déconfiture, ce qui ne permet pas de lui faire une situation différente de celle de ce dernier.

(1) Bordeaux, arrêt de 1840.

(2) Voir aussi : Agen, 20 févr. 1866.

» Que l'art. 444 est absolu dans ses termes et ne permet pas une interprétation qui tend à excepter de son application les créanciers hypothécaires ; que d'ailleurs les mêmes raisons qui ont amené les dispositions de la loi sur les créanciers chirographaires militent également pour les créanciers hypothécaires.

» Qu'il est rationel qu'il en soit ainsi, afin qu'on sache tout de suite s'il restera quelque chose afférant à la masse chirographaire ; que le créancier hypothécaire lui-même à le plus grand intérêt à faire vendre les immeubles hypothéqués parce qu'il est menacé de perdre le gage qui garantit les intérêts courus depuis la faillite, gage qui ne porte plus, en effet que sur des biens généralement improductifs, l'administration en ayant été enlevée au failli. »

Par ces motifs, etc.

Ainsi les arrêts combinant les articles 444 C. de commerce et 1188 C. civil, et l'art. 571 du C. de commerce, permettent aux créanciers hypothécaires, privilégiés ou nantis, de faire des poursuites en expropriation, aussitôt après le jugement déclaratif de faillite et cela en vertu du principe d'exigibilité auquel ce jugement donne naissance.

Or, qui ne voit la confusion que cette jurisprudence fait entre deux principes qui ne peuvent s'allier ensemble ?

Si les créanciers privilégiés, hypothécaires, etc., jouissent du droit de faire des poursuites contre le failli, c'est parce qu'ils sont placés en dehors de la faillite, contre laquelle leur convention même ou la faveur directe de la loi a voulu les sauvegarder.

Et voilà que la jurisprudence, oubliant que ce droit ne leur est donné que parce qu'ils doivent être étrangers à la faillite, le leur conserve tout en les replaçant dans la même situation que les créanciers du droit commun des faillites !

Elle aboutit en un mot à cette inconséquence :

Vous avez le droit de poursuivre en expropriation malgré le jugement déclaratif parce que la faillite se passe en dehors de vous ; puis aussitôt : par suite de cette faillite vous avez le droit d'exercer ces poursuites du jour du jugement déclaratif en raison de la loi d'exigibilité qu'il établit.

Elle oublie, en outre, que l'exigibilité résultant de la faillite ne produit pas les mêmes effets que l'échéance ordinaire, que son but n'est pas de donner aux créanciers à terme le droit d'agir individuellement contre les syndics et de se faire attribuer par préférence la partie de l'actif nécessaire au paiement intégral de leurs créances, mais simplement d'appeler tous les créanciers à concourir aux opérations de la faillite et à prendre part aux répartitions comme si les créances étaient échues.

Enfin, elle se trompe en essayant d'assimiler la faillite à la déconfiture, car dans ce dernier cas, il n'y a pas d'administrateurs chargés de réaliser l'actif du débiteur.

Nous concluons donc en ce sens que les créanciers hypothécaires restant ce qu'ils étaient, doivent attendre l'échéance de leurs créances, ou tout au moins le résultat des opérations de la faillite par suite desquelles on procèdera à la contribution ou à l'ordre, ce qui leur permettra d'être payés.

S'ils veulent réclamer le privilége de l'exigibilité, ils devront se soumettre à la loi commune des créanciers ordinaires et renoncer dès lors à leurs priviléges et hypothèques (1).

L'un des buts qu'on a voulu atteindre par le principe de l'exigibilité et qui est de permettre aux créanciers à terme de prendre part aux opérations de la faillite, justifie très-bien la disposition du Code de 1838 faisant dater l'exigibilité du jour du jugement déclaratif et condamne l'ancien art. 448 du Code de 1808, ainsi conçu : « *L'ouverture de la faillite* rend exigibles les dettes passives non échues. »

(1) Paris, 12 décemb. 1861. — Renouard, t. II, p. 332. — Dalloz, *Jurisp. gén.* V° Faillite, n° 246. — Bédarride, t. III, n° 1083. — Alauzet, t. II, n° 1676, Bravard et Demangeat, t. V, p. 159.

En effet, à cette époque, l'ouverture de la faillite se plaçait au moment de la cessation des paiements, c'est-à-dire à un moment où il n'était pas possible de prendre part aux opérations de la faillite, puisqu'elles sont toujours postérieures au jugement déclaratif. Le nouvel article 444 rattache donc mieux l'effet à la cause.

B. — Maintenant que nous connaissons bien la cause et le but de notre principe, et que nous savons qu'il ne faut pas confondre une dette à terme que la faillite a rendue exigible et une dette arrivée à son échéance, nous pouvons déduire plusieurs conséquences.

La première, c'est que la loi sur les faillites ne veut pas, en établissant l'exigibilité des dettes passives, avantager un créancier au préjudice de ses cocréanciers, par un changement dans la conséquence de son titre.

Ce principe se trouve posé et consacré dans un arrêt de Metz du 23 décembre 1816, où on lit : « Si l'ouverture d'une faillite opère la résolution des termes de crédit accordés au failli et rend exigibles les créances non échues, il ne s'ensuit pas que ces créances doivent être acquittées sur-le-champ.

Nous pouvons trouver d'autres applications de cette idée, notamment en matière de compensation. Pour cela, supposons plusieurs hypothèses :

Première hypothèse. — Une personne est d'une part créancière d'un commerçant pour une somme de... qui doit être payée à un délai de .... ; d'autre part, elle est débitrice envers ce commerçant d'une pareille somme, mais l'échéance est arrivée.

Si le commerçant tombe en faillite, cette faillite amenant l'exigibilité des dettes, va-t-on dire qu'il y aura compensation entre la somme qu'il doit et la somme égale qui lui est due ? Point du tout, car la compensation n'a lieu (art. 1291 C. civ.) qu'entre deux dettes également liquides et exigibles.

Or ici nous ne sommes point dans ces conditions ; en effet : 1° la dette du créancier qui réclame la compensation est bien liquide, mais la dette du failli ou plutôt de la masse, ne l'est pas, puisque la masse ne doit qu'un dividende proportionnel à une créance, dividende qu'il faut déterminer et dont on ne peut fixer immédiatement le quantum ; 2° la seconde condition dont parle l'art. 1291, l'exigibilité, ne se rencontre pas non plus telle que cet article la comprend, car nous savons que l'exigibilité de l'art. 444 n'est pas absolument analogue à celle qui résulte de l'arrivée de l'échéance.

De tout ceci, il résulte qu'on ne pourra parler de compensation que quand la répartition des dividendes sera ordonnancée, c'est-à-dire quand ces dividendes eux-mêmes seront exigibles ; alors si, à ce moment, l'un des créanciers est débiteur envers la faillite d'une dette échue, il y aura compensation jusqu'à due concurrence.

La jurisprudence a admis cette solution ; deux arrêts de la Cour de Cassation, l'un du 14 mars 1854, l'autre du 9 juillet 1860, en témoignent ; mais elle fait à tort de l'art. 446 du Code de Com. le motif fondamental de ses décisions, car cet article parle de la compensation *facultative* ou *conventionnelle* et non de la compensation *légale* ; or, dans notre espèce, il s'agit de la compensation légale visée par l'art. 1291.

Ce qui démontre que l'argument tiré de l'art. 446 est absolument sans portée, c'est que si un commerçant non encore déclaré en faillite mais déjà en état de cessation de paiements, se trouvait à la fois créancier et débiteur envers un tiers de créances et de dettes liquides et exigibles, malgré l'art. 446, la compensation légale s'opérerait immédiatement (1).

Deuxième hypothèse. — C'est tout le contraire de la première. La créance du tiers contre le failli est bien exigible au jour de la déclaration de failllite, mais la créance du failli contre lui ne l'est pas encore

Ce tiers débiteur à terme pourra-t-il renoncer au bénéfice du terme pour donner lieu à l'application de la compensation

(1) Déjà décidé ainsi, même sous l'empire du code de 1807.

légale ? Non, car la condition de chaque créancier de la faillite est fixée irrévocablement au jour du jugement déclaratif et elle ne peut postérieurement être améliorée pour l'un d'eux au détriment des autres (1).

Troisième hypothèse. — Cette troisième hypothèse nous amène à admettre une exception à notre principe ; elle a d'ailleurs trait à une institution spéciale, celle du compte courant. Voici en quoi elle consiste :

Paul a remis à Pierre des effets de commerce portés par celui-ci au crédit de Paul pour leur valeur *nominale*. Paul tombe alors en faillite, il a à cette époque 50,000 francs à son crédit, 30,000 francs à son débit.

Les syndics pourront-ils réclamer à Pierre 20,000 francs, c'est-à-dire la différence entre le crédit et le débit ?

Nous n'hésitons pas à répondre négativement. Examinons les détails de cette situation.

Un effet a été porté au crédit de Paul pour sa valeur nominale qui est de 50,000 francs au moment de la faillite de Paul. Cet effet n'est pas encore échu lors du jugement déclaratif ; si Pierre ne réussit pas à en toucher le montant, que fera-t-il ? Il aura le droit de faire une *contre passation*, c'est-à-dire qu'il portera au débit de Paul les 50,000 francs portés d'abord à son crédit et la faillite ne pourra rien réclamer. Il y aura eu ici une véritable compensation.

Cette décision est admise par la jurisprudence qui la fonde sur cette idée très-sensée que la condition d'encaissement est toujours sous entendue dans les remises d'effets à compte courant (2).

(1) Bravard et Demangeat, t. V, p. 164, note. — Renouard, t. I, p. 332. — Pédarride, t. I, p. 90. — Alauzet, t. IV, nº 1682. — Cass., 9 juillet 1860.

(2) Cassation, 25 janv. 1852. — Massé, t. IV, p. 307 et suiv. — Renouard, t. I, p. 332 et suiv. — Delamarre et Lepoitvin, t. III, nºs 315 et suiv.

C. — Mais le jugement déclaratif rend-il exigibles les dettes actives?

L'art. 444 ne laisse aucun doute sur la négative, il a bien soin de ne parler que des dettes passives, consacrant ainsi une fois de plus ce principe de droit que l'on doit respecter de toute manière les engagements pris par les tiers. Les débiteurs du failli, en effet, ne peuvent être atteints d'un fait auxquels ils sont étrangers et la déclaration de faillite de leur créancier doit laisser leur position absolument intacte.

— Mais ces dettes qu'on ne peut exiger vont peut-être faire que les opérations de la faillite seront entravées; la liquidation de l'actif et sa répartition seront exposées, à chaque instant, à être arrêtées par différentes causes : s'il faut, par exemple, attendre l'arrivée d'un terme ou d'une condition, ou le résultat d'un jugement qui interviendra sur les créances litigieuses du failli.

Aussi la loi a-t-elle donné deux moyens d'éviter tous ces temps d'arrêts : 1° Elle a permis aux syndics de transiger avec l'autorisation du juge commissaire sur toutes les contestations qui intéressent la masse. Art. 487.) 2° Elle a admis l'union, en ce qui concerne les créances à terme, à se faire autoriser par le tribunal de commerce à traiter à forfait, au moment propice, et le failli dûment appelé, de tout ou partie des droits et actions dont le recouvrement n'aurait pas été opéré.

D. — Le failli peut avoir des codébiteurs solidaires et des cautions.

— Parlons d'abord des codébiteurs solidaires. Perdront-ils le bénéfice du terme par le fait de la faillite du commerçant, leur codébiteur?

Non, car 1° ce serait contraire aux principes généraux ; ces codébiteurs du failli se sont engagés sous de certaines conditions; ils doivent en jouir tant qu'ils restent solvables et ils ne peuvent être tenus d'une obligation plus étroite par le fait (et ici par la faillite) de l'un d'eux. « *Nemo ex alterius facto prægravari debet.* »

Cette solution ne crée pas de situation anormale, car la solidarité n'empêche pas que la dette de plusieurs codébiteurs solidaires soit exigible à des termes différents pour chacun d'eux (1).

2° Ce serait contraire aux règles particulières aux faillites, car l'exigibilité, conséquence du dessaisissement, n'a d'autre objet que de faciliter la liquidation, mais la liquidation de quoi? De l'actif du failli et non pas de l'actif des coobligés qui ne sont pas en faillite et n'ont à supporter aucune liquidation forcée. Les rédacteurs du Code ont donc été sages en disant simplement : « à l'égard du failli, » et en indiquant ainsi qu'ils ne visaient que lui et non ses coobligés.

— Le failli peut avoir des cautions, ou réciproquement il peut être la caution de quelqu'un.

Dans le premier cas, le créancier du failli qui peut prendre part aux opérations de la faillite pourra-t-il demander paiement à la caution? Non certes ; la déchéance du terme qui est juste vis-à-vis du failli, ne l'est point en ce qui concerne la caution, qui a peut-être mis pour condition de son engagement le bénéfice du terme et par rapport à laquelle le contrat se maintient dans toute son intégrité.

Mais la caution qui ne peut être atteinte, peut agir, elle, en se présentant, en vertu de l'article 444 du C. de Com., pour participer aux opérations de la faillite.

En effet, dès le jour de la faillite du débiteur principal, il devient certain pour la caution qu'elle sera forcée de payer la dette de celui-ci à l'échéance, qu'elle aura par conséquent un recours à exercer ; en un mot, elle devient un créancier à terme du failli

Et voilà la raison de l'alinéa 2 de l'article 2032 C. civil, ainsi conçu : « La caution même avant d'avoir payé peut agir contre le débiteur pour être par lui indemnisée, lorsque le débiteur a fait faillite. »

(1) Pothier, *Traité des obligations*, n° 236.

Au cas inverse où le commerçant tombé en faillite est lui-même une caution, le créancier aura le droit d'en réclamer une nouvelle à son débiteur, en se fondant sur l'article 2020 du C. civil.

E. — Il nous reste à rechercher comment les principes dont nous avons parlé plus haut s'appliquent aux signataires des effets de commerce et spécialement des lettre de change.

— Parlons d'abord de la lettre de change.

Au cas où l'un des signataires est tombé en faillite, quel droit aura le porteur contre les signataires non faillis?

Ces droits varient suivant la qualité qu'a le signataire failli dans la lettre de change.

Nous devons envisager plusieurs hypothèses :

I. C'est le tiré qui est tombé en faillite.

Deux cas peuvent se présenter :

1° Il n'a pas encore accepté la lettre de change au jour du jugement déclaratif; dans ce cas, le dessaisissement que ce jugement opère lui interdit de l'accepter désormais.

Or, en vertu de l'article 118 C. de Com., le tireur et les endosseurs d'une lettre de change contractent vis-à-vis du porteur une double obligation; ils sont garants solidaires et de l'acceptation et du paiement à l'échéance; de plus, en vertu de l'article 120, ils sont obligés de donner respectivement caution du paiement de la lettre à l'échéance si elle n'est pas acceptée par le tiré.

Ici l'acceptation n'est plus possible, la caution est donc exigible. Cette hypothèse n'a pas été prévue par l'article 444, mais il n'en était pas besoin, les règles de la lettre de change suffisent, en effet, à garantir le porteur.

2° Supposons que le tiré a accepté avant le jugement déclatif, le tireur et les endosseurs n'ont plus alors qu'à procurer au porteur le paiement à l'échéance; conséquemment si le tiré tombe en faillite avant cette échéance, il semblerait qu'ils ne peuvent être soumis à aucun recours du porteur tant que l'échéance n'est pas arrivée, car jusqu'à cette époque le paiement ne doit pas encore être fait; en un mot, il semblerait que ce sont des coobligés solidaires qui jouissent du bénéfice de leur terme, nonobstant la faillite de l'un d'entre eux.

Mais il n'en est rien, car le tiré, en acceptant la lettre de change, a garanti, cautionné la signature du tireur et des endosseurs, et le porteur, en lui demandant son acceptation, a voulu se procurer une sûreté de plus du paiement à l'échéance.

Or, si le tiré accepteur fait faillite, cette garantie devient vaine, car le porteur ne pourra obtenir, en se présentant à la répartition de l'actif, qu'un dividende qu'il sera peut-être obligé d'attendre très-longtemps. — A défaut d'autre texte, on le voit, l'art. 2020, C. civil suffisait pour permettre au porteur de réclamer du tireur et des endosseurs une nouvelle caution.

Mais l'article 444 prévoyant l'espèce, consacre expressément la solution que nous venons d'indiquer, par cette formule : « Les autres coobligés sont tenus de donner caution pour le paiement à l'échéance, s'ils n'aiment mieux payer immédiatement. » Nous ajoutons avec le tribunal de la Seine : « et intégralement, sans déduction d'intérêts » (1).

La disposition précitée n'est pas seulement conforme aux principes généraux du droit, elle s'accorde encore pleinement avec l'article 163 du C. de com. d'après lequel, au cas de faillite de l'accepteur avant l'échéance, le porteur peut faire protester et exercer son recours.

Elle est conforme aussi aux usages du commerce, car l'expérience a démontré que les tiers porteurs ne demandaient caution qu'au cas où c'était l'accepteur qui tombait en faillite, et cela lorsque l'ancien article 448 du Code de com. permettait de l'exiger en cas de faillite de l'un quelconque des obligés.

Aussi, c'est en vain que les rédacteurs du projet de 1834 s'étaient opposés à ce que la faillite de l'accepteur pût donner lieu à un recours immédiat, dans la crainte de voir l'essor du commerce entravé et les commerçants les plus honnêtes

(1) 4 mai 1853.

exposés à des désastres inévitables; la force des considérations que nous avons exposées plus haut amena un amendement qui est cause des dispositions qui sont actuellement notre loi

II. Mais si c'est le tireur qui est en faillite, le porteur aura-t-il des droits à exercer contre les endosseurs?

Le Code de 1808 le lui permettait Le porteur avait le droit (conf. anc. art. 448), en cas de faillite de l'un quelconque des obligés, de réclamer caution des autres pour le paiement à l'échéance, à moins que l'on ne préférât payer immédiatement.

Le Code de 1838 fait une distinction sur ce point et n'accorde de droits au porteur qu'autant qu'au moment de la faillite du tireur, la lettre de change n'a pas été acceptée. Les auteurs de la loi nouvelle ont pensé que l'acceptation du tiré était une garantie suffisante et couvrait assez le porteur des risques occasionnés par la faillite du tireur.

Mais la disposition à laquelle ils se sont arrêtés n'est pas rationnelle, ni conforme aux principes de la cession par endossement; car alors même qu'il y a eu acceptation du tiré, les endosseurs n'en ont pas moins cédé la signature du tireur, par conséquent ils devraient la garantir.

Puis d'autre part si l'acceptation peut ajouter un droit nouveau au porteur, elle ne devait pas pouvoir lui en enlever un; or, c'est précisément ce qu'elle fait, car elle lui ôte le droit de demander caution à raison de la faillite du tireur et elle ne lui laisse qu'un recours illusoire contre celui-ci, au cas où le tiré qui a accepté n'a pas pu payer à l'échéance.

Quoi qu'il en soit, la loi existe ainsi et il en résulte cette conséquence que, si après avoir obtenu caution des endosseurs lors de la faillite du tireur le porteur obtient l'acceptation du tiré, la caution doit disparaître parce que le porteur n'a pas droit au cumul de ces deux garanties.

Ainsi le but du législateur qui a voulu faire de la lettre de change une créance dont le paiement soit à peu près assuré, une sorte de papier-monnaie; but qu'il a cherché à atteindre en posant en principe la solidarité des signataires de la lettre de change et en autorisant le porteur à en demander l'acceptation avant son échéance, est complètement laissé de côté dans le cas spécial qui vient de nous occuper.

III. Enfin, supposons que c'est un endosseur qui est tombé en faillite.

En théorie, le porteur devrait pouvoir s'adresser à tous ceux qui ont signé la lettre de change postérieurement à l'endosseur failli, pour qu'ils lui fournissent caution, car ils ont cédé, garanti la signature de cet endosseur.

Cette distinction indiquée par les principes et proposée par plusieurs auteurs n'existait pas dans le Code de 1808. La loi de 1838 malgré la transformation qu'elle fait à la loi ancienne, ne s'y arrête pas davantage : d'après l'ancien art. 448, en effet, il suffisait qu'un des obligés par lettre de change tombât en faillite pour que immédiatement on pût demander caution à tous les autres obligés sans distinction (1).

Or, qu'a fait le législateur de 1838? Il a été radical dans un autre sens et il a supprimé tout recours même contre les endosseurs dont la signature est postérieure à celle du failli.

Cette suppression constitue une dérogation aux principes déposés dans l'art. 444 lui-même. On n'a pas fait pour la faillite de l'un des endosseurs comme pour celle du tireur, de distinction au cas d'acceptation par le tiré, et cependant les endosseurs devraient être tenus envers le porteur comme le tireur lui-même.

— Nous arrivons maintenant à la faillite du souscripteur d'un billet à ordre. Quel sera ici le droit du porteur? Il pourra demander caution à tous les endosseurs, car tous ont cédé sa signature (art. 444).

Comme l'endosseur d'une lettre de change, l'endosseur d'un billet à ordre peut être déclaré en faillite sans que ce fait permette au porteur du billet de demander caution à qui que ce soit.

(1) Cour de Nîmes 31 janvier 1825.

— Il y a quelque singularité dans l'assimilation entre la faillite du tiré accepteur ou du tireur à défaut d'acception d'une lettre de change et la faillite du souscripteur du billet à ordre quant au droit de demander caution aux endosseurs. Il est facile de s'en apercevoir lorsqu'on songe que le souscripteur d'un billet à ordre ne s'engage qu'à une chose : à payer à l'échéance ; et que les endosseurs sont garants de ceci seulement.

Comment alors expliquer que le porteur ait le droit de leur demander caution quand le souscripteur tombe en faillite avant l'échéance ? On viole ainsi l'art. 444, al. 1er, qui ne fait déchoir du bénéfice du terme que le failli et non ses coobligés ; d'autre part, s'il est bien que les endosseurs soient obligés de donner caution quand le souscripteur d'un billet à ordre a fait faillite, si cette solution se justifie par la considération qu'ils ont cédé sa signature ; qui ne voit que la loi est irrationnelle quand elle dispose que tous les endosseurs de la lettre de change ne sont pas astreints à donner caution en cas de faillite du tireur après acceptation, puisqu'ils ont, comme dans le cas de billet à ordre, cédé sa signature ? (1).

On a tenté cependant de justifier la loi dans ce qu'elle a d'illogique et l'on a dit : Quand c'est celui qui doit acquitter l'effet de commerce qui est tombé en faillite, il convient d'astreindre les autres coobligés à fournir caution, car on est certain que le paiement ne sera pas effectué à l'échéance ; mais quand celui qui doit payer est solvable et qu'un garant du paiement seul fait faillite, il est inutile, dangereux d'exiger caution de tous ses coobligés si l'on ne veut jeter la perturbation dans leurs affaires et aussi dans le commerce. La loi a dû faire céder les syllogismes rigoureux de la théorie devant des raisons pratiques impératives (2).

(1) Bravard, t. V, p. 178.
(2) Pardessus, n° 1129. — Rivière, *Répétitions écrites*, p. 608.

F. — Une loi nouvelle, celle du 12 février 1872 (1) est venue reconnaître formellement une exception remarquable à la règle d'exigibilité déposée dans l'art. 444 du C. de Com., en ce qui concerne la créance du propriétaire des lieux où le failli exerce son industrie.

Ses dispositions modifient profondément les idées admises jusqu'alors par la jurisprudence sur ce point et suppriment les conséquences désastreuses des décisions qu'elle avait cru devoir rendre sur la matière.

Pour arriver à ce progrès, la loi a-t-elle été obligé de déroger aux principes de la législation commerciale ou bien n'a-t-elle fait que les consacrer une fois de plus ? Telle est la question que nous nous proposons d'examiner et de résoudre.

Aux termes de l'article 2102, al. 1er, le propriétaire locateur a un privilége pour les loyers qui lui sont dus, pour les réparations locatives et d'une manière générale pour tout ce qui concerne l'exécution du bail. Ce privilége repose sur un nantissement tacite ou présumé. Il porte sur tous les objets qui garnissent la maison louée.

Spécialement dans le cas de bail fait à un commerçant, les marchandises et les denrées qui sont dans les boutiques en location sont affectées au privilége du bailleur ; néanmoins le commerçant peut les vendre, toutes les fois du moins que ces ventes seront faites dans l'exercice régulier de son commerce et avec remplacement au fur et à mesure ; le propriétaire a évidemment consenti à de pareilles ventes quand il a loué au marchand.

Mais dans quelle mesure le privilége du locateur va-t-il garantir les créances de celui-ci ?

Il faut distinguer : Toutes les fois que le bail sera authentique ou aura date certaine, le propriétaire bailleur sera colloqué pour toute sa créance, pour tous les loyers à échoir

(1) Promulgation au *Journal officiel* du 13 février 1872.

comme pour tous les loyers échus ; au contraire, quand l'acte de bail ne sera pas authentique ou n'aura pas date certaine (1), le privilége est restreint ; tout le monde est d'accord sur ce point, seulement on discute pour savoir quelles sont les bornes de cette restriction.

Ainsi quand le bail a date certaine, le propriétaire locateur a un privilége pour tous les loyers à échoir, y eût-il vingt années encore à courir ; et s'il se trouve en situation de l'exercer, si par exemple les créanciers du locataire font saisir les choses qui garnissaient les lieux loués, il pourra se faire payer par préférence sur le prix de la vente de ces choses le montant intégral de ses vingt années de loyers.

Mais au cas de faillite du locataire, le privilége conserve-t-il cette étendue ?

Le caractère qu'on attribuera à l'obligation du preneur pourra influer beaucoup sur la question.

Si, en effet, l'on dit que le locataire est un débiteur sous condition suspensive, la dette échappera, nous croyons l'avoir démontré plus haut, à la loi d'exigibilité et le bailleur n'aura aucun titre pour exiger son paiement par anticipation.

Au contraire, si l'on admet que le preneur est simplement un débiteur à terme, la solution pourra, peut-être, être différente. Nous examinerons pourtant si même dans ce cas, à raison du privilége que la loi attache à la créance du bailleur, la dette du locataire n'est pas soustraite à la loi d'exigibilité de l'article 444.

— Une première opinion enseigne que l'obligation du preneur est une obligation sous condition suspensive.

Elle raisonne ainsi : Dans tout contrat de bail, il est de principe que les loyers ne seront dus que si le preneur est main-

(1) Ce cas se présentera plus rarement aujourd'hui que la loi du 23 août 1871 exige sévèrement l'enregistrement de tous les baux, même verbaux.

tenu en jouissance des endroits loués ; or, il n'est pas certain que cette jouissance subsistera jusqu'à la fin du bail. On ne peut donc soutenir qu'on doit colloquer le bailleur pour tous les loyers à échoir, puisqu'il pourra se présenter des cas où il n'aura jamais eu droit à ces loyers. (Comp. art. 1722. C. civil.)

Aussi, dit cette théorie, doit-on restreindre la portée de l'art. 2102, n'admettre de collocation pour tous les loyers qu'au cas où les meubles du preneur ont été anéantis ou détériorés et où, par suite, le bailleur a perdu ses garanties, et refuser absolument cette collocation toutes les fois que le bailleur, payé déjà de tous les termes échus, a l'assurance que les meubles du locataire continueront de garnir les lieux loués et de lui servir de gage.

Conséquemment, au cas où les créanciers du failli promettent de maintenir les garanties matérielles qui assuraient les paiements des loyers dans l'avenir, le bailleur ne peut se faire colloquer jamais que pour les loyers échus.

La deuxième opinion (qui est la nôtre) sur la nature de la dette du preneur, soutient au contraire que cette dette est une dette à terme en ce qui concerne les loyers à échoir et se fonde ainsi :

Du jour du contrat de bail, le preneur (comme le bailleur, du reste), sait à quoi il s'oblige ; de ce jour il peut, tout comme si au lieu d'avoir loué il avait acheté, apprécier pleinement l'étendue de ses obligations ; il s'est engagé, par exemple, à payer une somme de .... pour la jouissance de tel immeuble qu'on lui a promise en retour. Cette somme, il est vrai, il la payera le plus ordinairement par portions annuelles, trimestrielles, mensuelles ; mais s'il l'a paye tout entière le premier jour, il n'aura pas fait le paiement de l'indu et il ne sera pas recevable comme au cas de paiement anticipé d'une dette conditionnelle à demander le recouvrement de ce qu'il a versé, sous le prétexte que sa dette n'existera peut-être jamais.

Il est vrai que si le bail n'arrive pas à fin parce que le bailleur n'aura pas procuré la jouissance des lieux loués jusqu'au bout, le preneur pourra retenir une portion de son prix correspondante à la jouissance qu'il perd, mais c'est par l'application d'une règle générale à tous les contrats synallagmatiques et en vertu du droit de résolution attaché à ces contrats en cas d'inexécution des conditions qu'ils contiennentt.

La Cour de Cassation (1), partant de cette idée que la dette du preneur est une dette à terme, décida qu'au cas où il tombait en faillite, il perdait comme tous les débiteurs à terme, le bénéfice du terme, et que par conséquent tous les loyers à échoir devenaient exigibles.

Si donc, disait la Cour, la somme nécessaire pour remplir le locateur du montant intégral de sa créance n'est pas payée ou au moins consignée, il est fondé à se prévaloir du privilége de l'art. 2102-1° C. civil, ou à exiger conformément aux art. 1184 et 1171 du même Code, au cas où le prix dont il s'agit ne serait qu'imparfaitement payé ou consigné, la résiliation du bail pour la durée du temps dont les loyers ne lui auraient pas été comptés ou assurés.

Qu'arriva-t-il? C'est que la plupart du temps, les valeurs les plus importantes de l'actif du failli, les marchandises qui garnissaient les biens loués, étaient attribuées au bailleur, alors que les autres créanciers ne touchaient rien ou presque rien. Le bail, en effet, avait-il encore dix, vingt ans à durer lorsqu'éclatait la faillite ; on remettait par anticipation au bailleur le montant de ces dix ou vingt années de bail et les autres créanciers, ceux qui avaient vendu les marchandises mêmes qui garnissaient les lieux loués, étaient complètement sacrifiés.

La solution de la jurisprudence en exagérant ainsi le principe de la protection due aux propriétaires et en les enrichissant aux dépens du failli et de ses autres créanciers avait donc des résultats déplorables.

Mais était-elle, du moins, commandée par les principes?

(1) Arrêt du 28 mars 1865. — Droit du 12 mai 1863.

Nous ne le croyons pas, et cela précisément parce que le propriétaire locateur est un créancier privilégié.

Le privilége qu'il peut invoquer, le place, en effet, en dehors de la masse, ainsi que nous l'avons admis plus haut; dès lors comment lui appliquer, à lui qui reste étranger à la faillite, une règle qui n'a été faite que pour appeler aux opérations de cette faillite et au partage de l'actif, des créanciers dont les droits étaient certains, quoique à terme, et qui s'ils eussent été exclus de la répartition sur le seul motif qu'ils avaient accordé des délais pour le paiement, eussent tout perdu, dénués qu'ils étaient de garanties?

La loi du 19 janvier 1872, modificative des art. 450 et 550 du C. de com., en admettant que la faillite ne rend pas exigible les loyers à échoir, au lieu de faire échec aux vrais principes en faveur de considérations pratiques et dans le but d'être utile au commerce, les a donc, au contraire, simplement affirmés et mis en relief.

Les dispositions qui règlent aujourd'hui la difficulté que nous venons d'examiner sont contenues dans les alinéas 1, 2 et 3 du nouvel article 550 du Code de com.

Ce nouvel article distingue deux cas :

» Si le bail est résilié, le propriétaire d'immeubles affectés à l'industrie ou au commerce du failli aura privilége pour les deux dernières années de location échues avant le jugement déclaratif de faillite, pour l'année courante, pour tout etc. » (Nous ne nous occupons du privilége qu'en ce qui concerne l'exigibilité des loyers à échoir.)

Quand le bail est résilié, en effet, il est clair que le privilége ne peut s'étendre à une époque postérieure à la résiliation, puisque de ce jour le bail n'existe plus, que les droits à la jouissance et aussi les droits aux loyers correspondants sont éteints (1).

(1) Le privilége est donc restreint au passé, en ce qui concerne les loyers. Mais pourquoi n'embrasse-t-il pas toutes les années échues? La rai-

Supposons maintenant que le bail n'a pas été résilié, que dirons-nous des loyers en cours ou à échoir ?

Si les sûretés qui ont été données au bailleur lors du contrat sont maintenues, il n'a pas eu à se plaindre, puisqu'il se trouve au même état qu'au début de son contrat ; on ne doit donc pas lui reconnaître le droit d'exiger le paiement des loyers à échoir.

Mais si elles ne sont pas maintenues, s'il y a vente et enlèvement des meubles garnissant les lieux loués, alors les loyers à échoir deviennent exigibles, non plus par le fait de la faillite, mais par le fait de la réalisation du gage du bailleur. Dès lors, le privilége que la loi lui accorde recouvre toute son utilité en ce qui concerne les termes à venir.

« Le bailleur pourra donc l'exercer, dit l'alinéa 3 du nouvel art. 550, comme au cas de résiliation ci-dessus et en outre, pour une année à échoir à partir de l'expiration de l'année courante; que le bail ait ou non date certaine (1).

son en est simple. On a assimilé les loyers des immeubles aux intérêts des sommes d'argent ; ils ont, en effet, ce grand trait commun qu'ils sont les uns et les autres des revenus. Si donc on a pu, en se fondant sur ce que le créancier d'une somme d'argent est coupable de négligence de rester plus de deux ans sans réclamer le paiement de ses intérêts, limiter la garantie hypothécaire que ce créancier aurait pu avoir, à deux années de ces intérêts, quoi d'étonnant à ce qu'il en soit de même pour le bailleur créancier de loyers? La présomption de négligence perd-elle de sa force parce qu'au lieu d intérêts il s'agit de loyers ?

(1) Le nouvel art. 560 ne fait aucune distinction entre les baux sans date certaine et les baux avec date certaine ; dans l'un comme dans l'autre cas, il y aura privilége pour les loyers de deux années échues s'il y a eu résiliation, et s'il n'y a pas eu résiliation pour ces mêmes loyers et de plus pour ceux d'une année à échoir.

Cet article tranche donc par là, au moins pour le cas de faillite, une question fut controversée dans la doctrine, celle de savoir qu'elle est dans le passé, l'étendue du privilége du locateur qui a fait un bail sans date certaine.

Il consacre législativement les arrêts de la jurisprudence qui décide unanimement dans le sens de l'extension du privilége à tous les loyers échus; mais nous ne saurions louer sa solution ; car outre quelle semble

Mais pourquoi si l'on reconnait sage de restreindre le privilége pour les années à venir dans le cas où les lieux loués cessent d'être garnis, ne pas le supprimer tout à fait pour ces années ?

On l'avait proposé dans la discussion, mais cette motion fut repoussée par la raison que dans l'intérêt des commerçants il ne faut pas trop réduire les garanties du bailleur exposé aux risques des faillites.

Ainsi le privilége subsistera pour une année de loyers à échoir, mais en revanche le bailleur ne pourra figurer à la distribution des dividendes pour le paiement des termes futurs qui ne sont pas garantis par son privilége Si, en effet, on lui eût laissé ce droit en supprimant d'autre part toute garantie pour l'avenir, le propriétaire aurait le plus souvent demandé la résiliation, il aurait préféré ce parti plutôt que de laisser la jouissance des lieux loués à des tiers jusqu'à ce que le bail expire de lui-même, en recevant en échange un paiement en monnaie de faillite (1).

Le paiement immédiat d'une année de loyers le fera patienter et, si à la suite de l'année de location les syndics se trouvent dans l'impossibilité de continuer l'exécution du bail, le propriétaire aura toujours le droit de demander la résiliation.

repoussée par les travaux préparatoires du code civil (Locré, t. XVI, p. 241-252 — Fenet, t. XV, p. 352) et la formule restrictive de l'art. 2102, al. 1 ; elle tente la mauvaise foi et donne ouverture à toutes les fraudes.

(1) Mais le bailleur aura le droit de figurer à la répartition des dividendes pour l'excédant de sa créance privilégiée que son privilége aurait été impuissant à lui faire recouvrer.

6e EFFET. — SUSPENSION DU COURS DES INTÉRÊTS.

A. Principe, sa portée. — B. Point de départ de cette suspension. — C. De quelques cas exceptionnels qui peuvent se rencontrer dans la pratique.

A. — Nous arrivons à un nouvel effet du dessaisissement : la suspension du cours des intérêts. Cette suspension est la conséquence forcée de l'exigibilité d'une part et d'autre part de la conversion des créances en dividendes.

Le but principal que poursuit la loi, c'est l'égalité de condition entre tous les créanciers à partir du jugement déclaratif de faillite ; c'est pour cela qu'elle déclare toutes les dettes exigibles à partir de ce moment ; c'est pour cela aussi qu'elle suspend dès la même époque le cours des intérêts

Si les intérêts, en effet, avaient continué de courir, comme il s'écoulera toujours un temps assez long avant que les créanciers recouvrent des dividendes, les intérêts des fortes créances auraient absorbé une partie de l'actif, déjà insuffisant, et cela au préjudice des petits créanciers, et en faisant brèche au principe qu'en matière de faillite, les créanciers qui n'ont pas les uns sur les autres des causes de préférence sont dans une position égale.

D'un autre côté, il est impossible qu'au nouveau droit que les créanciers acquièrent : le droit au dividende, soient attachés : 1° des intérêts *conventionnels*, car la conversion des créances primitives s'opère en vertu de la loi ; 2° *moratoires*, car le paiement des dividendes dépend de la marche des opérations de la faillite (1).

Mais remarquons que ce n'est qu'à l'égard de la masse que ces intérêts sont suspendus et que le failli doit toujours les

(1) Bravard, t. V, p. 182.

payer s'il veut obtenir sa réhabilitation art. 604, C. de com).

Dans ce cas il faut dire qu'il ne devra payer des intérêts moratoires que si le créancier qui les réclame a formé une demande en exécution de la convention aux termes de l'article 1153 C civil, et l'a dirigée contre le failli lui-même et non contre les syndics, puisque le failli est *integri statûs* pour tout ce qui ne se rattache pas directement à l'administration de ses biens, au gage de ses créanciers.

B. — Le Code de 1838 transforme notablement celui de 1808, sous l'empire duquel on admettait que la suspension du cours des intérêts, dérivation du dessaisissement, avait comme lui la cessation des paiements pour point de départ (1).

Aujourd'hui l'époque de la suspension des intérêts concorde bien encore avec celle du dessaisissement, mais elle ne commence plus que du jour du jugement déclaratif.

Le créancier pourra donc ajouter au capital de sa créance, pour y figurer dans le calcul du dividende, les intérêts courus jusqu'au jour du jugement, mais non ceux du temps postérieur.

C. — Il y a certains cas dans la pratique qui méritent une interprétation spéciale et pour lesquels notre article n'a pas été fait. Par exemple, un commerçant a souscrit pour s'acquitter d'une dette productive d'intérêts, une lettre de change payable après un certain délai et dont le montant comprend le capital même de la dette et l'intérêt qu'elle est susceptible de produire pendant ce délai. Il tombe en faillite avant l'échéance; quand le porteur viendra toucher son dividende figurera-t-il dans la répartition pour le montant de la lettre de change ou sera-t-il obligé d'en déduire les intérêts qui restaient à courir pendant le temps qui sépare le jugement déclaratif de l'échéance?

Non, il ne devra être tenu aucun compte du but de la lettre de change ; car son contexte ne révèle aucune distinction entre le capital dû au moment où elle a été faite et les intérêts qui restent à courir. Les tiers qui sont devenus cessionnaires

(1) Cass., 14 juillet 1829.

de l'effet en ont considéré le montant comme un capital et on ne peut leur imposer une réduction à laquelle ils n'ont pu s'attendre. L'article 445 ne s'appliquera donc pas dans cette hypothèse et nous pouvons donner cette solution d'autant plus sûrement que l'espèce fut prévue dans la discussion et que la proposition des députés qui parlaient de réduction fut repoussée par tous les autres (1).

Mais si le titre donne par lui-même la preuve que l'intérêt était compris d'avance, il sera juste de l'en distraire et de faire retour aux principes.

— Un créancier d'un commerçant tombé en faillite le 1er juin a contre lui une facture datée du 1er mai et qui porte qu'au cas où l'acheteur payera dans les trois mois, il lui sera accordé un escompte de 5 p. 0/0. Le créancier doit-il se présenter dans la faillite pour la somme entière ou pour la somme diminuée de l'escompte?

Nous pensons qu'il pourra y figurer pour le montant total de la facture, car le jugement déclaratif ne peut être assimilé au paiement et conséquemment ne réalise pas la condition.

Cette condition ne peut même pas être considérée comme réalisée par le paiement d'un dividende dans les trois mois, car les conditions ne peuvent pas s'accomplir pour partie (2).

— Un commerçant est débiteur d'une rente viagère, il en a payé régulièrement les arrérages jusqu'au jugement qui l'a déclaré en faillite, ou bien il s'est obligé solidairement au paiement des intérêts d'une somme prêtée à un tiers. Devrons-nous appliquer l'article 445 et refuserons-nous au crédit-rentier, au prêteur, de venir dans la faillite réclamer les arrérages et les intérêts postérieurs au jugement déclaratif?

Nous ne le croyons pas, car ces arrérages de la rente viagère, ces intérêts que le failli s'est obligé à payer constituent vis-à-vis de lui un véritable capital, puisqu'ils sont l'objet di-

(1) Dalloz, *Faillite*, n° 203. — Alauzet, t. IV, n° 1677.
(2) Dalloz, *Jurisp. gén.* V° Faillite n° 264. — Alauzet, t. IV, n° 1677.

rect de l'obligation, et puis, la cessation absolue des intérêts et de la rente mettrait le créancier qui y prétend dans une position pire que celle des autres créanciers, puisqu'elle anéantirait complètement son droit.

Au cas de rente viagère, des difficultés pourront s'élever, quand on voudra fixer la somme pour laquelle le crédit-rentier devra figurer dans la faillite ; mais elles ne doivent pas influer sur notre solution, car l'appréciation de la valeur d'une rente viagère, quoique difficile, n'est pas cependant impossible (1).

— Les créanciers hypothécaires, privilégiés ou nantis (gagistes et autres) sont encore ici l'objet d'une exception fondée absolument sur les mêmes raisons que celles qui les mettent en dehors de la loi de suspension des voies d'exécution sur les biens du failli.

Ces créanciers restant étrangers à la faillite qui ne saurait diminuer leurs sûretés, peuvent réclamer les intérêts de leurs créances même pour le temps postérieur au jugement déclaratif.

Mais il faut toutefois combiner cette donnée avec les principes du Code civil déposés dans les art. 2148, 4° et 2151 de ce Code ; de ces articles il résulte :

1° Que le créancier qui requiert du conservateur une inscription hypothécaire doit mentionner sur le bordereau qu'il est obligé de lui présenter, le montant des accessoires des capitaux pour lesquels il se fait accorder une garantie spéciale (art. 2148, 4°), s'il veut que cette garantie s'étende à ces accessoires.

2° Que dans tous les cas, il ne peut se ménager de collocation au rang d'hypothèque de son capital que pour les intérêts et arrérages de deux années et de l'année courante. (Article 2151.)

(1) Bravard et Demangeat, t. V, p. 187, note. — Contra Dalloz, *Jurisp. gén.*, n° 262. — Alauzet, t. IV, n° 1677.

Si donc on lui doit plus de trois années d'intérêts, le créancier hypothécaire sera tenu de prendre de nouvelles inscriptions portant hypothèque à compter de leur date pour les arrérages autres que ceux conservés par la première inscription.

Mais l'art. 448 nous apprendra que ces inscriptions ne sont plus possibles après le jugement déclaratif de faillite.

Comment combiner l'art. 445, 2° avec cette disposition nouvelle ; cet article n'a-t-il donc accordé qu'un droit illusoire aux créanciers hypothécaires ?

L'article 445 s'appliquera sans peine toutes les fois que l'inscription originaire aura précédé de peu de temps le jugement déclaratif ou toutes les fois que même au cas où elle aurait été prise depuis longtemps, le débiteur a régulièrement payé les intérêts échus et que les opérations de la faillite ont été terminées moins de trois ans avant le dernier paiement d'intérêts valable.

Mais supposons un créancier auquel il est dû au moins trois années d'intérêts quand éclate la faillite.

Pourra t-il prendre des inscriptions pour les annuités qui lui sont dues ?

La Cour de Cassation admet l'affirmative (1), mais les raisons qu'elle donne ne sont pas de nature à fonder un système.

» Attendu, dit-elle, que l'article 2151 permet au créancier hypothécaire inscrit pour un capital productif d'intérêts de prendre des inscriptions particulières à compter de leur date pour les arrérages qui ne sont pas conservés par la première inscription

» Attendu que la faillite du débiteur, survenue depuis la première inscription, ne porte pas atteinte à ce droit.

» Qu'il est au contraire confirmé par l'article 445 du Code de Commerce qui, en supposant que des annuités échues postérieurement au jugement déclaratif peuvent être colloquées par

(1) 20 février 1850. Pont. *Privil. et hyp.* t. II, n° 889.

préférence, admet qu'on peut les inscrire après le jugement déclaratif;

» Que le principe de l'art. 448 al. 1er ne s'applique qu'aux créances principales constituant un droit nouveau et ne concerne pas les intérêts de celles précédemment inscrites, intérêts qui ne sont, en somme, que les conséquences de ces créances; etc., par ces motifs : »

Ainsi la Cour de Cassation se borne à affirmer ce qu'elle devrait prouver.

La loi autorise-t-elle quelque part une distinction entre l'hypothèque qui garantit une créance principale et celle qui garantit une créance d'intérêts? Non certes, car ni les expressions de l'article 448 C. de Com., ni celles de l'article 2146 C. civil, ne laissent soupçonner la moindre distinction.

Et d'ailleurs, à quels signes reconnaîtrait-on une inscription d'hypotèque garantissant une créance principale, d'une inscription garantissant une créance d'intérêts?

Quand je m'inscris pour garantir le paiement de cinq années échues d'un capital de 100,000 francs, le montant de ces cinq années ne sera-t-il pas une créance principale?

Enfin, peut-on soutenir sérieusement que l'article 445 commande de décider qu'on a le droit d'inscrire ces créances d'annuités après le jugement déclaratif, rien que parce que cet article suppose que des annuités échues postérieurement à ce jugement peuvent être colloquées par préférence? Evidemment, c'est impossible en face de l'article 2151 C. civil, établissant pour deux années échues et l'année courante la collocation des créances d'intérêts au même rang que la créance principale, sans inscription supplémentaire.

Il ne faut pas croire pourtant que la solution que nous venons de donner et qui dénie absolument aux créanciers hypothécaires le droit de prendre inscription après le jugement déclaratif, soit désastreuse pour eux; car si les opérations de la faillite durent très-longtemps, le créancier hypothécaire ou privilégié, etc., n'aura qu'à se faire payer, dans les limites de l'article 2151, les intérêts échus ; si les syndics s'y refusent, il s'appuiera soit sur l'art. 1184 pour obtenir la résolution du contrat, soit sur l'art, 1188 pour faire prononcer la déchéance du terme à raison de ce que les sûretés qu'il avait exigées et sans lesquelles il n'aurait pas accordé de terme deviennent insufisantes pour répondre de l'accumulation des intérêts à laquelle le refus des syndics donne lieu

— L'article 445 termine en nous apprenant que les intérêts des créances garanties ne pourront être réclamés que sur les sommes provenant des biens affectés au privilége, à l'hypothèque ou au nantissement.

Mais il peut arriver que le prix des immeubles affectés soit insuffisant pour acquitter le montant de ces intérêts.

Dans ce cas, faudra-t-il observer l'art. 1254 C. civil et imputer d'abord sur les intérêts la portion du prix qui sera versée et qui provient de la vente des immeubles.

Si nous appliquons l'article précité, alors les créanciers chirographaires supporteront en réalité le montant des intérêts échus postérieurement au jugement déclaratif, car pour ce qui reste dû, le créancier hypothécaire rentrera dans la masse et recevra un dividende.

Mais nous violerions alors le 2e alinéa de l'art. 445 sur lequel l'attention du législateur s'est spécialement portée et qui n'entend favoriser les créanciers hypothécaires qu'avec le prix des biens qui garantissent spécialement leurs créances Nous devons donc décider que ces créanciers ne peuvent pas réparer au préjudice de la masse l'insuffisance de leur gage et que l'art. 445 C. de com. a virtuellement dérogé dans ce but à l'art. 1254, C. civ. (1).

(1) Lyon, 30 août 1861.

APPENDICE.

7° EFFET. — DE L'INFLUENCE DU JUGEMENT DÉCLARATIF DE FAILLITE SUR LA PERSONNE ET LA LIBERTÉ DU FAILLI.

A. Suspension des voies d'exécution contre la personne du failli. — B. Mesures spéciales que la faillite entraîne à l'égard de la personne du failli — Arrestation. — Possibilité de mise en liberté provisoire.

A. — Nous avons vu qu'un des effets du jugement déclaratif, une des conséquences du dessaisissement était la suspension des voies d'exécution sur les biens du débiteur failli ; il y a dans le code de 1838 un effet absolument analogue en ce qui concerne la personne du failli.

« En cet état, dit l'art. 456, *in fine,* il ne pourra être reçu contre le failli d'écrou ou recommandation pour aucune espèce de dettes. »

Cette disposition se comprend fort bien ; la contrainte par corps n'a qu'un but, c'est de presser le paiement de la part du débiteur en l'atteignant dans sa liberté ; or, après le jugement déclaratif, il est dessaisi, il ne peut plus payer valablement ; la loi ne pouvait donner une force de coercition aussi énergique que la contrainte par corps, contre une personne qu'elle rendait légalement impuissante à y échapper.

Mais aujourd'hui il y a une raison nouvelle de dire que la contrainte par corps ne peut plus s'exercer contre le failli, c'est que la contrainte par corps a été supprimée en matière civile, en matière commerciale et contre les étrangers par la loi du 22 juillet 1867.

Cependant elle subsiste encore en matière criminelle, correctionnelle et de simple police, pour les condamnations à des amendes, restitutions et dommages intérêts (1), et c'est dans

(1) Le principe général de la suspension des voies d'exécution contre

cette mesure que nous avons à combiner la contrainte par corps avec les dispositions du Code de commerce relatives à l'arrestation du failli que nous allons étudier immédiatement.

F. — Cette arrestation a pour but de s'assurer de la personne du failli.

La faillite qui est souvent le résultat d'opérations malheureuses peut n'être aussi que le fait de la mauvaise foi, et il n'est pas sans exemple que des commerçants aient préparé leur propre faillite pour s'enrichir.

Il est donc indispensable de se saisir de la personne du failli afin de le punir si sa chute commerciale vient d'un délit, ou est le résultat d'imprudences coupables, et afin de ne pas priver ses créanciers des explications qu'il leur doit, et que, seul peut-être, il est apte à leur donner,

La loi reconnaissant l'utilité de cette arrestation, a édicté que « par le jugement qui déclarera la faillite, le tribunal ordonnera le dépôt de la personne du failli dans la maison d'arrêt pour dettes ou la garde de sa personne par un officier de police ou de justice, ou par un gendarme (art. 455) » ; et

la personne ne souffre même pas d'exception en ce qui concerne les créanciers postérieurs à la faillite, dans les cas où ils peuvent encore aujourd'hui exercer la contrainte par corps. (art. 3 loi du 22 juillet 1867, loi du 20 déc. 187', promulguée le 23).

Il semblerait pourtant de prime abord, que n'étant point créanciers de la faillite, ces créanciers ne peuvent se voir opposer par leur débiteur cette faillite même, d'autant plus qu'au cas présent on ne peut leur reprocher d'avoir contracté avec le failli, puisque c'est par suite d'une condamnation pour crime ou délit qu'il est devenu obligé envers eux. Mais en y réfléchissant, on arrive facilement à la solution contraire.

Pourquoi donc, encore une fois, contraindre par corps un débiteur qui ne peut valablement se libérer, qui ne peut prendre la moindre somme à la masse, à l'égard de laquelle les dettes contractées après le jugement déclaratif sont censées ne pas exister. On ne peut donc lui enlever une liberté qui lui a été laissée bien plus pour ses créanciers que pour lui-même.

Les Cours de Paris, 12 octob. 1837, 25 nov. 1837 et de Nancy 21 nov. 1845 ont statué en ce sens pour dommages-intérêts alloués en matière criminelle ou correctionnelle.

s'inspirant du double but que nous avons indiqué, elle donne le pouvoir de requérir l'exécution de la disposition précitée, soit au ministère public, soit aux syndics de la faillite (art. 460).

Cette mesure qui consiste à s'assurer de la personne de failli diffère de la contrainte par corps ordinaire.

D'abord elle l'écarte (art. 455, 3e al. C. de com).

Puis, elle est fondée sur des motifs différents, comme nous l'avons vu.

Ces considérations nous autorisent à conclure que, le dépôt dans une maison pour dettes, peut être ordonné même à l'encontre d'un failli septuagénaire (1).

Les rédacteurs de la loi du 22 juillet 1867, ont parfaitement fait la distinction. En parlant du dépôt de la personne du failli M. Segris demanda si l'on entendait dépouiller le tribunal du droit de l'ordonner et il lui fut répondu : « Non, on le maintient, nous sommes d'accord sur ce point » (2).

— Si l'incarcération du failli est souvent indispensable, elle peut être parfois inutile ou injuste, c'est pourquoi l'art. 456 nous apprend que : « Lorsque le failli se sera confirmé aux articles 438 et 439 (c'est-à-dire aura fait lui-même sa déclaration de cessation de paiements en y joignant son bilan et ne sera point, au moment de la déclaration, incarcéré pour dettes ou pour autre cause, le tribunal pourra l'affranchir du dépôt ou de la garde de sa personne. »

Cette disposition abroge le système rigoureux du code de 1808 qui prononçait le dépôt de la personne du failli dans tous les cas.

Ce système avait été adopté sur la déclaration de l'empereur qui prétendait « que dans toute faillite il y avait une présomption de banqueroute qui justifiait la sévérité des premières mesures. »

Mais qu'arrivait-il ? Les faillis hésitaient à déclarer leur

(1) Paris 23 décemb. 1847. — Troplong, *Contrainte par corps*, n° 56.
(2) Séance du 28 mars 1867.

cessation de paiements, dans la crainte de perdre immédiatement leur liberté, et en tous cas, une fois le jugement déclaratif rendu, ils s'empressaient de se mettre en sûreté.

La loi de 1838, au contraire, a pour but de déterminer les faillis à déclarer eux-mêmes leur état de faillite, et dans cette vue elle n'est favorable qu'aux commerçants qui se seront conformés aux prescriptions de la loi, « ou qui ne sont pas déjà en détention. » Cette dernière restriction est fondée sur les motifs suivants : la dispense du dépôt ou de la garde de la personne ne doit être accordée qu'aux faillis qui font spontanément leur déclaration.

Or la déclaration, dit M. Renouard dans son rapport, « cesse d'être volontaire et de pouvoir profiter au failli, lorsque, déjà incarcéré, il ne se constitue en faillite qu'afin de se soustraire à la contrainte par corps. — En ce cas, l'état de faillite fait tomber la contrainte par corps qu'entraînait le jugement en vertu duquel l'incarcération a eu lieu. . . . La contrainte par corps instituée pour arriver à la découverte des ressources cachées du débiteur, n'a plus d'effet lorsque, dessaisi de l'administration de ses biens, il n'est plus le maître de disposer de rien, obligé qu'il est de tout livrer à la masse de ses créanciers. Mais, de ce que la contrainte par corps perd son effet, il ne s'ensuit pas que le failli puisse être dispensé du dépôt ; car il ne s'est déclaré en faillite que pour libérer sa personne et non pour diminuer la perte de ses créanciers. »

Afin que les dispositions de notre article ne puissent être tournées, le tribunal devra ordonner que le failli soit de nouveau écroué en vertu de son jugement, autrement l'emprisonnement pouvant cesser par le consentement de l'incarcérateur, une entente avec ce dernier pourrait délivrer un homme qui s'il eût été libre au moment de l'ouverture de la faillite aurait été arrêté par ordre du tribunal (1).

Du reste la disposition qui affranchit le failli du dépôt ou de

(1) Pardessus, n° 1145.

la garde de sa personne peut toujours, suivant les circonstances, être ultérieurement rapportée par le tribunal de commerce, même d'office (art. 456 *in fine*).

— Mais le failli peut n'avoir pas été dispensé de la détention par le jugement déclaratif; est-ce à dire que cette détention sera nécessairement maintenue? Non, sans doute, et dès qu'il est constant qu'il n'y a ni justice ni utilité à ce qu'elle subsiste, elle ne doit pas continuer.

Ainsi le juge commissaire, d'après l'état apparent des affaires du failli, pourra proposer sa mise en liberté avec sauf-conduit provisoire de sa personne. Si le tribunal l'accorde, il pourra obliger le failli à fournir caution de se représenter, sous peine de paiement d'une somme que le tribunal arbitrera et qui sera dévolue à la masse.

Si le juge commissaire ne propose pas l'élargissement, le failli peut lui-même le demander au tribunal de commerce qui statuera, en audience publique, après avoir entendu le juge commissaire; le tout, sans préjudice du droit des créanciers d'intervenir à l'instance et d'y présenter des moyens d'opposition à la délivrance du sauf-conduit.

Nous dirons, à ce propos, que la circonstance que le failli aurait réussi à se soustraire à l'exécution de la disposition du jugement déclaratif qui le condamne à être incarcéré, ne serait pas suffisante pour motiver seule le refus d'un sauf-conduit (1).

Le tribunal, après avoir accordé au failli sa mise en liberté et ce qu'on appelle un sauf-conduit provisoire, pourra révoquer cette faveur, soit d'office, soit sur la proposition du juge commissaire ou la demande de quelque créancier, s'il a de justes motifs; si, par exemple, la découverte de nouvelles pièces démontrait énergiquement que le failli a agi frauduleusement.

— Mais le tribunal peut-il accorder la liberté avec sauf-con-

(1) Demangeat sur Bravard, t. V, p. 149. — Renouard, t. I, p. 185. — Bédarride, t. I, p. 291.

duit provisoire au failli qui, avant le jugement déclaratif, aurait déjà été incarcéré à la requête d'un créancier (1)?

Nous supposons, bien entendu, pour poser cette question, que le créancier avait exercé la contrainte par corps dans un des cas où elle est encore permise.

Une première opinion admet la négative et invoque l'article 456 *a contrario*. Il faut, dit-elle, non-seulement que le failli ait fait sa déclaration et déposé son bilan, mais qu'il n'ait pas été en état d'incarcération au moment de la déclaration de faillite. La loi, ajoute-t-on, n'a pas voulu qu'on pût anéantir les droits acquis à un créancier, même en raison de l'indulgence et de la faveur dont un débiteur peut être digne.

L'opinion contraire nous semble préférable. En effet, premièrement, on n'enlève aucun droit au créancier, car depuis le dessaisissement, le failli ne peut plus payer; il est donc inutile de maintenir contre lui une voie d'exécution sans résultat; et secondement, la disposition de l'art. 456 détermine simplement les mesures à prendre par le jugement déclaratif lui-même à l'égard du failli, mais ne fait point obstacle à ce que, postérieurement, le tribunal de commerce touché de ses malheurs et de sa bonne foi, le rende à la liberté (2).

(1) Il est sensible qu'un sauf-conduit ne pourra jamais être accordé au failli incarcéré antérieurement pour crime ou délit.

(2) Paris, 31 août 1839. — Caen, 19 février 1859. — Bravard et Demangeat, t. V, p. 150. — Renouard, t. I, p. 484. — Bédarride, t. I, nos 295 et 296. — Dalloz, *Jurisp. gén.* V° Faillite, n° 389. — Alauzet, t. IV, n° 1734.

CHAPITRE II.

DES EFFETS DE LA CESSATION DE PAIEMENTS.

GÉNÉRALITÉS.

A. Objet du chapitre. — B. Théorie générale de la loi sur les effets de la cessation de paiements. — C. Historique.

A. — Le jugement déclaratif de faillite dont nous venons d'étudier les conséquences pour l'avenir, en même temps qu'il est le point de départ du dessaisissement, constate un état de choses préexistant : la cessation de paiements ; il ne peut, en effet, déclarer la faillite qu'après avoir reconnu que le commerçant a cessé ses paiements. Or, il peut se faire qu'il découvre en même temps que le commerçant était dans cet état depuis fort longtemps déjà.

C'est le sort des actes qui ont pu être faits dans l'espace de temps qui sépare la cessation de paiements du jugement déclaratif, que nous nous proposons d'étudier dans ce chapitre. La loi les a réglés d'une manière particulière, dans le but de protéger la masse contre les efforts frauduleux du failli pour la frustrer des biens qui doivent lui appartenir, et avantager à ses dépens des créanciers préférés.

Nous n'entrerons pas, sur la fixation précise de l'époque de la cessation de paiements et sur la manière dont cette fixation est faite, dans une étude qui sortirait du cadre que nous nous sommes tracé.

Nous supposerons que cette époque est exactement ou plutôt irrévocablement déterminée. Nous ne nous occuperons donc pas de savoir à la suite de quelles péripéties la date de la cessation de paiements est devenue définitive, nous étudierons simplement ses effets, quand elle l'est devenue.

B. — Le système général de la loi se formule ainsi : Il y a certains actes qui sont de telle nature qu'ils doivent être déclarés nuls par cela seul qu'ils sont postérieurs à la cessation de paiements ou qu'ils ont précédé cette cessation seulement de quelques jours. Art. 446 C. de Com.)

Quant aux autres, ils ne sont qu'annulables, et encore à deux conditions : C'est qu'ils aient été passés *depuis* la cessation de paiements et que les tiers qui ont traité avec le débiteur aient eu connaissance de cette cessation. (Art. 447 C. de Com.)

(Enfin il y a certains actes spéciaux, les inscriptions de privilége ou d'hypothèque, qui sont annulables suivant des règles particulières, quand ils ont été faits depuis l'époque de la cessation de paiements ou dans les dix jours qui précèdent. — Nous avons réservé toutes nos explications à l'égard de ces actes pour le dernier chapitre de notre étude ; nous n'en parlerons donc pas davantage ici.)

Ce système se justifie très-bien dans sa composition, quoiqu'il s'écarte sur plusieurs points du droit commun ; mais les différences viennent de la position spéciale dans laquelle se trouve un commerçant vis-à vis de ses créanciers.

En matière civile, nous trouvons relativement à la fraude en général, un principe dominant : « *La fraude ne se présume pas* » Il est fondé sur les idées suivantes : Les créanciers, s'ils redoutent que leur débiteur ne devienne ou ne se rende insolvable, peuvent se faire donner des sûretés pour les garantir contre cette insolvabilité, mais au cas où ils ne l'ont pas fait, c'est qu'ils ont suivi la foi de leur débiteur ; c'est qu'ils ont eu confiance en lui. Si donc ils viennent prétendre que leur débiteur a trompé cette confiance par des actes frauduleux, la loi déclare que ce sera à eux à prouver la fraude, car l'absence de précautions de leur part est contre eux une sorte de présomption que cette fraude n'était pas à craindre.

D'ailleurs la solution du Code civil se justifie par d'autres considérations.

Les créanciers d'un débiteur non commerçant sont, en général, domiciliés très-près de lui, ils le connaissent; ils peuvent donc surveiller ses actes et se procurer facilement les preuves de sa fraude. Puis les créanciers d'un semblable débiteur ne sont généralement pas nombreux, et les actes qu'il fait ne sont pas assez multipliés pour que la nécessité de prouver la fraude donne lieu à des procès par trop fréquents.

Mais en matière commerciale, la position est toute différente. En raison du crédit commercial, de la nature et de la rapidité des opérations, les créanciers sont forcés de suivre la foi de leurs débiteurs; ils ne peuvent exiger les sûretés qui leur seraient le plus souvent refusées. De plus, les créanciers sont ordinairement domiciliés à de très-grandes distances du commerçant leur obligé; comment pourraient-ils se procurer les documents nécessaires pour prouver la fraude de celui avec lequel ils ont contracté. Il faut ajouter que le nombre des actes et le nombre des créances sont si grands, que l'obligation d'intenter autant d'actions qu'il y aurait eu d'actes susceptibles d'être annulés aurait, en multipliant les procès, occasionné des frais énormes, et par là absorbé la plus grande partie de l'actif. Ces données ont amené à renverser, en matière de faillite, le principe général que nous avons posé plus haut

On a dû établir en faveur des créanciers d'un commerçant qui a cessé ses paiements, le principe de l'égalité entre tous. La loi ne veut pas que certains créanciers qui, à raison peut-être de leur proximité du failli, ont eu connaissance les premiers de la cessation de paiements, puissent se faire payer ou se faire donner des compensations au détriment des créanciers plus éloignés qui n'ont commis aucune faute et qui n'ont eu d'autre tort que de n'avoir pas connu le péril de leurs créances au moment où il se manifestait. C'est pourquoi elle décide que à partir d'une certaine époque, certains actes suspects en eux-mêmes seront nuls de plein droit, comme blessant le principe d'égalité qu'elle consacre, et que, sans conteste, tous les autres actes quels qu'ils soient, s'ils constituent une infraction commise en connaissance de cause à ce principe, pourront être annulés.

La loi a même été plus loin, et considérant qu'il y a des actes que le failli ne peut faire de bonne foi à une époque rapprochée de la cessation des paiements ; considérant, d'autre part, que l'on prive seulement les tiers d'une occasion de s'enrichir, mais qu'on ne leur inflige pas de perte, en annulant de pareils actes ; elle a déclaré que s'ils ont été passés dans un délai qu'elle a fixé à dix jours avant la cessation de paiements, ils seront nuls comme frauduleux et comme attentatoires aux droits légitimes des créanciers (1). De là l'ensemble des dispositions dont nous avons donné déjà l'analyse.

Tel est l'aspect général de la théorie de la loi et nous verrons, à mesure que nous entrerons dans ses applications, qu'elle n'a pas manqué son but, et qu'elle a dignement complété par ses dispositions relativement à l'état que crée au failli la cessation de ses paiements, l'ensemble des précautions qu'elle prend partout pour sauver les créanciers de sa mauvaise foi et de ses manœuvres indélicates.

C. — Cette théorie des nullités spéciales à la faillite a son origine dans l'ancien droit. Elle se manifeste pour la première fois dans un règlement adopté par les commerçants de Lyon en 1667, homologué par un arrêt du conseil du 7 juillet de la même année, et particulier à la ville de Lyon.

Ce règlement portait que « toute cession et transport sur les effets du failli seraient nuls s'ils n'étaient faits dix jours au moins avant la faillite publiquement connue. »

(1) Nous rappelons que nous avons réservé pour un chapitre spécia l'explication des règles concernant la nullité des inscriptions hypothécaires.

La même disposition reparaît dans l'ordonnance de 1673 dont l'art. 4, titre XI, s'exprime ainsi : « Déclarons nuls tous transports, cessions, ventes et donations de biens meubles ou immeubles faits en fraude des créanciers. Voulons qu'ils soient rapportés à la masse commune des effets »

Comment fallait-il entendre l'ordonnance ? Changeait-elle le droit romain et les principes de l'action Paulienne, ou édictait-elle une nullité de plein droit non subordonnée à la preuve de la fraude ? C'est un point obscur qui a été diversement résolu par les auteurs (1).

La déclaration de 1702 fit disparaître cette obscurité, elle généralisa le principe posé dans le règlement de 1667, art. 13, et s'occupa des constitutions d'hypothèque dont ne parlait pas ce règlement : « A ces causes, déclarons et ordonnons que toutes cessions et transports sur les biens des marchands qui font faillite seront nuls et de nulle valeur s'ils ne sont faits dix jours au moins avant la faillite publiquement connue ; comme aussi que les actes et obligations qu'ils passeront par devant notaire au profit de quelques-uns de leurs créanciers ou pour contracter de nouvelles dettes, ensemble les sentences qui seront rendues contre eux, n'acquèreront aucune hypothèque ni préférence sur les chirographaires, si lesdits actes et obligations ne sont passés et si lesdites sentences ne sont rendues pareillement dix jours au moins avant la faillite publiquement connue. »

Cette déclaration qui consacre dans des termes formels les nullités de plein droit et fait remonter ces nullités à dix jours avant l'époque de la faillite connue, est la source des dispositions du Code de commerce.

Le Code de 1808 reproduit dans les art. 443 à 447 inclusivement, les dispositions de la déclaration de 1702. Ces cinq

(1) Bravard, t. V, p. 203, admet que l'ordonnance de 1673 a innové. Contra. Locré. *Esprit du Code de commerce*, t. III, p. 87. — Massé, t. III, n° 1213. — Bédarride, t. I, n° 101.

articles parlent toujours d'actes faits dans les dix jours qui précèdent l'ouverture de la faillite ; les nullités spéciales dont il s'agit ne peuvent, en effet, s'appliquer qu'à ceux-là, puisque tous les actes postérieurs sont déclarés nuls de plein droit à cause du dessaisissement qui date, à cette époque, de la cessation des paiements.

Sous le Code de 1808 le point de départ des nullités n'est plus, comme sous l'empire de la déclaration de 1702, fixé par la notoriété de la faillite, mais par son ouverture établie par certains indices matériels.

De plus à la différence de la déclaration de 1702, le Code de 1808 (art. 444 et suiv.), distingue les actes à titre onéreux des actes à titre gratuit ; ces derniers sont toujours nuls, tandis que les autres ne le sont que s'ils sont frauduleux. Du reste, l'art. 444 consacre une distinction déjà admise par la jurisprudence, c'est que ces nullités établies en faveur de la masse, ne peuvent être invoquées que par elle et jamais par le débiteur.

La loi de 1838, qui est la législation actuelle, a amélioré encore le système du Code de 1808.

Ce système avait plusieurs défauts. Le premier était de donner une trop grande extension, une trop grande portée d'action au dessaisissement qui partait alors de la cessation de paiements, et le second de frapper d'une nullité de plein droit des actes loyaux qui auraient dû être à l'abri d'une semblable atteinte.

Nous avons déjà exposé, d'une manière générale, quels sont les principes que la loi nouvelle a adoptés pour remédier à ces inconvénients ; comment elle a reporté l'époque du dessaisissement au jour même du jugement déclaratif; comment, pour la période qui précède ce jugement, elle a restreint les nullités à certains actes spéciaux ; comment, enfin, elle n'annule rétroactivement les actes faits dans les dix jours qui précèdent la cessation des paiements qu'autant que cette rétroactivité n'inflige pas une perte au tiers. Constatons maintenant, en terminant cette section, que les nullités de la loi de 1838 comme celles du Code de 1808, n'existent que par rapport à la masse des créanciers et que le failli ne peut jamais les invoquer, et entrons dans l'étude détaillée des applications que fait le Code nouveau des principes sur lesquels il se fonde.

Pour mettre de l'ordre dans cette étude, nous la diviserons en deux sections.

La première traitera des nullités de plein droit. La deuxième des nullités qui sont subordonnées à la connaissance de la cessation de paiements.

Mais nous laisserons de côté ici, pour en parler dans notre troisième chapitre, tout ce qui pourrait se rattacher à la théorie de la nullité des inscriptions hypothécaires.

SECTION I.

DES NULLITÉS DE PLEIN DROIT.

A. Conséquences du caractère et du but de ces nullités. — **B.** Énumération des actes qui en sont frappés. Examen critique de la loi à propos de chacun d'eux. — **C.** Si les nullités de l'art. 446 sont *in rem* ou *in personam*. — **D.** Conséquences de ce que l'art. 446 édictant des nullités, doit être interprété d'une manière restrictive.

A. — L'article 446, par ses premiers mots : « Sont nuls et sans effet, etc.. » ne nous laisse aucun doute sur le caractère de la nullité qu'il édicte.

Il s'agit là d'une nullité de plein droit, et pourvu que les créanciers démontrent que l'acte qu'ils attaquent est un de ceux déterminés par l'article et a été fait dans l'époque suspecte qu'il a circonscrite, c'est assez ; ils triompheront de toute nécessité.

La loi n'a laissé au juge aucun pouvoir discrétionnaire ; la bonne foi des tiers, les circonstances dans lesquelles l'acte a été passé ne servent de rien. Le tribunal constate et la loi prononce. Il en est des actes dont nous parlons ce qu'il en est de ceux qui ont été faits par le failli après le jugement déclaratif. L'assimilation entre eux est complète ; aussi, pour ceux-là comme pour ceux-ci, nous constatons qu'ils ne sont annulables que relativement à la masse (ce sont les termes mêmes de l'art. 446), et non relativement au débiteur.

La jurisprudence fait souvent l'application de ce principe. Ainsi une hypothèque a été consentie par le failli après la cessation de paiements pour une dette antérieurement contractée, elle a été ensuite annulée sur la demande des syndics (art. 446, al. 4), puis le failli obtient un concordat qui le remet à la tête de ses affaires ; sera-t-il écarté, s'il assigne en radiation d'inscription le créancier au profit duquel il a constitué l'hypothèque qui a été ensuite annulée dans l'intérêt de la masse? Oui certainement, car par rapport à lui, cette hypothèque n'a jamais cessé d'être valable (1).

Ainsi encore, il résulte d'un arrêt de la Cour d'Orléans du 16 juin 1852, que ni le failli, ni sa femme obligée solidairement avec lui, ne peuvent se prévaloir de la nullité d'une obligation contractée par eux après la cessation de paiements ou dans les dix jours qui précèdent ; et que, au cas spécial où la femme aurait subrogé le créancier de l'obligation à son hypothèque légale, la nullité de l'engagement prononcé à l'égard de la masse n'empêchera pas la femme d'être tenue de l'exécuter sur ses biens personnels, droits, créances et reprises, dès qu'il sera exigible, et n'éteindra pas la subrogation qu'elle a consentie.

Toujours dans le même ordre d'idées, un arrêt de la Cour de Cassation du 17 juillet 1861 proclame que les syndics de la faillite ont seuls qualité pour demander la nullité des actes qui tombent sous l'application de l'art. 446.

(1) Rejet, 15 juillet 1837.

B. — Mais quels sont les actes que l'art. 446 frappe de nullité ?

Ils ont tous un caractère commun.

Ainsi ils sont tous suspects de fraude, dommageables pour la masse au détriment de laquelle ils font sortir des valeurs du patrimoine du failli, sans y faire rien rentrer. En un mot, ce sont des actes à titre gratuit, des actes que le failli ne peut loyalement faire à un moment où il a déjà cessé ses paiements ou bien où il va les cesser. L'annulation de ces actes, nous l'avons déjà fait remarquer, ne cause pas de perte à ceux en faveur desquels ils avaient été faits ; elle leur enlève seulement un gain et les prive d'un bénéfice qu'il aurait été injuste qu'ils fissent alors que tous les créanciers en auraient souffert.

Sont donc nuls et sans effet, relativement à la masse, etc., « tous actes translatifs de propriétés mobilières ou immobilières à titre gratuit ;

» Tous paiements, soit en espèces, soit par transport, vente, compensation ou autrement, pour dettes non échues, et pour dettes échues, tous paiements faits autrement qu'en espèces ou effets de commerce ;

» Toute hypothèque conventionnelle ou judiciaire, et tous droits d'antichrèse ou de nantissement constitués sur les biens du bébiteur pour dettes antérieurement contratées. »

— I. Le législateur annule d'abord les donations.

C'est qu'en effet, c'est dans ces actes que se manifeste de la manière la plus saisissante l'opportunité de son système.

Un débiteur qui a cessé ses paiements ou qui va les cesser, et qui fait des donations, est un homme déloyal, car il sait fort bien que par ses libéralités, il amoindrit ce qui lui reste, et fait sortir de son actif au détriment de ses créanciers des valeurs dont il enrichit injustement des personnes à qui il ne doit rien.

Le Code de 1808 n'annulait expressément que les donations

immobilières, de là discussion sur le point de savoir s'il s'appliquait aussi aux donations mobilières ; le Code de 1838 a éteint la difficulté. La loi dit, en effet : « tous actes translatifs de propriétés mobilières ou immobilières. » On a pensé qu'il n'y avait pas de motif pour ne pas annuler les transmissions de propriétés mobilières comme les autres, d'autant plus qu'en raison de la facilité avec laquelle elles se dissimulent, elles sont bien plus dangereuses pour la masse. Mais la rédaction ne vaut pas l'innovation, et les termes restrictifs : « *tous actes translatifs de propriétés* » ont fait douter que la loi s'appliquât dans l'hypothèse où un commerçant aurait fait des libéralités sans avoir transféré de propriété. Nous déciderons pourtant sans hésiter qu'il n'y a dans l'article 446 qu'un vice de rédaction et nous dirons que si, par exemple, un commerçant a contracté une obligation sans cause sérieuse, s'il a fait remise d'une dette, s'il a concédé gratuitement un droit d'usufruit ou de servitude ou renoncé à l'un de ces mêmes droits, il a fait des libéralités qui tombent sous le coup de l'art. 446 al. 2 et sont dès lors nulles de plein droit.

Cette solution découle d'abord de l'intention du législateur et des motifs généraux que nous avons exposés plus haut ; elle résulte aussi de l'art. 447 *a contrario*, qui en ne visant que les actes à titre onéreux, témoigne suffisamment que les actes à titre gratuit sont en dehors de la règle qu'il pose et ont été tous réglementés par l'art. 446.

Il aurait donc fallu dire au lieu de : « tous actes translatifs, etc. » ; « tous actes à titre gratuit. »

Il ne faut pas perdre de vue, dans cette matière, les règles particulières à la donation. Nous savons que la publication et l'acceptation d'une donation peuvent se trouver dans deux actes distincts, et que quand l'acceptation n'a pas lieu en même temps que la pollicitation elle doit être notifiée au donateur.

C'est seulement, suivant nous, quand cette notification a été faite que le donateur est dépouillé ; nous en concluons que toutes les fois que le donateur aura cessé ses paiements ou sera sur le point de les cesser, avant d'avoir reçu la notification de l'acceptation, la donation sera nulle de plein droit (1).

— Les donations faites en faveur du mariage tombent-elles sous le coup de l'art. 446 du C. de com.; ou bien, leur nature particulière les affranchit-elle de son atteinte?

Cette question a donné lieu à des solutions très-diverses dans la jurisprudence.

Les donations faites en faveur du mariage (par contrat de mariage ou par acte séparé) ont, en effet, un caractère mixte (2), et suivant qu'on les considère sous un aspect ou sous un autre, on est plus tenté de les rapprocher du contrat à titre onéreux, ou plus porté à les assimiler à une véritable donation.

Ainsi si l'on considère qu'elles procurent au donataire le moyen de subvenir aux charges du mariage, qu'elles sont faites sous la condition que le donataire supportera ces charges, que le donateur doit compter les intérêts des sommes qu'il a données, du jour du mariage, au cas où il n'aurait pas versé le montant de sa donation pour ce jour, enfin qu'il est obligé à la garantie envers le donataire (art. 1440 et 1547); on est amené à reconnaître que les donations faites en faveur du mariage ont beaucoup de points de ressemblance avec le contrat à titre onéreux; aussi certains auteurs ont-ils soutenu que c'était un contrat de cette sorte (3).

Mais le caractère prédominant de ces donations est cependant, suivant nous, celui d'acte à titre gratuit (4).

(1) Aubry et Rau, t. V, p. 431, — Demolombe, t. III, nos 133 et suiv. — *Contrà*. Demante, t. IV, no 71 bis. — Duranton, t. VIII, no 6.

(2) Mais il est incontestable qu'au point de vue du constituant elles sont des actes à titre gratuit. Il se dépouille sans rien recevoir.

(3) Aubry et Rau, t. III, p. 93, 94.

(4) Dans un troisième système on a voulu prétendre que la constitution de dot était un acte à titre onéreux du côté du mari et à titre gratuit du côté de la femme. On s'est fondé sur la loi 25, § 1 (42. 8), *Quæ in fraudem creditorum*. Mais le jurisconsulte n'était pas bien formel à l'égard de la femme (*quidam existimant*, etc.).

En effet, elles ne font rentrer aucun équivalent, elles sont sujettes au rapport, à la réduction (art. 1090) et à la révocation pour cause de survenance d'enfants. Enfin la personne de qui elles émanent, fût-elle l'ascendant du futur conjoint n'était nullement tenue de les faire.

Or ici puisque nous recherchons la nature d'un acte il faut surtout s'attacher au caractère prédominant qu'on trouve en lui, et puisque la donation en faveur du mariage est plutôt une donation qu'autre chose, nous appliquerons l'art. 446 et nous frapperons cette libéralité d'une nullité de plein droit.

Cette solution s'accorde très-bien avec les termes généraux de la loi : « tous actes », termes qui ne distinguent pas entre les actes à titre uniquement gratuit et ceux où le caractère de gratuité n'apparaît pas pur et qui offrent quelques analogies avec les actes à titre onéreux. Du reste, elle se justifie très-bien en raison, car à l'égard des créanciers de la masse, il n'y a aucune différence entre une donation faite en faveur du mariage, et une autre ; la première ne leur nuit pas moins que la seconde et fait sortir comme elle du patrimoine du failli une valeur qui n'y est remplacée par aucun équivalent ; les mêmes motifs militent donc dans les deux cas avec une égale force, dans le sens de la nullité absolue édictée par l'article 446 (1).

Mais tout en admettant cette opinion nous rejetons un des arguments principaux sur lesquels certains auteurs la fondent.

Ils disent : si les rédacteurs n'avaient pas compris dans l'art. 446 les donations en faveur du mariage, cet article serait une lettre morte parce que les donations ordinaires déjà très-rares de la part des non-commerçants sont presque sans exemple de la part des commerçants.

Or pour nous cette raison est sans valeur, et nous estimons

(1) Cette dernière raison nous semble tout à fait démonstrative, et elle doit subsister, quelque parti qu'on prenne sur la nature de la constitution de dot, relativement à la femme ou au mari ; car en matière de faillite le législateur se place principalement au point de vue du failli, qui est ici le constituant de la libéralité, pour apprécier les effets que ses actes produisent.

que s'il n'eût visé que les donations ordinaires, l'art. 446 eût été fort utile, car ce que le commerçant ne ferait pas habituellement, il le fera très-bien lorsqu'il sera en état de cessation de paiements, en haine de ses créanciers, ou en vue de favoriser à leur préjudice une personne qui lui est chère ou qui lui a fait espérer ses bons offices en échange (1).

— Mais peut-on faire au moins exception au principe pour les donations rémunératoires? Nous ne le pensons pas; on ne peut favoriser ceux à qui, en droit, il n'est rien dû, quelque méritants qu'ils soient, en soustrayant à d'autres une partie de ce qu'on leur doit.

II. Parlons maintenant des paiements.

Sont nuls de plein droit les paiements de dettes *non échues*.

La loi a voulu annuler ces paiements pour deux raisons. La première est que le débiteur qui paye sa dette avant l'échéance fait, en somme, une libéralité à son créancier; la seconde c'est que le débiteur qui a suspendu ses paiements ou va les suspendre, agit frauduleusement en faisant cette libéralité, car il veut favoriser un créancier aux dépens des autres.

Mais qu'est-ce qu'une dette non échue?

C'est une dette que le créancier avait le droit d'exiger en justice, ou, ce qui revient au même, que le débiteur pouvait être forcé de payer le jour même où le paiement en a été fait et reçu.

Conséquemment si le débiteur a fait un paiement anticipé pour profiter d'un escompte que lui avait promis le créancier, il a payé une dette non échue (2).

Il en est de même du cas où un commerçant ayant remis à

(1) Bravard et Demangeat, t. V, p. 128. — Dalloz, Juris. gén. V° faillite, n° 777. — Rataud à son cours. — Jurisprudence variable; mais contre notre doctrine : Req. 23 février 1845. Cass. 2 mai 1847.

(2) Delamarre et Lepoitvin, t. VI, n° 146. Bravard et Demangeat, t. V, p. 221 et suiv. — *Contrà*, Massé, t. II, n° 1222.

son créancier une reconnaissance payable à un certain délai de vue l'a acquittée à présentation (1).

Ainsi dans tous les cas où il n'y a pas exigibilité, le paiement qui serait fait au failli est un paiement anticipé et de par l'art. 446 nul de plein droit (2).

Peu importe d'ailleurs, pour l'application de l'art. 446, la nature des dettes payées ; qu'elles soient commerciales ou civiles, dès qu'elles sont non échues, le paiement qui en est fait dans les conditions que nous avons indiquées est nul relativement à la masse des créanciers.

Peu importe également le mode de paiement, que ce soit en espèces, que ce soit par transport, vente, compensation ou autrement (art. 446); s'il s'agit d'une dette non échue, cela suffit. Le législateur a vu avec défiance la dation en paiement, même lorsqu'il s'agit de dettes échues (nous en verrons les motifs dans un instant), il la déclare nulle alors pourtant qu'il maintient le paiement de semblables dettes qui aurait été fait en espèces ou effets de commerce ; à plus forte raison devait-il déclarer la dation en paiement nulle dans le cas où il déclare le paiement en espèces lui-même nul ; du reste, l'art. 446 ne laisse aucun doute sur ce point.

Mais il est indispensable de donner quelques explications sur les expressions employées par la loi ; car elle ne s'est pas servie textuellement des mots : *dations en paiement*, que nous avons employés jusqu'ici.

Il est facile de se convaincre cependant, que nous n'avons pas à réformer notre terminologie, car ce que le législateur appelle improprement un *paiement par transport* est une dation en paiement, puisque pour obtenir sa libération le débiteur cède à son créancier une créance qu'il avait sur un tiers.

Ainsi une délégation est une dation en paiement et est nulle

(1) Orléans, 26 juillet 1859.

(2) Nous verrons en expliquant l'article 447 quel est, en cas inverse, le sort du paiement fait au créancier failli, d'une dette non échue.

si elle est faite après la cessation de paiements, ou dans les dix jours qui précèdent; mais que dirons-nous si une cession a été faite avant les dix jours et signifiée après (art. 1690)? Nous pensons qu'elle est valable, car elle n'est pas frauduleuse et dès lors elle ne peut être atteinte par une loi qui comme la nôtre ne détruit que les actes frauduleux (1).

De même quand le débiteur vend à son créancier un meuble ou un immeuble moyennant sa libération, il a fait une dation en paiement, il a éteint sa dette par ce moyen.

Par application de cette idée, nous dirons que si un commerçant a envoyé des marchandises en paiement à son créancier, qu'il les lui ait expédiées purement et simplement ou qu'il lui ait donné mandat de les vendre et de se payer sur le prix, il a fait une dation en paiement (2).

Il faut dire encore que le paiement par compensation, c'est-à-dire celui dans lequel le débiteur se libère en abandonnant en échange de ce qu'il doit à son créancier la créance qu'il a sur lui (en lui donner quittance, par exemple), est une dation en paiement.

Il est évident que le législateur n'a entendu s'occuper dans l'art. 446 que de la compensation conventionnelle, facultative; notre article n'a pas pu viser la compensation légale.

Une fois, en effet, les conditions de l'art. 1291 réunies, l'état de cessation de paiements de l'un des *créanciers-débiteurs* ne peut empêcher la compensation de se produire.

Les auteurs de la loi de 1838 l'ont reconnu formellement (3) et leur déclaration sur ce point pouvait d'ailleurs se suppléer aisément. Car la fraude qu'ils ont voulu déjouer par l'art. 446 ne peut avoir lieu dans la compensation légale qui est l'œuvre non des parties, mais de la loi elle-même

— L'art. 446 n'a pas donné une énumération complète, les

(1) Demangeat, t. V, p. 228. — *Contrà*, Bédarride, t. I, nos 113 et suiv. — Renouard, t. I, p. 378 et suiv.

(2) Cass. 30 mai 1848.

(3) Séance du 29 mars 1838.

mots : « ou autrement », nous le démontrent et laissent aux juges toute latitude.

Aussi si un commerçant a acheté des marchandises qui lui ont été livrées et ont été transportées dans ses magasins, et que ne pouvant les payer il a rendu les marchandises à ses vendeurs pour se libérer, il y a là *un paiement par résolution* qui donne ouverture à l'application de l'art. 446.

Nous avons parlé jusqu'ici des dettes non échues, au cas où la dette est échue la théorie change et la sphère d'action de la nullité de plein droit diminue. L'art. 446 s'exprime ainsi : « Sont nuls tous paiements faits pour dettes échues autrement qu'en espèces ou effets de commerce ».

Pourquoi donc se montrer plus rigoureux pour les dations en paiement que pour les paiements ?

Il y en a plusieurs raisons.

Le débiteur qui paye sa dette suivant les termes de son obligation fait un acte qu'il est forcé de faire De même le créancier qui reçoit son paiement est tenu de le recevoir. Ils ne sont donc ni l'un ni l'autre suspects, puisqu'ils n'ont rien fait que de très loyal et de très naturel, puisqu'ils ne sont arrivés à l'extinction de l'obligation que par la voie normale et prévue.

Mais quand le débiteur donne à son créancier, au lieu de ce qu'il doit payer, un équivalent que celui-ci pourrait refuser et qu'il a néanmoins accepté, c'est qu'il y a entre eux un accord de volontés qu'on peut soupçonner justement, car rien ne montre que l'objet presté n'a pas une valeur supérieure à celle de l'objet dû, et que le débiteur n'a pas dès lors avantagé son créancier.

Et puis, il est impossible que l'état du débiteur ne soit pas révélé au créancier par l'offre qui lui est faite de le désintéresser au moyen de l'abandon d'objets mobiliers ou immobiliers ; sa bonne foi ne peut plus être entière en présence d'une offre si significative, tandis que quand il reçoit ce qui lui est dû, ce n'est certes pas par ce paiement qu'il pourra apprendre que son débiteur fait de mauvaises affaires, et on devra le supposer de bonne foi jusqu'à preuve contraire.

Ces considérations expliquent donc très bien la loi, du moins pour le paiement en espèces. La loi assimile à ces paiements les paiements en effets de commerce qui ne sont pourtant, en dernière analyse, que des dations en paiement. L'assimilation se justifie par la remarque que les effets de commerce, lettres de change, billets à ordre, tiennent véritablement lieu de monnaie métallique, et que ce mode de libération, bien qu'il exige le consentement du créancier, est passé profondément dans les usages commerciaux.

Nous déciderons par voie d'analogie, que si un commerçant qui a un compte chez un banquier et qui paye d'habitude ses créanciers par des bons sur ce banquier, a remis depuis la cessation de paiements ou dans les dix jours qui précèdent, un de ces bons à l'un d'eux pour le payer de ce qu'il lui doit, il a payé valablement (1).

III. La dernière catégorie d'actes nuls de plein droit comprend toutes les hypothèques conventionnelles ou judiciaires, tous les droits d'antichrèse ou de nantissement constitués sur les biens du débiteur *pour dettes antérieurement contractées.*

Ces derniers mots constituent une innovation très-importante. Sous l'empire de la déclaration de 1702, toutes les causes de préférence qui n'avaient pas été constituées dix jours au moins avant que la faillite ne fût *publiquement connue*, étaient nulles de plein droit.

Le Code de 1808, art. 443, avait adopté la règle absolue de cette déclaration, il était général dans sa prohibition tant à l'égard des personnes qu'à l'égard des causes de préférence; « nul ne peut acquérir privilége ou hypothèque » ; disait-il.

Un système aussi rigoureux avait produit de graves inconvénients et de graves injustices, et les jurisconsultes avaient

(1) Bédarride, t. I, n° 113 bis. — Demangeat sur Bravard, t. V, p. 229.

cherché bien des moyens, tous arbitraires, de tourner et d'éluder la loi.

Le défaut des rédacteurs du Code de 1808 et de l'ordonnance de 1702 avait été de confondre deux cas bien distincts ; celui où un créancier qui n'a d'abord demandé aucune garantie s'est fait constituer depuis la cessation de paiements une hypothèque pour sûreté d'une dette préexistante et celui où un créancier a fait de cette hypothèque, de cette sûreté, la condition même de son contrat. Si l'on comprend, en effet, la disposition de la loi pour le premier cas où la constitution d'hypothèque n'intervenant qu'après coup et venant favoriser un créancier qui n'a droit à rien, a tous les caractères d'un acte purement gratuit, on ne la saisit plus dans le deuxième cas, quand elle vient scinder un contrat qui doit former un tout indivisible, supprimer une de ses conditions et maintenir les autres sans prendre souci de ce que la clause qu'elle détruit a été précisément la cause déterminante de celles qu'elle laisse subsister.

Le système admis jusqu'en 1838 n'était pas seulement illogique, il avait un inconvénient pratique des plus graves. Le crédit des commerçants, eussent-ils eu quantité d'immeubles de grande valeur, était paralysé.

Car quand on voyait les commerçants emprunter, on supposait une gêne dans leurs affaires, et craignant qu'ils ne fussent dans la période où l'hypothèque qu'ils venaient offrir eût été nulle, craignant, en un mot, que la faillite n'éclatât dans les dix jours, on leur refusait tout prêt et tout secours.

La loi de 1838 a rétabli les vrais principes sur ce point, elle a distingué entre le cas où l'hypothèque est consentie après coup pour une dette préexistante, et le cas où elle est constituée par le contrat même qui donne naissance à la créance à laquelle elle est attachée. Dans le premier cas, elle est nulle ; dans le second, elle est valable.

On peut reprocher à la loi de s'être exprimée ici d'une manière quivoque, par ces mots : « pour dettes antérieurement contractées » ; aussi certains auteurs ont prétendu que l'innovation admise par elle n'avait d'application qu'au cas où la dette aurait été contractée antérieurement aux dix jours qui précèdent la cessation des paiements.

Mais outre que cette interprétation a été repoussée lors de la discussion de la loi en 1838 (1) ; on ne comprendrait pas la distinction de la loi sur ce point, car la validité de la dette n'étant pas contestée dans notre espèce, ce qui est en question est simplement de savoir si l'hypothèque consentie en même temps que la dette prenait naissance, sera valable comme elle ; or les motifs que nous avons exposés plus haut nous conduisent à donner la même solution dans les deux cas (2).

— L'ancien article 443 prohibait aveuglément toutes les hypothèques, même les hypothèques légales. L'article 446 a montré, par son silence à leur égard, qu'il n'avait pas reproduit cette prohibition. C'est, du reste, la conséquence de son système, car pour que l'hypothèque soit nulle de plein droit, aux termes de l'art. 446, il faut qu'elle résulte d'un acte distinct de la créance ; or, l'hypothèque légale, toute de faveur, attachée à la créance du mineur, de la femme mariée ou de l'Etat, etc., sera toujours concomittante à la naissance de ces créances, et, à ce titre, ne tombera pas sous le coup de la nullité.

La loi est moins logique, quand elle soumet à la même règle que l'hypothèque conventionnelle, l'hypothèque judiciaire. Sans doute, cette dernière a, comme la première, ce trait commun de ne pas prendre sa source dans la faveur attachée par la loi à la créance ; mais, à un autre point de vue, il y a une dissemblance complète.

Ainsi, jamais l'hypothèque judiciaire ne peut être concomittante à la créance proclamée par le jugement, car cette

(1) Rapport de Quénault.

(2) Demangeat sur Bravard, t. V, p. 230. — Dalloz V° faillite, n° 294. — *Contrà*, Renouard, t. I, p. 284. — Cour de Poitiers, 16 janv. 1860.

créance est simplement constatée par lui, et l'on sait qu'il ne peut pas la créer ; dans ce cas, l'hypothèque est donc toujours constituée pour une dette antérieurement contractée ; alors que signifie la distinction posée par l'art. 446 ?

Elle signifie que toute hypothèque judiciaire est nulle si le jugement d'où elle résulte est rendu depuis la cessation des paiements ou dans les dix jours qui précèdent.

Or, cette conséquence qu'on ne peut dénier, amène des résultats désastreux et contraires au principe de l'égalité entre les créanciers.

Supposons que deux demandes contre un commerçant ont été présentées le même jour, l'une à un tribunal civil, l'autre à un tribunal de commerce. En raison de la marche rapide de la procédure commerciale, ou, même en supposant qu'on ait agi devant deux tribunaux de même compétence, en raison de ce que le rôle de l'un est moins chargé que celui de l'autre, l'un a statué avant l'autre. Si la première décision a eu lieu avant les dix jours qui précèdent la cessation de paiements, elle emportera une hypothèque valable ; et si la deuxième n'est rendue qu'après cette époque, elle n'aura plus cet effet.

Ainsi l'hypothèque, dans ce cas, est accordée à un créancier et pas à l'autre, bien qu'ils méritent tous deux une égale protection, bien qu'ils aient agi tous deux le même jour, suivant un pur hasard et tout simplement parce que les juges devant lesquels s'est présenté le second créancier, ont rendu leur sentence quelques instants plus tard !

— L'art. 446 ne parle pas des priviléges. Ce silence s'explique très-bien, il vient de ce que le privilége est une qualité de la créance, qu'il en suit toujours le sort, qu'il sera nul ou valable suivant que cette créance sera maintenue ou annulée.

— Cependant, tout en exceptant de la nullité de plein droit les créanciers privilégiés, l'art. 446 laisse dans la règle les créanciers nantis, le créancier gagiste.

Le privilége du gagiste, en effet, est indépendant de la qualité de la créance, il est fondé sur la convention, il peut être constitué exactement comme l'hypothèque conventionnelle, par un contrat distinct de celui qui a donné naissance à la créance et pour garantir toute sortes d'obligations ; il y a donc même raison de l'annuler.

Du reste, en examinant bien la nature du gage, on peut se convaincre qu'il a beaucoup plus de ressemblance avec les hypothèques qu'avec les privilèges. Lorsque, par exemple, un objet a été donné en gage à plusieurs personnes, pour apprécier le droit de préférence des créanciers gagistes on n'examinera pas quelle est la qualité de leurs créances, on appliquera la règle « *potior tempore, potior jure.* »

Les rédacteurs de l'art. 446 ont donc mis le gage à sa véritable place en le traitant comme l'hypothèque conventionnelle. Par conséquent, si un débiteur aujourd'hui en faillite, a donné en gage une chose corporelle, il suffit que l'acte constitutif de gage ait date certaine plus de dix jours avant la cessation de paiements pour que la nullité de plein droit soit inapplicable. La remise effective de la chose peut d'ailleurs être postérieure à la cessation des paiements

De même, il suffit que l'acte constitutif du transport d'un droit de créance en garantie ait date certaine avant les dix jours qui précèdent la cessation de paiements, pour qu'il soit valable, et la signification du transport peut très bien avoir lieu plus tard (1).

— La nullité de l'art 446 atteint aussi l'antichrèse constituée depuis la cessation de paiements ou dans les dix jours précédents.

Le Code de 1808 (art. 443) n'en parlait pas, probablement parce qu'il considérait que l'antichrésiste ne faisant son profit que des fruits et, n'étant pas préféré sur le prix, il était peu utile d'annuler l'antichrèse.

(1) Demangeat, t. V, p. 249. — Cass. 19 juillet 1848.

Mais il avait oublié que si l'antichrésiste n'a aucun droit sur le prix de l'immeuble, il peut en empêcher au moins la vente, qu'il a sur lui un droit de rétention tant qu'il n'a pas reçu intégralement son paiement, et, en attendant, qu'il peut en percevoir les fruits par imputation sur sa créance.

La loi nouvelle, frappée de ces inconvénients, admet donc pour l'antichrèse la même nullité que pour l'hypothèque conventionnelle (1) ; il était, en effet, par trop choquant qu'une dette qu'on n'aurait pu garantir par une constitution d'hypothèque opposable à la masse, pût recevoir cette sûreté spéciale : l'antichrèse, dont nous venons de montrer les effets préjudiciables pour la masse.

— Mais si les nullités frappent les hypothèques consenties par le failli dans les dix jours qui précèdent la cessation de paiements et depuis cette époque ; les mots : « constitués sur les biens du débiteur » nous apprennent, au contraire, qu'elles ne s'appliqueront pas si c'est un tiers qui est venu consentir des droits sur ses biens, en garantie de la dette du commerçant qui a cessé ses paiements. Car ici la masse n'a pas à se plaindre de ce que la position d'un créancier se trouve améliorée, puisque ce n'est pas au détriment de l'actif du failli et qu'elle n'en souffre pas.

— Les termes de l'art. 446 à cause de leur généralité, donnent lieu à une question plus importante. Cet article annule de plein droit les hypothèques constituées par le débiteur pour dettes antérieurement contractées ; mais si la dette est échue quand le débiteur consent l'hypothèque, faudrait-il maintenir cette solution ? Sans aucun doute, d'abord l'art. 446 ne distingue pas, et, du reste, de ce qu'on peut payer valablement une semblable dette par la prestation de la chose due, on ne peut conclure qu'on puisse la garantir par une hypothèque, car le créancier qui, au lieu de paiement, accepte du débiteur une

(1) Cette assimilation est un argument de plus en faveur de la réalité du droit d'antichrèse.

hypothèque ne peut certes pas plus invoquer sa bonne foi que celui qui le tient quitte en acceptant de lui une dation en paiement.

Le fait de constituer une sûreté, alors qu'on doit payer, ne démontre-t-il pas plus énergiquement encore que le fait de ne pas payer à l'échéance, l'impossibilité du paiement.

Toutefois, la loi s'est montrée vraiment trop rigoureuse au cas de dettes échues, aussi bien pour les dations en paiement que pour les constitutions d'hypothèques, en annulant celles qui ont été faites dans la période des dix jours qui précèdent la cessation de paiements. Assurément ici, on ne peut dire qu'il y a eu de la part du créancier, connaissance de la cessation de paiements, puisque cette cessation n'existait pas encore. Le tort de la loi est donc en ce qui regarde les dettes échues d'avoir assimilé les dations en paiement et les constitutions de sûretés, actes évidemment à titre onéreux, dans ce cas, à des actes à titre gratuit; et c'est pourtant ce qu'elle a fait en les annulant de plein droit lors même qu'elles sont antérieures à la cessation de paiements.

C. — Les nullités de plein droit dont parle l'art. 446 peuvent être opposées et à ceux qui ont traité directement avec le débiteur et à leurs ayants cause à titre particulier ; et cela sans distinguer (sinon au point de vue de l'application de l'art. 2279, Cod, civ.) si ces tiers sont ou non de bonne foi. Le texte de l'art. 446 nous amène fatalement à cette conclusion ; sa formule, en effet n'est limitée que quant aux personnes qui peuvent se prévaloirde la nullité ; elle ne l'est pas quant à celles à qui on peut l'opposer et l'on ne peut trouver une manière de s'exprimer plus significative : (« sont nuls et sans effet... ») que celle qu'il a employée.

En un mot, la nullité est *in rem*, les actes qui en sont frappés sont censés n'avoir jamais existé par rapport à la masse. Le cessionnaire qui aurait acquis à titre onéreux et de bonne foi du contractant primitif, bien qu'il soit digne d'intérêt, ne serait pas recevable à invoquer son ignorance de la cessation de paiements, car son auteur n'a pu lui transmettre plus de droits qu'il n'en avait lui-même. Les actes déclarés nuls par l'art. 446, n'ont donc pas plus d'effet que s'ils émanaient d'un *non dominus*.

D. — Nous ajouterons sur l'art. 446 une observation générale ; c'est que comme toute disposition qui prononce des nullités, il doit être interprété d'une manière restrictive et doit s'appliquer seulement au cas qu'il prévoit expressément et pas à d'autres.

SECTION II.

DES NULLITÉS SUBORDONNÉES A LA CONNAISSANCE DE LA CESSATION DE PAIEMENTS.

A. Exposé du système de la loi. Caractère de ces nullités. — **B.** Comparaison avec les nullités de l'art. 446. — **C.** Questions controversées. — **D.** Cas réglementé d'une manière spéciale par le législateur (action en rapport au cas de paiement d'une lettre de change). — **E.** Si les actes faits avant les dix jours qui précèdent la cessation de paiements sont absolument inattaquables de la part des créanciers du failli.

A. — Il n'y a que certains actes qui puissent être frappés des nullités absolues de l'art. 446 ; ils ont été soigneusement déterminés par la loi elle-même ; ce sont les actes à titre gratuit ou des actes qui ont été mis sur le même rang qu'eux comme aussi suspects qu'eux et aussi dommageables à la masse.

Au contraire, tous les actes que le débiteur a pu faire et qui sortent de cette classe, tous les actes que suppose et que nécessite l'exercice régulier du commerce, comme par exemple : le paiement des dettes échues, les aliénations, l'exécution des obligations contractées, peuvent être atteints par les nullités de nouvelle espèce dont parle l'art. 447 du Code de commerce.

Ces actes, en effet, peuvent causer dans certain cas un préjudice considérable à la masse, l'intérêt qu'elle mérite commandait donc à la loi de les apprécier avec la plus grande sévérité et de les annuler quand ils n'étaient pas irréprochables.

Elle ne pouvait pas cependant frapper d'une nullité inflexible tout ce que le débiteur avait fait jusqu'au jugement déclaratif, car par une semblable disposition elle n'eût pas tenu assez compte de la bonne foi des tiers qui n'ont peut-être pas eu connaissance de la cessation de paiements ; d'autre part elle ne pouvait pas ne pas prendre en considération que les tiers avaient pu connaître cette cessation, car, en fait, ils pouvaient en avoir été avertis.

Quel parti prendre dans ces circonstances ?

On eût laissé, de côté en ce qui concerne les créanciers le système de garanties et de protection spéciale que la loi leur accorde constamment en matière de faillite, si on leur eût appliqué le droit commun en les astreignant à prouver que le débiteur avait agi en fraude de leurs droits et que les tiers avaient été les complices de sa fraude ; aussi, a-t-on adopté un autre système :

A l'égard du débiteur, les créanciers n'ont rien à prouver. Cela se conçoit très-bien, on ne pouvait les forcer, par exemple, à démontrer qu'au moment où l'acte attaqué est intervenu le débiteur savait qu'il était en état de cessation de paiements ; car cet état est son fait, il n'a pu légalement l'ignorer, dans tous les cas s'il l'a ignoré, il est en faute (1).

Et puis cette preuve une fois administrée, on n'en pouvait pas légalement conclure que le débiteur avait fraudé, car il peut avoir cessé ses paiements et être encore solvable.

A l'égard des tiers, ils n'ont à prouver qu'une chose, c'est la connaissance que ces tiers ont eue de la cessation des paiements au moment où ils ont reçu du débiteur, ou contracté avec lui. Ce fait démontré, la mauvaise foi des tiers est présu-

(1) Conf. art. 438, 456.

mée. Dans cette hypothèse, en effet, ils ont commis sciemment une infraction à la règle de l'égalité qui doit régner désormais entre les créanciers, et c'est assez. La fraude d'ailleurs ne se conçoit guère ici. Car on ne peut pas dire que celui qui a reçu ce qu'on lui devait, même à une époque postérieure à la cessation de paiements a fait un acte frauduleux ; cela est si vrai que, en droit civil, comme on le faisait déjà d'ailleurs en droit romain, on maintient le paiement fait à l'échéance quand même celui qui l'a reçu aurait connu l'insolvabilité de son débiteur et le tort qu'il causait ainsi aux créanciers de celui-ci ; mais la mauvaise foi se conçoit au contraire fort bien, aussi lorsqu'un paiement ou un acte à titre onéreux aura été annulé en vertu de l'art. 447, le tiers obligé de restituer à la masse ce qu'il a reçu du failli devra payer les intérêts ou les fruits de la somme ou de la chose qu'il a dû rapporter, depuis le jour où il avait été mis en possession (arg. art. 1378, C. civil).

— De ce que les tiers sont à l'abri des nullités de l'art. 447 pour les actes que vise cet article, quand on ne peut pas démontrer la connaissance de la cessation de paiements, il résulte que ces nullités ne peuvent s'appliquer aux actes antérieurs à la cessation de paiements, quand même ils se placeraient dans les dix jours qui précèdent, car évidemment les tiers n'ont pas pu avoir connaissance de ce qui n'existait pas encore.

On pouvait bien, comme on le fait pour les nullités de plein droit, faire remonter la nullité antérieurement à la cessation de paiements, quand elle était fondée sur le caractère même de l'acte ; mais on ne le pouvait pas quand pour la faire valoir on était obligé de s'appuyer sur le fait des tiers d'avoir connu cette cessation puisque, encore une fois, elle n'existait pas.

— Les juges auront donc à examiner d'abord si les tiers ont été ou non de bonne foi, c'est-à-dire s'ils ont connu ou non la cessation de paiements du failli ; mais même au cas où il serait manifeste que le tiers en était averti au moment où l'acte attaqué est intervenu, il n'y aura pas là une cause de nullité nécessaire; les juges pourront encore ne pas la prononcer (arg. des mots : « pourront être annulés »); et c'est même ce qu'ils devront faire si l'acte n'a causé à la masse aucun préjudice. Ce pouvoir discrétionnaire leur a été formellement reconnu lors de la discussion de la loi et le mot : « pourront », qu'on attaquait, a été maintenu à dessein dans la rédaction définitive.

Avec la solution contraire on fût arrivé à bien des injustices. Ainsi, par exemple : le failli a vendu un meuble, et avec le prix de cette vente il a racheté un autre meuble de même valeur qu'il peut représenter au moment où sa faillite est déclarée. — Il y aurait une iniquité flagrante à forcer le tiers acquéreur à rapporter la chose qu'il a achetée à la masse et à ne recevoir en échange qu'un simple dividende, puisqu'on enrichirait ainsi la masse à ses dépens. La jurisprudence est unanime en ce sens et elle ne prononce jamais ici la nullité des actes du failli sans établir que ces actes lèseraient la masse s'ils subsistaient. Aussi, tout arrêt qui admet la nullité de l'art. 447 et ne la motive pas sur le préjudice causé à la masse en même temps que sur la connaissance qu'ont eue les contractants de la cessation de paiements est invariablement cassé par la Cour suprême.

Il est cependant des actes pour lesquels il est inutile d'admettre spécialement la double preuve dont nous parlons ; ce sont ceux qui emportent avec eux-mêmes la certitude d'un préjudice pour les créanciers; un paiement, par exemple, devra être annulé quand il sera simplement démontré que le créancier qui l'a reçu connaissait l'état de cessation de paiements du failli, car un paiement fait dans ces conditions prive les autres créanciers de la part contributoire qu'ils avaient droit d'espérer lors de la répartition (1).

(1) Bravard et Demangeat, t. V, p. 262. — Delamarre et Lepoitvin, t. VI, n° 180. — Bédarride, t. I, n° 110. — Cour de Lyon. 4 févr, 1860. —

B. — En résumé il y a entre les nullités de l'art 446 et celles de l'art. 447 les différences suivantes :

1° Les nullités de l'art. 446 sont des nullités de plein droit, elles s'imposent au juge ; celles de l'art. 447 sont facultatives pour lui.

2° Les premières ne frappent que certains actes en raison de leur nature ; les secondes peuvent atteindre tous les actes préjudiciables à la masse, sans distinction.

3° Les premières s'appliquent nonobstant la bonne foi des tiers ; les secondes n'ont pas d'effet si les tiers ont ignoré la cessation de paiements de celui avec lequel ils ont contracté.

4° Les premières peuvent atteindre des actes passés dans les dix jours qui précèdent la cessation de paiements ; les secondes ne peuvent remonter au delà de cette cessation.

5° Enfin si les unes et les autres peuvent être invoquées contre les ayants-cause, les premières diffèrent des secondes en ce qu'elles sont *in rem*, qu'elles frappent l'acte, abstraction faite des personnes, tandis que dans les secondes on doit démontrer que la personne même contre laquelle on les demande (au moins en ce qui concerne les ayants-cause à titre onéreux) avait connaissance de la cessation de paiements (2).

— On pourrait être tenté, si l'on ne faisait qu'une simple lecture comparative des art. 446 et 447 d'ajouter une sixième différence et de dire que les nullités de l'art. 446 seules ne

Angers, 23 avril 1861 — Cassation, 24 décembre 1850. — Rég. 17 avril 1861.

(2) Cette affirmation comporte les développements qui suivent :

Le fait de la connaissance de la cessation de paiements, il faudra donc l'établir contre le cessionnaire, l'ayant-cause du tiers qui a traité directement avec le débiteur ; la connaissance de la cessation de paiements, en un mot, doit se rencontrer dans la personne de celui contre qui on demande la nullité, pour que cette nullité réussisse. C'est qu'il y a simplement ici nullité pour réparation du tort causé à la masse, pour infraction à la règle de l'égalité.

Mais il faut dire que si le tiers même qui a traité avec le débiteur, ou l'un de ses cessionnaires, a ignoré la cessation de paiements, sa bonne

peuvent être invoquées que par la masse des créanciers; mais la différence ne pourrait pas s'expliquer. Pas plus que l'art. 446, l'art. 447 n'a été fait dans l'intérêt du failli, qui ne peut donc jamais se prévaloir des nullités qu'il édicte (1).

C. — L'art. 447 ainsi que nous l'avons constaté est bien général : « Tous autres paiements et tous autres actes à titre onéreux, etc. », dit-il. Cependant on s'est demandé si le paiement fait à la suite d'une saisie pratiquée par le créancier pourrait être atteint par la nullité de l'art. 447; la raison de douter c'est que ce paiement n'est pas spontané, qu'il est arraché, en quelque sorte. Mais la raison de décider dans le sens de l'affirmative est que la position des créanciers est fixée d'une manière invariable par la cessation de paiements et que du moment qu'ils la connaissent, ils ne peuvent obtenir aucune faveur que repousse le principe de l'égalité de condition entre les créanciers en matière de faillite.

On s'est encore posé la question de savoir si les actes à titre onéreux dont parle l'art. 447 comprennent le partage auquel un commerçant aurait participé depuis la cessation de paiements.

Certains auteurs appuient la négative sur les raisons suivantes : les copartageants trouvent leurs droits dans leur qualité d'héritier qu'ils tiennent, soit de la loi, soit d'une institution faite par un tiers, ils ne sont pas les uns à l'égard des autres, des créanciers et des débiteurs, ils sont des copropriétaires de choses à partager. Les communistes qui n'ont jamais été les créanciers du failli restent donc en dehors de la faillite, ils n'ont reçu dans le partage que ce que la masse elle-même eût été obligée de leur donner, d'autre part, ils sortent de cette situation qui n'est pas leur œuvre par un acte : le partage, dont

foi couvre les cessionnaires postérieurs, qu'ils aient ou non connu cette cessation.

En sens contraire, il faut dire que l'ignorance de la cessation de paiements ne sert de rien au cessionnaire à titre gratuit.

Ces solutions ne sont d'ailleurs que les applications de celles qui sont admises en droit civil, sur l'art. 1167.

(1) Dalloz, *Jurisprud. gén.* V° faillite, n° 325.

les effets sont purement déclaratifs et non translatifs. Dès lors, il faut dire, si toutefois les opérations ont été régulières et sincères, que le partage est parfaitement valable, car il n'a opéré ni transmission (soit à titre gratuit, soit à titre onéreux), ni paiement, ni dation de paiement; et qu'il est, de ce chef, en dehors des actes visés par l'art. 447.

Du reste, ajoute-t-on, les créanciers du copartageant ont le droit de s'opposer à ce que le partage soit fait hors de leur présence, de réclamer, en un mot, tous les bénéfices qui leur sont conférés par l'art. 882, C. civil; ces dispositions de la loi en leur faveur ont été prises une fois pour toutes et sont la règle générale applicable à tous les cas.

Ce système est très-séduisant. néanmoins nous ne l'adopterons pas. Le partage, en somme, peut très-facilement être fait de manière à nuire aux créanciers du copartageant qui a cessé ses paiements; voilà déjà un motif de protéger les créanciers du failli au moyen de l'art. 447.

Reste donc à savoir si l'art. 882 du Code civil est absolu et si le législateur n'a pas eu des motifs spéciaux d'y déroger en réalité comme il le fait en apparence, en employant des mots aussi larges que ceux-ci : « *actes à titre onéreux.* »

Ces motifs, il les a eu, car les garanties qu'il accorde aux créanciers du copartageant dans l'art. 882 deviennent des instruments inutiles lorsque ce copartageant est un commerçant failli. Comment, en effet, tous les créanciers ordinairement si nombreux d'un commerçant seront-ils avertis de l'ouverture de la succession à partager? Comment pourront-ils surveiller le partage, puisque les agents chargés de veiller aux intérêts de la masse ne sont pas encore désignés? On ne doit donc pas leur reprocher d'avoir, par leur silence, ratifié les opérations du partage.

Et puis, au profit de qui les écarterait-on? Au profit des cohéritiers? Mais assurément, ces cohéritiers ne méritent pas cette faveur, eux qui connaissaient la cessation de paiements et savaient que leur mode de partage causait un préjudice à la masse des créanciers de l'un d'eux.

Si donc ils n'ont pas, à l'époque du partage, mis en demeure tous les créanciers de celui d'entre eux qui avait déjà suspendu ses paiements, leur acte de partage ne sera pas irrévocable (1).

Ces actes, le paiement fait à la suite d'une saisie, le partage, sont donc prévus implicitement par l'art. 447 et il n'y a pas de distinction à faire pour eux.

D. — Il n'en est pas de même d'un acte à titre onéreux que le législateur a eu soin de prévoir et de réglementer d'une manière toute spéciale dans l'art. 449. Nous voulons parler du paiement d'une lettre de change ou d'un billet à ordre, effectué à l'échéance, mais après la cessation de paiements, par le tiré ou par le souscripteur.

L'ancien texte du Code de 1808 ne faisait aucune distinction pour ce cas, le porteur devait rapporter la somme payée toutes les fois qu'au moment où il l'avait touchée il avait eu connaissance de la cessation de paiements du tiré ou du souscripteur.

Le porteur, avait-on dit, ne peut mériter la faveur d'une dérogation au principe général de l'exigibilité, quand le vendeur lui-même subit ce principe aussi rigoureusement que les autres créanciers.

C'était raisonner à faux. En effet, la base des nullités que nous étudions, ce n'est point le plus ou le moins de faveur qui peut être attaché à une créance ; c'est le principe d'égalité qui ne veut pas qu'un créancier puisse recevoir son paiement d'un débiteur qui ne paie plus personne ; et voilà pourquoi on soumet ce créancier à l'obligation du rapport et on le remet dans la situation où il serait s'il n'avait rien touché.

Mais au moins faut-il qu'il soit replacé dans cette situation ;

(1) Bravard et Demangeat, t. V, p. 265. — *Contrà*, Colmar, 19 janvier 1856. — Bédarride, t. I, n° 120 bis.

or, ce résultat ne peut être atteint relativement au porteur qui se trouverait, si on le forçait au rapport, dans une situation moins bonne que s'il n'avait jamais rien reçu.

La raison en est que lorsque le porteur d'un effet éprouve un refus de paiement, il a une ressource : il peut exercer contre le tireur et les endosseurs de l'effet une action en recours (art. 164), à la condition qu'il l'exercera dans un bref délai (art. 165), et que le lendemain de l'échéance il ait fait constater le refus de paiement par un protêt ; mais quand on l'a payé à l'échéance, il n'y a pas de protêt possible, il n'y aura donc pas de recours possible et le porteur se trouvera ainsi avoir été obligé de rendre ce qu'il a reçu, ce qu'il a été forcé de recevoir, et avoir perdu sans sa faute la garantie sur laquelle il avait compté au cas où on ne l'aurait pas payé à l'échéance.

On ne pouvait d'ailleurs maintenir en faveur du porteur cette garantie qu'il eût conservé par un protêt, car il eût été injuste à l'égard du tireur et des endosseurs de prolonger longtemps un recours déjà fort rigoureux ; et d'autre part, dans bien des cas, ce recours eût perdu toute son efficacité puisque entre l'époque de l'échéance et le moment où l'on annule les paiements, il a pu s'écouler un très-long intervalle pendant lequel la solvabilité des garants a pu se perdre.

C'était donc le porteur de l'effet de commerce que le Code de 1808 sacrifiait aux autres créanciers, sous prétexte de les traiter tous avec égalité.

Une semblable législation paralysait la circulation des effets de commerce ; la loi nouvelle remédia à cet état de choses par la disposition qui suit :

« Dans le cas où des lettres de change auraient été payées après l'époque fixée comme étant celle de la cessation de paiements et avant le jugement déclaratif de faillite, l'action en rapport ne pourra être intentée que contre celui pour le compte duquel la lettre de change aura été fournie.

» S'il s'agit d'un billet à ordre, l'action ne pourra être exercée que contre le premier endosseur.

» Dans l'un et l'autre cas, la preuve que celui à qui on demande le rapport avait connaissance de la cessation de paiements à l'époque de l'émission du titre devra être fournie. »

Désormais le porteur est donc à l'abri de toute demande en rapport alors même qu'il aurait eu connaissance de la cessation de paiements; le paiement qui lui a été fait reste valable. Mais une action de cette nature pourra être dirigée contre celui pour le compte duquel la lettre de change a été fournie.

Ainsi pas d'action en rapport contre le porteur, nous en avons indiqué la raison; peu importe que le tiré ait payé le jour même de l'échéance ou quelques jours après, lorsque le protêt a déjà eu lieu ; les législateurs de 1838 ont voulu surtout favoriser la circulation des effets de commerce et ils l'ont fait en déclarant valable sans distinction tout paiement fait à un tiers porteur.

Le texte de l'art. 449 est si général, que nous irons même jusqu'à décider qu'aucun recours ne pourra être exercé contre le porteur au cas où le tiré ayant refusé de payer et le protêt ayant eu lieu, le tireur aurait payé le montant de la lettre; ce tireur fût-il d'ailleurs en état de cessation de paiements et le porteur eût-il connu cette circonstance (1).

Mais pourquoi permettre contre le tireur, ajoutons : ou contre le donneur d'ordre (2) quand il y a un tireur pour compte, une action en rapport de la somme payée ?

C'est parce que c'est à ce tireur, en définitive, que profite le paiement, car le paiement le libère de ses obligations envers le preneur, c'est l'équivalent de la valeur qu'il a perçue de lui au moment de la transmission ; le preneur ne lui a remis cette valeur que pour la recouvrer contre le tiré, de telle

(1) Cassation, 16 juin 1846.

(2) La formule générale de la loi : « contre celui pour compte duquel, etc. » a été employée pour prévenir tout doute sur ce point.

sorte que si ce dernier n'effectue pas le paiement, le tireur sera soumis à un recours de la part du porteur ; on peut donc dire que quand le montant de la lettre a été payé au porteur, c'est le tireur qui en bénéficie principalement, car il est censé avoir touché la somme par les mains d'un mandataire.

C'est ainsi que se justifie pour le tireur l'obligation au rapport ; mais à quelles conditions en sera t-il tenu ? L'art. 449 nous répond : « La preuve que celui à qui on demande le rapport avait connaissance de la cessation de paiements à l'époque de l'émission du titre, devra être fournie. »

A l'époque de l'émission du titre : Pourquoi pas au moment du paiement ? N'est-ce pas à ce moment que naît l'obligation au rapport ? N'est-ce pas à ce moment que le porteur aurait eu un recours contre le tireur s'il avait éprouvé un refus ? A ce moment que le tireur touche en quelque sorte le montant de la lettre par les mains du porteur ?

Mais on ne pouvait guère s'attacher à cette idée, car après l'émission du titre, le tireur n'est plus le maître de ce qui arrive, il devient étranger à la lettre et ne peut dès lors être responsable de ce qui se passe en dehors de lui Il fallait donc apprécier sa bonne ou sa mauvaise foi au moment où il intervenait activement et c'est pourquoi on s'est placé pour le faire au moment de l'émission du titre.

Ce système qui semble assez rationnel au premier abord, ne se justifie cependant pas dans toutes les hypothèses. La loi n'a, en effet, qu'une règle unique, elle apprécie la bonne ou la mauvaise foi de celui pour le compte duquel la lettre est tirée, toujours et invariablement à l'époque de l'émission du titre, or, quand c'est un donneur d'ordre qui doit rapporter, cette émission n'est pas son fait, c'est celui du tireur pour compte ; la loi se place donc vis à-vis du donneur d'ordre à un moment où il n'agit pas, et abandonne ainsi maladroitement à son égard l'idée qui a été le fondement même de la règle générale qu'elle a posée.

Mais on adresse à la loi un reproche plus grave. En

examinant, comme elle le fait, la bonne ou la mauvaise foi du tireur au moment où il émet le titre, elle rend, en fait, l'action en rapport à peu près impossible, car elle suppose un concours de circonstances qui ne se rencontreront peut-être jamais. Ainsi elle veut, 1° que le tireur ait eu connaissance de la cessation de paiements, au moment où il a créé la lettre de change; mais il est difficile de comprendre (1) qu'un commerçant sérieux ait émis une lettre de change sachant que le tiré ne serait pas à même de la payer à l'échéance. Elle veut, 2° que le tireur ait trouvé un preneur à l'époque de l'émission; 3° Elle veut enfin que le tiré qui depuis longtemps est en état de cessation de paiements, puisqu'il est déjà en cet état lorsque la lettre de change est faite, ait payé à l'échéance (2).

L'art. 449 déroge encore à l'art. 447 en matière de billets à ordre.

Le souscripteur d'un billet à ordre déjà en état de cessation de paiements à l'époque où il le souscrit, l'acquitte au jour de l'échéance Il est déclaré en faillite et ses créanciers veulent en s'appuyant sur l'art. 447 attaquer le porteur qui a été payé. Réussiront-ils? La loi décide qu'ils le pourront si le porteur est le bénéficiaire du titre, mais que cela leur est impossible au cas où il n'est qu'un cessionnaire et que dans cette dernière hypothèse le recours des créanciers pourra s'exercer seulement contre le premier endosseur.

Cette solution se justifie très-bien. L'intérêt de la circulation des effets de commerce qui n'est pas en jeu quand le bénéficiaire du titre en est en même temps le porteur, puisque dans ce cas c'est le créancier originaire lui-même qui a reçu le paiement, reprend au contraire toute sa force quand c'est un cessionnaire qui a touché ce paiement; dans ce cas, le premier

(1) A moins de supposer de sa part, des manœuvres plus dangereuses que délicates pour se procurer immédiatement une monnaie commerciale.

(2) Bravard, t. V, p. 276.

endosseur du billet jouant le rôle du tireur dans la lettre de change, c'est contre lui qu'on devait recourir.

C'est au moment où il a transmis le billet par endossement qu'on examinera s'il a connu la cessation de paiements du souscripteur, car pour lui c'est à l'époque de la transmission qu'il a opérée, que se place l'émission du titre.

— Ainsi nous avons constaté que le tireur d'une lettre de change, le premier endosseur d'un billet à ordre, sont quelquefois tenus de rapporter à la masse ce qui a été payé par le failli au porteur du titre. Est-ce à dire que ni le tireur ni le premier endosseur ne pourront rien réclamer à cette masse ? Non sans doute et, d'une part, le tireur pourra y figurer pour exercer ses droits quant à la provision et réclamer soit un simple dividende, soit la restitution même des objets, si la provision consistait en des choses corporelles qui ont été louées au tiré sans que pourtant il en soit devenu propriétaire. D'autre part, le premier endosseur exercera ses droits comme porteur du billet; les choses seront remises au même état que s'il n'y avait pas eu de paiement.

E. — Nous remarquerons en terminant que les actes qui auraient été faits avant l'époque de la cessation des paiements et les dix jours qui la précèdent, et qui de ce chef échappent aux dispositions de l'art. 446 et de l'art. 447, pourraient encore être annulés aux termes de l'art. 1167 du Code civil.

Mais cette annulation de droit commun diffère beaucoup des nullités spéciales que nous avons déjà étudiées, notamment en ce que ces dernières profitent à la masse entière de la faillite, même aux créanciers de cette masse postérieurs à l'acte annulé; tandis que, au contraire, il est généralement admis que l'acte annulé par application de l'art. 1167 n'est annulé qu'au profit des créanciers déjà existants au moment où l'acte est intervenu (1).

(1) Aubry et Rau, t. III, p. 99.

CHAPITRE III.

NULLITÉ DES INSCRIPTIONS.

PRÉLIMINAIRES.

L'état de faillite a des conséquences non-seulement sur certains actes constitutifs d'un droit nouveau, mais sur d'autres actes qui viennent simplement rendre possible l'exercice d'un droit préexistant.

Un créancier hypothécaire, par exemple, ne peut faire valoir son hypothèque si elle n'est inscrite ; il en est de même de certains créanciers privilégiés ; c'est l'inscription ici qui vient empêcher que ce droit ne soit inerte et qui vient le vivifier.

Eh bien ! l'état de faillite peut avoir certains effets sur cette inscription, sur cet acte vivifiant ; c'est l'article 448 qui règle ces effets et décide de la validité des inscriptions hypothécaires prises sur les biens d'un débiteur déjà tombé ou tombé depuis en faillite.

Les nullités que cet article édicte se rattachent les unes, au jugement déclaratif et au dessaisissement qui en est la suite, les autres, au contraire, à la cessation de paiements ; il pourrait donc paraître plus logique de rattacher l'étude des premières à l'explication des effets que le jugement déclaratif produit pour l'avenir, et celles des secondes à l'explication des effets de la cessation de paiements ; mais les actes que les nullités de l'art. 448 atteint sont si distincts de ceux que nous avons considérés jusqu'ici que nous avons cru bon de traiter tout ce qui leur est relatif dans un chapitre spécial.

Ce chapitre sera divisé en deux sections.

SECTION PREMIÈRE.

A QUELLES CONDITIONS LA NULLITÉ DE L'ART. 448 PEUT ÊTRE PRONONCÉE.

A. Modifications successives de la législation sur la matière. — **B.** Exposé du système actuel. Développements.

A. — L'art. 2146 se référant aux dispositions de l'ordonnance de 1673 et à la déclaration de 1702 nous dit : « Les inscriptions hypothécaires ne produisent aucun effet si elles sont prises dans le délai pendant lequel les actes faits avant l'ouverture des faillites sont déclarés nuls (1).

L'ancien art. 443 C. de c. disait d'autre part : « Nul ne peut acquérir privilége ni hypothèque sur les biens du failli dans les dix jours qui précèdent l'ouverture de la faillite.

Le rapprochement de ces deux dispositions nous montre que à partir des dix jours qui précèdent l'ouverture de la faillite, on ne pouvait pas plus inscrire une hypothèque qu'en établir une. La loi se montrait aussi sévère pour l'inscription de l'hypothèque, pour une formalité extérieure au contrat, que pour sa constitution même (2).

Tel était le système antérieur à 1838.

Ce système avait l'avantage de rendre impossible toute entente entre le débiteur et le créancier hypothécaire pour tenir l'hypothèque secrète et ne la révéler qu'au dernier moment

(1) L'art. 2146 substitue à l'expression : « faillite publiquement connue », les mots « ouverture de la faillite » du Code de 1808. Ces mots sont eux-mêmes remplacés dans la loi de 1838 par ceux-ci : « cessation de paiements ».

(2) La loi du 11 brumaire, an VII portait : « l'inscription qui serait faite dans les dix jours avant la faillite, banqueroute ou cessation publique de paiements d'un débiteur, ne confère point hypothèque ».

par l'inscription, aux tiers que rien n'avait pu avertir jusqu'alors. Il empêchait donc le commerçant de conserver un crédit immérité et de tromper les tiers en leur offrant malhonnêtement des garanties apparentes, destinées à tomber au dernier moment.

Mais il avait des inconvénients qui ne compensaient pas ses qualités.

1° Il était illogique, car il assimilait une simple formalité complémentaire d'un contrat à ce contrat lui-même, et bizarre, car alors même qu'il ne contestait pas la validité du contrat, il annulait sans distinction, l'inscription qui seule permet de le faire valoir ; il déniait indirectement le droit qu'il reconnaissait directement.

2° Il était d'une rigueur extrême pour des créanciers qui pouvaient être à l'abri de tout reproche, qui n'avaient pu, par exemple, par suite de cas fortuit ou de force majeure, et malgré leurs diligences, prendre à temps l'inscription de leur hypothèque.

3° Par le fait même, il était très-injuste, car il sacrifiait des créanciers hypothécaires ou privilégiés qui n'avaient commis aucune faute aux tiers qui avaient pu contracter avec le failli à la veille de l'ouverture de la faillite.

B. — Les législateurs de 1838 ont posé une règle nouvelle. Aujourd'hui le failli, nous le savons déjà, peut jusqu'à la déclaration de faillite, constituer valablement des hypothèques sur ses biens, pourvu qu'il le fasse à l'instant même où naît la dette valable qu'il veut garantir. Cette innovation amenait nécessairement la chute de la disposition qui annulait sans distinction les inscriptions prises dans la période qui précède le jugement déclaratif.

C'est aussi ce que proclame la loi de 1838 dans son art. 448 :

« Les droits d'hypothèque ou de privilége valablement acquis pourront être inscrits jusqu'au jour du jugement déclaratif de la faillite.

« Néanmoins les inscriptions prises après l'époque de la cessation de paiements, ou dans les dix jours qui précèdent, pourront être déclarées nulles, s'il s'est écoulé plus de quinze jours entre la date de l'acte constitutif de l'hypothèque ou du privilége et celle de l'inscription.

« Ce délai sera augmenté d'un jour à raison de cinq myriamètres de distance entre le lieu où le droit d'hypothèque aura été acquis et le lieu où l'inscription sera prise. »

Ainsi, en principe, des créanciers ayant privilége ou hypothèque *valables* pourront les inscrire dans les dix jours qui précèdent la cessation de paiements et même depuis cette cessation, pourvu que l'inscription soit antérieure au jugement déclaratif.

Cependant il fallait protéger les tiers, il ne fallait pas permettre qu'une hypothèque tenue secrète alors que rien n'empêchait qu'elle fût rendue publique, vint se manifester tout à coup par une inscription prise au dernier moment et absorber un actif qui paraissait libre. C'est pourquoi la loi a mis une condition à la validité de l'inscription, c'est que le créancier l'ait faite sans retard, et elle décide qu'il sera considéré comme en retard s'il a laissé s'écouler quinze jours depuis la constitution de son droit.

Ce délai de quinze jours est même augmenté, au cas où la distance entre le lieu où l'hypothèque a été constituée et celui où elle doit être inscrite est par trop grande. (Comp. art. 448, *in fine*.)

Reprenons maintenant en détail chacune des dispositions de l'art. 448.

— L'art. 448 ne s'occupe que du sort de l'inscription ; supposant les droits d'hypothèque ou de privilége *valablement acquis*, il répond à la question de savoir jusques à quand le créancier pourra s'inscrire, par la distinction suivante :

L'inscription a-t-elle été prise postérieurement au jugement déclaratif? Elle est nulle ; cette nullité est une conséquence du dessaisissement ; par suite, elle est nécessaire ; c'est une affaire de date, et la date une fois constatée, les juges n'ont plus aucun pouvoir appréciateur.

— L'inscription a t-elle été prise après la cessation de paiements ou dans les dix jours qui la précèdent elle est valable en principe, mais elle peut être annulée si elle n'a pas eu lieu dans les quinze jours qui suivent l'acte constitutif d'hypothèque.

Pour juger de la nature de cette nullité spéciale, il faut voir comment elle se distingue et se sépare des nullités que prononcent les art. 446 et 447

D'abord elle est facultative pour le juge, ce qui trace une dissemblance manifeste entre elle et la nullité de l'art. 446 qui est fatale, et repousse toute influence des circonstances de la cause et de la bonne ou de la mauvaise foi des parties.

La qualité qu'elle a d'être facultative la rapproche par un point des nullités de l'art. 447, mais elle en diffère profondément en ce qu'elle peut être prononcée sans que le créancier hypothécaire ait eu connaissance de la cessation de paiements du débiteur qui lui a consenti une hypothèque.

Elle est donc indépendante de cette connaissance et dès lors il ne peut nous sembler anormal que le délai de l'art. 448 commence à courir dix jours avant la cessation de paiements.

En outre, dans tous les actes que l'art. 447 peut atteindre, le failli joue un rôle actif ; au contraire, la nullité de l'art. 448 frappe des actes qui ne sont pas le fait du failli, mais celui de son créancier ; elle a un seule cause : la négligence qu'a mise ce créancier à remplir une formalité que la loi ordonne, négligence qui se présume au bout d'un certain délai fixé par la loi. Cette raison explique très-bien pourquoi la nullité nouvelle de l'art. 448 n'est point nécessaire, ne s'impose pas aux juges ; le retard du créancier, en effet, pourra trouver sa justification dans les circonstances, il pourra n'être pas le résultat de la négligence, mais bien celui de la force majeure Dans ce cas il était équitable de laisser aux juges un certain pouvoir d'appréciation en ne les contraignant pas d'annuler toutes les inscriptions hypothécaires.

En un mot, l'unique but de la loi est et devait être, d'empêcher que, même involontairement, le créancier hypothécaire qui ne s'est pas inscrit, pût, à raison d'un retard que rien ne justifie, induire des tiers en erreur en leur laissant croire à des garanties imaginaires.

Cette dernière remarque nous amène à la conséquence suivante : C'est que alors même que le créancier serait en faute de n'avoir pas pris à temps son inscription, les juges pourront la valider néanmoins, s'il est démontré que la tardiveté de l'inscription n'a occasionné de préjudice à personne (1).

Partant de là, certains auteurs ont pensé que s'il n'y a pas eu de créanciers postérieurs aux quinze jours pendant lesquels l'inscription a dû être effectuée, les juges pourront toujours la valider quand même rien n'excuserait le retard (2). Cette affirmation est certainement trop absolue et la seule considération que l'absence d'inscription sur les immeubles a pu décider les créanciers antérieurs à ne pas commencer des poursuites pour dettes échues, suffit amplement pour la faire tomber.

SECTION II.

A QUELS ACTES S'APPLIQUE LA NULLITÉ DE L'ART. 448.

Décomposition de la question en deux parties. — PREMIÈRE PARTIE. **A.** L'art. 448 ne s'applique-t-il qu'aux seuls droits de privilége ou d'hypothèque. Applications : 1° *Quid* au cas d'une signification de transport ; 2° *Quid* de la transcription des donations ; 3° *Quid* de la trans-

(1) *Jurisprudence.* Arrêt de Bourges, 9 août 1848. — Cass. 17 avril 1849. — Rouen, 8 mai 1851. Colmar, 15 janvier 1862. — Dijon, 7 février 1866.
(2) Bravard, t. V, p. 286.

cription des actes assujettis à cette formalité par la loi du 23 mars 1855. — B. Conclusion.

Nous savons à quelles conditions la nullité de l'art. 448 peut être prononcée, demandons nous maintenant quels sont les actes auxquels elle s'applique.

L'art. 448 ne parle absolument que des droits de privilége ou d'hypothèque valablement acquis; sa formule est-elle irréprochable? Ne s'applique t-il qu'à ces seuls droits ou bien peut-il être étendu en dehors des cas textuellement prévus et alors qu'il s'agira, par exemple, d'une formalité qui comme l'inscription a pour objet d'animer un droit préexistant.

A l'inverse s'applique-t-il indistinctement à tous les priviléges et hypothèques soumis à l'inscription et ne faut-il tenir aucun compte de ce que certains créanciers hypothécaires ou privilégiés ont certaines facilités, certains délais pour conserver leur droit? En un mot, les termes de la loi ne sont-ils pas trop restreints d'un côté, trop généraux de l'autre?

Tel est le double aspect que présente la question.

A. — Nous allons en examiner la première partie. Pour se rendre compte du champ de la difficulté, il importe de déterminer les formalités qui, à l'imitation de l'inscription hypothécaire permettent à un droit de rendre toute sa force et qui comme telles ont une analogie incontestable avec l'inscription elle-même.

Aux termes de l'art. 1690 C. civil, le cessionnaire d'une créance, d'un droit ou d'une action sur autrui n'est saisi à l'égard des tiers que par la signification du transport faite au débiteur (ou l'acceptation de celui-ci dans un acte authentique).

Aux termes de l'art. 941 Code civil, le défaut de transcription d'une donation de biens susceptibles d'hypothèques pourra être opposé par toutes personnes ayant intérêt, exceptées toutefois celles qui sont chargées de faire faire la transcription ou leurs ayants-cause et le donateur.

Aux termes de la loi du 23 mars 1855, certains droits sont soumis à la formalité de la transcription et jusqu'à cette transcription ils ne peuvent être opposés aux tiers qui ont acquis des droits sur l'immeuble et les ont conservés en se conformant aux lois.

Eh bien, appliquera-t-on l'art. 448 quand il s'agira de l'accomplissement de ces formalités ?

— Reprenons chacune des formalités que nous avons mentionnées :

1° Signification au débiteur cédé d'un transport valablement effectué Cette signification peut-elle se faire utilement après la faillite déclarée du cédant ?

Nous dirons qu'elle doit être considérée comme non avenue à l'égard de la masse ; car à l'égard des tiers, jusqu'à la signification de la cession, le cessionnaire n'est qu'un simple créancier du cédant, il est donc soumis à la loi commune qui veut que tous les créanciers du failli soient traités également s'ils n'ont pas acquis une cause légitime de préférence avant la déclaration de faillite (1).

Mais nous déciderons au contraire que si la signification a eu lieu depuis la cessation de paiements, elle ne pourra être annulée, et cela même dans le cas où elle aurait été faite plus de quinze jours après l'acte de cession.

Notre solution se fonde sur ce principe que les présomptions ne sauraient s'étendre en dehors du cadre tracé par le texte de la loi, quelque bonnes que soient les raisons qui militent en faveur de cette extension. Or si dans l'art. 448 la loi est partie de la présomption que le créancier a été négligent et a permis d'annuler les inscriptions tardives pour punir cette négligence présumée, rien n'autorise à dire qu'elle a eu la même pensée à l'égard du cessionnaire retardataire, et au contraire son silence

(1) Cass. 4 janvier 1847. — Paris, 17 février 1849. 28 juin 1855. — Aubry et Rau, t. III, § 359 bis.

doit faire croire que la nullité qu'elle édicte est inapplicable à un cas qu'elle n'a point prévu (1).

2° Supposons maintenant une donation d'immeubles faite par un commerçant qui depuis est tombé en état de cessation de paiements, et un donataire qui est resté plus de quinze jours sans transcrire et a opéré la transcription seulement depuis cette cessation.

Pas plus que dans l'hypothèse précédente nous n'appliquerons l'art. 448, toujours par la raison que les nullités ne se suppléent pas Nous ne nous étendrons pas plus longuement sur ce point.

Mais quelle solution donner si la transcription ne survient que postérieurement au jugement déclaratif? Il y a deux systèmes très-tranchés à cet égard.

Une première opinion conclut à la nullité relativement à la masse, de la transcription effectuée dans ces conditions ; elle s'appuie sur cette idée que l'art. 941 ne fait que reproduire pour la transcription ce que l'art. 27 de l'ordonnance de 1731 disait de l'insinuation. Aux termes de cet article 27, toutes personnes ayant intérêt, sauf le donateur et certaines personnes chargées d'opérer l'insinuation, ont le droit d'opposer la nullité d'une donation non insinuée.

Or les créanciers du donataire ont certainement intérêt à contester la donation, l'art. 27 les met, du reste, en tête de son énumération, ce qui ôte tout doute à leur égard. Et puisque ni l'art 941, ni la loi du 23 mars 1855 qui ne reproduit pas il est vrai l'énumération de l'art. 27, mais rien que pour éviter les superfluités, n'ont pas dérogé à ses dispositions, on doit dire que le droit des créanciers n'a pas changé et qu'il subsiste dans toute sa force. Telle est la solution à laquelle conduit nécessairement cette première interprétation de l'art.

(1) Cass. 29 janvier 1848 — Aubry et Rau, t III, § 159 bis. — Demangeat sur Bravard, t. V, p. 293. — *Contrà*, Montpellier, 13 janv. 1843. – Nous avons déjà constaté qu'une telle signification n'a rien de frauduleux.

941. Si on l'admet, le droit des créanciers est certain ; la transcription opérée par le donataire après le jugement déclarati[f] est sans effet à l'égard de la masse (1).

Mais cette interprétation de l'art. 941 par l'art. 27 de l'ordonnance de 1731 compte aujourd'hui peu de partisans dans la doctrine, et la jurisprudence la repousse universellement. On s'attache, au contraire, à une autre idée pour déterminer le sens et la portée de l'art. 941. On se sert pour le lire de la loi du 11 brumaire an VII qui antérieurement au Code civil et sans pour cela supprimer l'insinuation qui subsistait comme formalité générale pour tous les cas, avait établi sous le nom de transcription un système nouveau de publicité pour les transmissions entre vifs de biens susceptibles d'hypothèque, et l'avait sanctionné par une disposition ainsi conçue : « L'acte non transcrit ne pourra être opposé aux tiers qui auraient traité avec le vendeur, c'est-à-dire, le précédent propriétaire, et se seraient conformés aux dispositions de la présente »

Cette sanction est comme on le voit, dit-on, distincte de celle de l'art. 27 de l'ordonnance de 1731, et il faudra la maintenir seule si l'on reconnait que l'insinuation n'a pas été maintenue dans le Code. Or les rédacteurs du Code ne nous parlent plus que de la transcription et ils ne l'appliquent qu'à des transmissions de biens susceptibles d'hypothèque. C'est donc bien de la même transcription que celle dont parlait la loi de brumaire qu'il s'agit ici, et partant, on ne comprendrait pas pourquoi la sanction aurait changé.

De cette façon d'entendre l'art. 941 il résulte, suivant certains auteurs (2), que pour opposer le défaut de transcription un intérêt quelconque, l'intérêt des créanciers simplement chirographaires (3), par exemple, ne suffit plus et qu'il faut

(1) Bugnet sur Pothier, t. VIII, p. 389.

(2) Demangeat, note insérée dans les répétitions de Mourlon.

(3) Aubry et Rau, t VI, p. 87, notes 24 et 26 ; tout en reconnaissant que l'art 941 est emprunté à la loi de brumaire an VII, rejettent cette conséquence et admettent les créanciers chirographaires à opposer le défaut

avoir acquis du précédent propriétaire un droit sur le bien, objet de la donation non encore transcrite. Et, ajoutent-ils, comme la loi du 23 mars 1855 a rétabli le système de la loi de brumaire pour tous les actes entre vifs translatifs de biens susceptibles d'hypothèque. système que le Code n'avait maintenu que pour les donations ; la question relative à la transcription des donations, se trouve faire partie de la question générale de savoir quel est le sort de la transcription d'un acte quelconque assujetti à cette formalité. C'est donc dans la solution de cette question que, suivant cette opinion, nous trouverons la réponse.

3° Transcription des actes assujettis à cette formalité par la loi du 23 mars 1855.

Parlons d'abord des transcriptions intervenues après le jugement déclaratif. Quelle est leur valeur ?

Un commerçant propriétaire d'un immeuble l'a valablement aliéné entre vifs, à titre onéreux, ou l'a grevé valablement d'un droit d'usufruit, de servitude, d'antichrèse, ou l'a donné à bail pour plus de dix-huit ans, ou a renoncé à un droit d'usufruit ou de servitude qu'il avait sur l'immeuble d'un tiers ; tous ces actes requièrent transcription (art. 1, 2 et 3, loi du 23 mars 1855). Si le commerçant tombe en faillite et que la transcription n'a lieu qu'après le jugement déclaratif, est-elle valable relativement à la masse ? Il y a trois systèmes à cet égard :

Le premier proclame que la transcription dont parle la loi

de transcription. Dans cette opinion comme dans celle que nous avons exposée en premier lieu, la question de savoir si la transcription d'une donation peut être faite après le jugement déclaratif se trouve vidée d'avance.

En dehors des arguments qui ont été invoqués, pour appuyer cette manière de voir, nous ferons remarquer, qu'elle rend plus facile l'explication de l'art. 11 de la loi du 23 mars 1855, portant qu'il n'est point dérogé aux dispositions du code civil relatives à la transcription des donations, etc.,... ce qui suppose que ces règles ne sont pas les mêmes qu'en matière de transcription des aliénations ordinaires.

du 23 mars 1855, ne peut être considérée comme trop tardive lorsqu'elle n'a eu lieu qu'après le jugement déclaratif (1).

Pour établir ce point, voici comment cette première opinion raisonne. La vente, par exemple, dit-elle, quoique non transcrite existe à l'encontre du vendeur et de ses créanciers chirographaires ; hé bien, c'est un état qui ne peut pas changer, puisque vis-à-vis de ces personnes la propriété est dûment transférée, par conséquent, si le vendeur vient à être déclaré en faillite, ses créanciers ayant déjà perdu tout droit de gage sur l'immeuble vendu ne peuvent le ressaisir ; l'immeuble vendu, en un mot, ne compte plus dans les biens de leur débiteur. C'est pourquoi, si l'un de ces créanciers venait après l'aliénation à recevoir du débiteur une hypothèque sur le bien aliéné et à l'inscrire avant la transcription de l'aliénation elle-même, il n'aurait rien acquis à l'encontre de l'acquéreur qui n'a pas transcrit.

Cela étant, on ne peut évidemment pas accorder à la masse des créanciers chirographaires par suite du jugement déclaratif, un droit qu'un créancier n'aurait pas en vertu d'une constitution formelle d'hypothèque ; s'il est vrai que la masse a acquis par le jugement déclaratif de faillite, un droit réel (nous le démontrerons plus loin) sur les biens du failli, ce n'est que sur les biens qui forment son gage et non sur ceux qui en sont sortis valablement.

Ce système aboutit, de l'aveu de ceux même qui le proposent, à une anomalie singulière. Elle consiste en ce que la transcription et l'inscription qui sont cependant liées l'une à l'autre par une grande affinité, se trouvent par le fait traitées d'une manière toute différente, en ce que la loi qui annule dans l'intérêt des créanciers du failli, les hypothèques qui n'ont pas été inscrites avant le jugement déclaratif de faillite, alors même qu'elles avaient été valablement constituées (comp. art. 446), maintiendrait, au contraire, les aliénations clandestines qu'on voudrait faire valoir contre ces mêmes

(1) Mourlon. *Transcription*, t. II, n° 488.

créanciers. Mais cette anomalie s'explique, disent toujours les partisans du système, par la diversité des principes de la loi dans des situations identiques. En effet, tandis qu'elle permet aux créanciers chirographaires de se prévaloir du défaut d'inscription des hypothèques produites à leur encontre, elle leur refuse formellement le droit d'opposer aux acquéreurs le défaut de transcription de leurs titres.

Cette opinion se présente avec toutes les apparences d'une logique sans défaut et nous convenons qu'elle nous a séduits longtemps, mais l'argumentation puissante et brève de deux célèbres jurisconsultes nous a forcés de changer complètement d'avis (1).

Le vice de la théorie que nous combattons vient de ce qu'elle croit que le créancier chirographaire d'un aliénateur d'immeuble doit nécessairement subir, quoi qu'il arrive, tous les inconvénients attachés à la qualité de chirographaire ; de ce qu'elle croit qu'un créancier qui n'a obtenu hypothèque que postérieurement à l'aliénation de l'immeuble ne peut pourtant se prévaloir de l'absence de transcription, lorsque sa créance est d'une origine antérieure à cette aliénation.

Or cette idée est fausse 1° Le texte de la loi la repousse : l'art. 3 de la loi du 23 mars 1855 ne distingue, en effet, en aucune façon, le cas où un tiers a acquis un droit sur l'immeuble au moment où il devenait créancier, du cas où il ne l'a acquis que *ex post facto*. On trouve, il est vrai, cette distinction dans la loi commerciale (art. 446), mais elle y a été faite dans l'intérêt de la masse de la faillite et non à son préjudice.

2° Un acte d'aliénation, quoique non transcrit, est bien opposable à un créancier chirographaire comme tel, mais il n'en est évidemment plus de même dès que ce créancier devenu hypothécaire, invoque non plus sa qualité de chirographaire, mais fait valoir le droit réel attaché à son hypothèque.

3° Enfin les conséquences déplorables du système que nous

(1) Aubry et Rau, t. II, § 209, p. 277, note 79.

attaquons devraient, à défaut d'autres raisonnements, nous mettre au moins en garde contre lui.

Un emprunteur constitue au moment du prêt, un droit d'hypothèque sur un immeuble qu'il a vendu, cette hypothèque sera opposable à l'acheteur s'il n'a transcrit qu'après qu'elle aura été inscrite.

Changeons l'hypothèse : le vendeur constitue sur l'immeuble qu'il a vendu le même droit d'hypothèque, mais, cette fois, au profit d'une personne qui était déjà son créancier depuis quelque temps, l'acheteur n'aura rien à craindre; le créancier ne pourra plus acquérir aucune hypothèque conventionnelle, judiciaire, légale, sur cet immeuble dont on a disposé par un acte non transcrit.

Voilà ce qu'il faut dire avec la solution de la première opinion, et ce que, pour notre part, nous ne saurions admettre.

— La deuxième opinion prenant absolument le contre-pied de la première, décide d'une façon générale et pour tous les actes que nous avons énumérés plus haut, que la transcription opérée après le jugement déclaratif est nulle relativement à la masse des créanciers. Toute la question, dit cette opinion, est de savoir si le jugement déclaratif ne fait pas naître au profit de la masse un droit réel, *dûment conservé*, sur tout l'actif du failli, droit qui l'autoriserait à méconnaître des actes même valablement consentis, si ces actes n'avaient reçu de la transcription leur complément nécessaire.

Qu'il y ait là un droit réel, cela nous semble incontestable, car par l'effet du jugement déclaratif et du dessaisissement qu'il amène, l'actif du failli tel qu'il se compose au jour de ce jugement, est affecté au paiement de son passif, tel aussi qu'il existe à ce moment. Le failli n'a plus le droit, dans ses rapports avec la masse, de modifier son actif, ni d'augmenter son passif, et désormais la masse a cette garantie que tous les biens de son débiteur seront réalisés dans son intérêt *exclusif*. N'est-ce pas là un véritable droit de préférence opposable à tout tiers acquéreur ou créancier postérieur, une sorte de nantissement général sur tous les biens mobiliers ou immobiliers du failli, un droit réel, enfin ?

Si maintenant ce nantissement, ce droit réel n'est assujetti à aucune formalité, s'il existe par le fait même du jugement déclaratif, nous voici aussi bien dans les termes de l'art. 3 de la loi du 23 mars 1855 que s'il s'agissait d'un droit réel qui requiert pour sa plénitude une formalité de publicité, alors que cette formalité a été accomplie ; nous arrivons donc immédiatement à une conclusion qui n'est autre chose que l'énoncé de notre proposition, à savoir : que le droit réel constitué par le jugement déclaratif permet à ceux au profit desquels il a été établi, d'opposer le défaut de transcription à ceux qui ne l'ont faite qu'après le jugement déclaratif.

Mais ce droit n'est-il assujetti à aucune formalité ? C'est là que la troisième opinion nous arrête ; car elle prétend que le jugement déclaratif seul est insuffisant et qu'il faut pour que le droit créé par lui empêche les tiers de transcrire, qu'il ait été conservé par l'inscription que les syndics sont tenus de prendre, aux termes de l'art. 490 Code de com., sur les immeubles du failli dont ils connaissent l'existence.

D'après cette opinion les tiers pourraient encore conserver leurs droits de manière à pouvoir les opposer à la masse, par des transcriptions antérieures à l'inscription dont parle l'article 490 ; seule, cette inscription aurait la vertu d'en arrêter le cours (1).

Nous repoussons absolument cette idée. L'art. 490 Code Com., qu'on présente comme le mode de publicité du dessaisissement, n'a pas ce but. L'art. 517 nous indique clairement son sens. Voici le cas que ce dernier art. prévoit : Un concordat est intervenu entre le failli et ses créanciers, ils y ont con-

(1) Rivière et Huguet. *Questions sur la Transcription*, nos 189 et 200. Aubry et Rau, t. II.

senti moyennant la promesse d'un dividende qui devra leur être payé, et, à la suite de cet arrangement, ils ont replacé leur débiteur failli à la tête de ses affaires... Dès lors le dessaisissement cesse, et les actes que fera le failli seront opposables à tous ses créanciers ; les créanciers concordataires vont donc subir le concours des créanciers postérieurs et aussi de tous ceux envers qui il aura plu au failli de s'engager, sans fraude pourtant, même après le jugement déclaratif ou depuis la cessation de ses paiements. Il n'y a plus, en effet, de masse, et l'on ne peut plus dire : tel ou tel acte est nul relativement à la masse.

Comment les sauver de cette situation ? En autorisant à leur profit la prise d'une inscription d'hypothèque sur tous les biens du failli, ce qui leur permettra de toucher leur dividende par préférence à tous autres créanciers ; or c'est justement ce que fait l'art. 490 al. 3; l'art. 517 le révèle manifestement dans sa formule : « L'homologation du concordat conservera à chacun des créanciers sur les immeubles du failli l'hypothèque inscrite en vertu du troisième paragraphe de l'art. 490. »

Par là on voit l'effet tout spécial de l'art. 490 ; l'inscription qu'il permet n'est donc pas une formalité ayant pour but général de conserver le droit de préférence accordé à la masse des créanciers de la faillite ; elle n'a ce but qu'au cas de concordat, elle ne pouvait pas l'avoir en dehors de ce cas, puisque déjà par suite du dessaisissement et jusqu'au concordat, le failli ne peut faire des aliénations ni des constitutions de droit réel opposables à la masse, et que, d'un autre côté, l'article 448 dit formellement que les hypothèques valablement consenties par le failli ne peuvent plus être inscrites après le jugement déclaratif.

Nous dirons au contraire que les transcriptions faites antérieurement au jugement déclaratif mais depuis la cessation de paiements seront toujours valables quand même elles suivraient de plus de quinze jours l'acte qu'elles rendent public ;

car on ne peut appliquer une présomption par analogie, pas plus celle sur laquelle est fondée l'art. 448 que toute autre.

C'est un principe que nous avons déjà invoqué, on s'en souvient, à propos de la signification des créances; il a la même force partout (1).

B. — Après ces discussions, nous pouvons tracer la portée *maximum* de l'art 448 et dire : il contient une règle spéciale à l'inscription des priviléges et hypothèques, règle qu'il ne faut appliquer ni aux significations de cessions de créances, ni aux transcriptions exigées soit par l'art. 939 C. civil, soit par la loi du 23 mars 1855.

— Mais quelle en est la portée *minimum* ?

Ce sera là l'objet de la seconde partie de cette section.

SECONDE PARTIE. — **A.** Hypothèses qui sont en dehors de la question. Sa réduction définitive. — **B.** Comment elle se décompose. 1° L'art. 448 s'applique-t-il au privilége du vendeur d'immeubles? — Le vendeur déchu de son privilége a-t-il perdu l'action résolutoire ? 2° L'art. 448 s'applique-t-il aux créanciers qui sont encore dans le délai que la loi leur donne parfois pour inscrire leur privilége ou leur hypothèque ? — Applications.

A. — Ainsi nous avons à nous demander maintenant si l'article 448 s'appliquera à tous les priviléges et à toutes les hypothèques soumises à l'inscription. Auparavant, nous écarterons certaines hypothèses.

L'art. 448 s'occupe de la nullité des inscriptions. Il en résulte qu'il ne s'applique pas aux hypothèques qui en sont dispensées.

Conséquemment, il ne s'applique pas aux hypothèques des femmes, des mineurs ou interdits, car elles existent indépendemment de l'inscription pour toute la durée du mariage, de l'interdiction, de la tutelle.

(1) Bourges, 9 août 1847.

Aux priviléges de l'art. 2101 qui sont dispensés d'inscription au moins au point de vue du droit de préférence, ce qui est suffisant ici puisque entre le créancier privilégié et la masse il n'y a qu'une question de préférence à régler.

Nous déciderons aussi qu'il ne s'applique pas davantage aux renouvellement d'inscription dont parle l'art. 2154. Le créancier qui renouvelle son inscription dans les dix ans, n'a, en effet, commis aucune négligence; par conséquent, le fondement des dispositions de l'art. 448 manque, d'autant plus que l'idée de fraude, l'idée de collusion ne se conçoivent plus, puisque nous sommes en présence d'hypothèques qui avaient déjà leur plein et entier effet et qu'on a cherché simplement à conserver telles qu'elles étaient.

Ces raisons nous conduisent à dire que le renouvellement peut être opéré non-seulement depuis que le propriétaire de l'immeuble frappé de l'hypothèque a cessé ses paiements et dans les dix jours précédents, mais aussi depuis le jugement même qui l'a déclaré en faillite (1).

Notre question se réduit donc à rechercher : si l'art. 448 s'appliquera dans tous les cas où il s'agira d'une hypothèque ou d'un privilége pour l'exercice duquel l'inscription est indispensable, alors que cette inscription n'a jamais été prise, est à prendre *pour la première fois* ; s'il faut dire que dans tous les cas et pour tous ces priviléges et hypothèques. la publicité ne pourra jamais être utilement donnée après la faillite de celui dont les biens sont grevés.

B. — Cette difficulté se décompose de la manière suivante :

1° L'art. 448 s'applique-t-il au cas où la loi a déterminé pour un privilége spécial (celui du vendeur d'immeubles non payé) un autre mode de publicité que l'inscription, et lui permet-il encore d'employer ce mode, alors qu'il n'aurait plus le pouvoir de prendre une inscription valable ;

(1) Demangeat sur Bravard, t. V, p. 288, note. — Mourlon. *Transcription*, t. II, nos 658, 893.

2° S'applique-t-il, quand la loi en subordonnant la conservation d'un droit à certaines formalités, a déterminé en même temps un délai pour se conformer à ses dispositions, et que la faillite du débiteur est survenue avant l'accomplissement de cette formalité et avant l'expiration de ce délai ?

— 1° S'applique-t-il au privilége du vendeur ?

Entrons d'une manière très-rapide dans quelques détails sur la cause et le mode de conservation de ce privilége.

Celui qui vend un immeuble consent bien à le faire entrer dans le patrimoine de l'acquéreur mais avec cette réserve que l'immeuble répondra *réellement* du paiement du prix. Aussi si l'acheteur ne paie pas ce prix, le vendeur pourra saisir l'immeuble, le faire vendre, et toucher sur le prix d'adjudication ce qui lui est dû, par préférence à tous les créanciers du saisi. Quoi de plus juste, en effet, que la créance qui est cause de l'existence de tel bien dans le patrimoine du débiteur soit payée sur ce bien de préférence aux autres créances !

Ainsi le vendeur, en transmettant son immeuble à l'acheteur *retient* un privilége sur cet immeuble et ne consent à la translation de la propriété que sous cette réserve.

Il en résulte que du jour du contrat de vente, le privilége existe déjà (1), car de ce jour et dès avant toute mesure de publicité destinée à porter la translation de propriété à la connaissance des tiers, la propriété a été transférée à l'acheteur, au moins à l'égard du vendeur.

La loi décide que ce privilége du vendeur devra être rendu public ; elle indique même pour lui deux moyens de publicité, ce sera une inscription ou encore (aux termes de l'art. 2108), la transcription de l'acte de vente. Le dernier de ces deux modes de publicité est tout spécial au privilége du vendeur au profit duquel il remplace l'inscription elle-même. On eût fait

(1) La conséquence est que ce privilége pourrait être inscrit même avant la transcription de l'acte de vente.

en réalité une sorte de double emploi en exigeant encore l'inscription après que la transcription a été opérée, car par l'acte de vente que l'on transcrit littéralement, les tiers apprendront suffisamment tout ce qu'il leur importe de savoir, c'est-à-dire quelles sont les conditions de la vente ; si le prix est encore dû en tout ou en partie, si, par conséquent, il existe ou non un privilége du vendeur sur cet immeuble. Ainsi dans le cas qui nous occupe, la faveur de la loi consiste dans l'admission d'un mode nouveau de publicité, à savoir : la transcription de l'acte de vente, et non dans la concession d'un délai précis pour s'inscrire, tel, par exemple, que celui qui est accordé au copartageant (art. 2108 et art. 2109).

La règle générale est donc que le vendeur a pu donner publicité à son privilége au bout d'un temps quelconque à partir de la vente. Pourvu que le privilége se révèle au moment de la transcription qui porte la vente à la connaissance du public, la transcription n'eût-elle été opérée que vingt ans après la vente, il primera encore tous les droits de privilége ou d'hypothèque nés du chef de l'acheteur. Le vendeur tant que la transcription n'a pas été effectuée, demeure propriétaire vis-à-vis des tiers qui pourront, en publiant les droits qu'il leur aurait concédés avant que l'acheteur ait transcrit, opposer ces droits à ce dernier et à ses ayants-cause, fût-ce des créanciers hypothécaires inscrits : or, dans une hypothèse analogue, l'acheteur et ses créanciers devront supporter le privilége du vendeur, le jour où il lui plaira de le faire apparaître au moyen d'une inscription ou d'une transcription de son contrat portant qu'il n'est pas payé.

Faut-il dire qu'il y a en matière de faillite, une exception à cette théorie, et que l'article 448 est applicable à tout mode de conservation du privilége du vendeur ? En d'autres termes, faut-il dire que le jugement déclaratif ferme le délai pendant lequel le privilége du vendeur peut être utilement rendu public à l'encontre des créanciers de la masse de l'acquéreur failli ?

Les raisons que nous allons exposer nous ont portés à adopter l'affirmative.

Le vendeur ne peut échapper à la prohibition de l'art. 448 qui parle des droits de privilége et d'hypothèque en général, à la faveur de cette circonstance qu'il ne s'agit dans cet article que d'inscription, tandis que son privilége se conserve aussi par la transcription, car, d'une part, on ne comprendrait pas que la substitution d'un mode de publicité à un autre, suffit pour soustraire le vendeur à une déchéance qui s'applique à l'absence de publicité ; d'autre part, la loi nous éclaire sur la valeur de la transcription, en nous disant que la transcription de l'acte de vente vaut inscription au profit du vendeur ; or après le jugement déclaratif, l'inscription du privilége est impossible, la transcription qui ne peut avoir plus d'effet qu'elle, est donc impossible aussi après cette époque (1).

Mais, objecte-t-on, depuis la loi du 23 mars 1855 art. 3, à l'égard des tiers, le vendeur reste propriétaire jusqu'à la transcription, or de ce chef il a plus qu'un privilége, il a gardé la propriété ; la faillite de l'acheteur est donc pour lui un fait indifférent, car s'il y a eu transcription avant la faillite il aura un privilége ; s'il n'y a pas eu transcription, il est resté propriétaire et il aura une action en revendication contre la masse (2).

Pour démontrer l'impuissance de ce raisonnement, il suffit de faire cette simple remarque : que ce n'est pas d'une manière absolue que le vendeur dont le contrat n'est pas transcrit reste propriétaire, *que ce n'est que pour ceux qui traiteront avec lui ou acquerront de son chef des droits sur le bien vendu* (loi de 1855 art. 3) ; mais à l'égard de l'acheteur, il est constant que le vendeur est déchu de la propriété, les art. 1138 et 1583 le démontrent énergiquement. Comment dès lors,

(1) Valette et Rataud à leurs cours. — Demangeat, t. V, p. 290. — Mourlon. *Transcription*, t. II, nos 643 et suiv. — Civ. rej. 2 déc. 1863. Alger, 19 mai 1865.

(2) Pont. *Priv. et hyp.* nos 261 et suiv.

le vendeur pourrait-il revendiquer contre l'acheteur et les créanciers de celui-ci ? Surabondamment on peut rappeler que la loi de 1855 a eu pour but d'étendre l'obligation de la publicité, de supprimer les priviléges et hypothèques occultes, de restreindre les avantages dont jouissait précédemment le vendeur, et n'a certainement pas voulu, pour atteindre ce résultat, lui laisser la propriété elle-même qu'il n'avait pas dans la législation antérieure !

La solution que nous avons adoptée ne sera pas modifiée par le fait que les syndics de la faillite, pour se conformer à l'alinéa 1° de l'art 490 C. de com., auraient fait transcrire la vente au nom du failli après le jugement déclaratif. Il est vrai que cette transcription rendra le droit du failli opposable aux tiers qui postérieurement à la vente traiteraient avec le vendeur ou ses héritiers, mais c'est là tout ce qu'elle peut produire et elle ne saurait valoir inscription du privilége du vendeur. Il est, en effet, impossible de dire que les effets de la transcription sont indivisibles. Sans doute d'habitude ils se produisent en même temps, mais il n'en faut pas conclure qu'ils ne peuvent exister l'un sans l'autre. La vérité est : « qu'ils ont chacun une raison d'être et un but différents et restent soumis à des règles propres ; qu'ainsi, la transcription ne faisant que constater la vente à l'égard des tiers, il n'y a nul motif d'imposer une limite à l'acheteur pour remplir cette formalité, puisque son seul intérêt est en cause ; qu'au contraire, cet acte étant pour le vendeur une mesure conservatoire pouvant intéresser des tiers, elle doit, comme toutes les mesures de cette nature, avoir lieu dans certains cas avant certains événements (1). »

Ces effets peuvent si bien se manifester séparément que lorsque, par exemple, l'acte transcrit porte que le prix est payé, la transcription qui cependant a rendu l'acheteur pro-

(1) Jugement du 17 mars 1859. Tribunal civil de Bar-le Duc et Cour de Nancy. (Considérants).

priétaire *erga omnes*, n'a pas pour cela conservé le privilége, car il n'y a pas de privilége sans créance (1).

— La conséquence de cette idée que la transcription vaut inscription à l'égard du vendeur est donc que l'art. 448 est applicable dans toutes ses parties à l'une comme à l'autre formalité. Aussi nous dirons par application de l'art. 448, al. 1er, que si la transcription (ou l'inscription) intervenue depuis la cessation de paiements ou dans les dix jours qui précèdent est postérieure de plus de quinze jours à l'acte de vente, les tribunaux pourront déclarer qu'elle sera considérée comme non avenue à l'égard de la masse des créanciers.

La question que nous venons de résoudre présente aujourd'hui, depuis la loi du 23 mars 1855, un intérêt particulier. Jusqu'à cette loi, quand le vendeur avait perdu son privilége, il pouvait exercer l'action résolutoire. Conséquemment, comme il était toujours assuré de reprendre sa chose à défaut de paiement, la publicité du privilége n'avait qu'une vaine sanction. De là certains tribunaux (2), trouvant qu'il n'y avait aucun intérêt pour les créanciers en concours avec le vendeur, à écarter celui-ci comme créancier privilégié, avaient décidé tout simplement qu'il fallait l'admettre à se présenter comme tel.

L'art. 7 de la loi de 1855 a fait cesser cette situation. Il *solidarise* le sort de l'action résolutoire avec celui du privilége, en ces termes : « L'action résolutoire établie par l'art. 1654 du Code Napoléon, ne peut être exercée après l'extinction du privilége du vendeur, au préjudice des tiers qui ont acquis des droits sur l'immeuble du chef de l'acquéreur et qui se sont conformés aux lois pour les conserver. »

(1) La discussion n'est pas encore épuisée et nous la retrouverons lorsque nous nous demanderons si le vendeur qui s'est inscrit dans les quarante-cinq jours de l'acte de vente, a conservé son privilége nonobstant la faillite de l'acheteur survenue avant l'expiration de ce délai.

(2) Cour de Lyon, 20 mai 1828.

Ainsi chaque fois que le vendeur aura perdu son privilége, il semble bien, d'après cet article, qu'on sera autorisé à dire : l'action résolutoire est aussi éteinte.

Mais ce principe ne reçoit-il pas une dérogation en matière de faillite, et le vendeur qui ne peut plus exercer son privilége à l'encontre de la faillite de l'acheteur parce qu'il ne s'est pas inscrit ou n'a pas transcrit au temps voulu, n'a-t-il pas en dernière ressource le droit de demander la résolution de la vente en invoquant l'art. 1654 C. civil ?

Si l'on adopte l'affirmative, le vendeur n'aura guère à souffrir de la perte de son privilége et, au contraire, il pourra y gagner, car dans le cas, par exemple, où l'immeuble aura augmenté de valeur, si la masse n'en paie pas immédiatement le prix, elle sera contrainte de le restituer tel qu'il se trouve, tandis que l'exercice du privilége ne permettrait au vendeur de prendre sur le prix d'adjudication de l'immeuble que ce qui lui est dû, le surplus restant dans la caisse de la faillite.

Cette question a donné lieu à plusieurs systèmes ; on n'en compte pas moins de trois.

1er Système. — Un premier système reconnaît bien que la faillite de l'acheteur fait déchoir le vendeur dont le titre n'a été ni inscrit ni transcrit, de son privilége au regard de la masse, mais il prétend que le vendeur conserve intacte son action en résolution tant que l'inscription établie par l'art. 490 du Code de Com. n'a pas été opérée. Ce n'est, dit-il, qu'à cette époque que les créanciers chirographaires du failli cesseront d'avoir cette qualité de chirographaires et acquerront un droit réel qui les fera passer dans la catégorie des tiers et les habilitera, à ce titre, à se prévaloir de l'extinction de l'action en résolution (1).

Nous avons assez longuement démontré plus haut que s'il y

(1) Riom, 1er juin 1859. — Rivière et Huguet. *Transcription*, nos 374 et 375.

a un droit réel, il ne résulte pas de l'art. 490, pour avoir le droit de repousser immédiatemment et sans plus ample examen cette première opinion.

Restent donc deux théories en présence, elles sont absolument opposées.

2e Système. — La première de ces deux théories n'hésite pas à proclamer que, dans l'hypothèse qui nous occupe, l'action en résolution survit au privilége du vendeur. La Cour de Cassation dans un arrêt du 1er mai 1860 (chambre civile), conclut en ce sens, par le raisonnement suivant :

Il est vrai, dit-elle, que l'action en résolution cesse d'exister quand le privilége est éteint, mais encore faut il qu'il le soit d'une manière absolue, car l'art. 7 de la loi de 1855 prononçant une déchéance rigoureuse et une déchéance qui frappe un créancier généralement favorisé, doit être interprété restrictivement ; or il exige que le privilége soit *éteint*. Si donc, au lieu d'être éteint, le privilége n'est que paralysé, n'est que circonscrit dans ses effets, s'il est susceptible de revivre ; on doit dire que l'action en résolution subsiste encore. Eh bien ! d'un côté il n'est inexistant qu'à l'égard de la masse, et d'autre part, on ne peut dire que même vis-à-vis d'elle, il est anéanti ; la preuve c'est qu'il pourra renaître si les créanciers du failli lui accordent un concordat (1).

Mais cette manière de raisonner implique une contradiction manifeste de la part de la Cour de Cassation. Car aussitôt après avoir constaté que le privilége est incapable de produire le moindre effet en ce qui concerne la masse, au lieu d'être conséquente et de tenir en suspens, tant que le privilége est paralysé, l'action en résolution elle-même, elle admet la survivance de cette action dont l'existence est certainement, depuis la loi de 1855, le plus grave des effets de la conservation du privilége. Supprimant les autres effets, elle conserve celui-là. Pourquoi donc ne pas les supprimer tous ?

(1) Dijon, 10 Juin 1864.

— Tout en délaissant les motifs sur lesquels la Cour de Cassation a appuyé sa solution, on cherche à la maintenir en la fondant sur des arguments différents La nouvelle manière d'établir le système concède bien que le privilége est éteint quand il n'y a eu ni transcription ni inscription avant le jugement déclaratif, mais, dit-elle, l'action en résolution ne subit pas le même sort car elle ne périt avec lui, aux termes de l'art. 7 (loi du 23 mars 1855) lui-même, que quand on se trouve en face *de tiers qui ont acquis des droits sur l'immeuble du chef de l'acquéreur et qui se sont conformés aux lois pour les conserver*. Autrement dit, l'art 7 subordonne la perte de l'action résolutoire à trois conditions : Extinction du privilége du vendeur ; acquisition d'un droit du chef de l'acquéreur sur le bien vendu ; accomplissement des formalités prescrites pour la conservation de ce droit Or, le privilége est bien éteint, mais la masse de la faillite ne doit pas être considérée à l'encontre du vendeur comme ayant acquis un droit sur le bien vendu ; avant comme après le jugement déclaratif, les créanciers chirographaires restent chirographaires, ils n'ont acquis et n'ont pu conserver aucun droit dans l'immeuble. Du reste, ajoute-t-on, fallût-il admettre, en dernière analyse, l'existence de ce droit, il faudrait reconnaître qu'il n'affecte les biens actuels du failli qu'en l'état où ils sont dans son patrimoine, conséquemment qu'il ne porte sur l'immeuble vendu que sous la réserve de l'action en résolution du vendeur, c'est-à-dire que quant à leurs rapports avec ce dernier, les créanciers demeurent dans leur condition originaire de créanciers chirographaires et ne sont pas dès lors régis par le principe nouveau déposé dans l'art. 7 de la loi du 23 mars 1855 (1)

3e Système. — Ces arguments ne nous touchent point et

(1) Bravard et Demangeat, t. V, p 292. — Mourlon, *Transcription*, n° 812. — Aubry et Rau, t. II, p. 802, note. — Bordeaux, 15 juillet 1857.

nous nous rangeons à une opinion complètement opposée à celle que nous venons d'exposer. Nous formulons ainsi notre pensée : « Le vendeur qui a perdu son privilége faute de l'avoir inscrit ou d'avoir transcrit l'acte de vente avant le jugement déclaratif de la faillite de son acheteur, perd toutes ses prérogatives, son action en résolution, comme et avec son privilége. »

Nous avons établi précédemment que dès le jour de la faillite déclarée de l'acheteur, ses créanciers acquièrent un droit réel, une sorte de saisine sur l'ensemble de son patrimoine et par conséquent sur l'immeuble vendu. Nous avons également prouvé que la conservation de ce droit réel est indépendante de toute condition de publicité, que dès qu'il est né, il existe conservé, et est à ce titre opposable aux tiers. Ces démonstrations sur lesquelles nous ne reviendrons pas, ruinent complètement la première affirmation de la théorie que nous combattons, et nous l'abordons au moment où, forcée de nous concéder que les créanciers chirographaires ont acquis un droit réel sur les biens du failli, elle fait à sa concession cette réserve : que ce droit ne portant sur les biens du failli que tels qu'ils se trouvent à l'instant où il les frappe, les créanciers de la faillite doivent subir la condition résolutoire comme, en général, les charges dont ils sont grevés.

Une semblable affirmation méconnait certainement la pensée du législateur. Qu'a-t-il voulu, en effet ? Il a voulu que deux droits tendant à peu près au même but fussent soumis à un même mode de conservation ; il a voulu qu'alors qu'il enlevait l'un de ces droits au vendeur, celui-ci ne pût pas obtenir par l'autre tout ce que l'exercice du premier lui aurait permis d'atteindre ; il a voulu enfin une sanction efficace aux règles qu'il a tracées sur la publicité, et conséquemment il a entendu que l'action résolutoire serait toujours éteinte lorsque le privilége aurait cessé d'exister. Or, comme le vendeur dans notre hypothèse ne peut plus opposer son privilége aux créanciers du failli, il demandera vainement la résolution de la vente (1).

Nous pouvons ajouter à cette idée quelques observations : 1° L'art. 7 de la loi du 23 mars 1855 qui règle l'union du sort des deux droits dont nous venons de parler est indépendant de l'art. 3 de cette même loi ; en effet, il ne fait nullement varier les conditions d'exercice de l'action résolutoire selon que la vente est transcrite ou ne l'a pas été. Tout ce qu'il exige pour que l'action résolutoire puisse s'exercer, c'est que le privilège ait été conservé, c'est qu'il existe encore. L'art. 7 est donc complet, il se suffit à lui même et ne peut être modifié par ce fait que la vente a été ou non transcrite.

En second lieu, le mot « tiers » dans l'art. 7 a un sens spécial ; ainsi, il n'est pas douteux qu'en thèse générale, les créanciers même hypothécaires de l'acquéreur ne sont comme lui que les ayants-cause du vendeur et que les droits et actions de celui-ci leur sont opposables comme à l'acquéreur lui-même. Mais ce serait enlever toute portée à l'art. 7 que de le déclarer inapplicable à ceux qui tiennent leurs droits de l'acquéreur, sous le prétexte qu'ils ne sont pas des tiers. Les termes mêmes de l'art. 7 résistent énergiquement à cette interprétation, puisqu'ils appellent tiers ceux qui ont acquis des droits sur l'immeuble du chef de l'acquéreur. Or si nous admettons, et il le faut bien, que ceux qui ont acquis du chef de l'acheteur des droits réels sur l'immeuble vendu et les ont dûment conservés, ne sont pas soumis à l'action en résolution, il faudra en dire autant des créanciers chirographaires du failli après le jugement déclaratif, car ils ont acquis par l'effet de ce jugement, un droit réel *dûment conservé* sur tous les biens de leur débiteur, conséquemment sur l'immeuble vendu, ce qui les met dans une situation analogue à celle des tiers dont parle l'art. 7.

(1) Rataud à son cours. — Troplong. *Transcription*, n°s 295 et 296. — Sellier. *Transcription*, n° 239. — Flandrin. *Transcription*, II, 1188 à 1199.

Nous concluons donc en disant : que les créanciers chirographaires d'un failli, s'appuyant sur le droit réel qu'ils acquièrent du jour du jugement déclaratif et qui leur permet d'échapper à l'exercice du privilége non inscrit du vendeur lui-même, sont en dehors des atteintes de l'action en résolution.

— 2° L'art. 448 s'applique-t-il aux créanciers qui sont encore dans le délai que la loi leur donne parfois pour inscrire leur privilége ou hypothèque ? (Applications.)

Avant d'aborder la discussion générale de cette difficulté, nous écarterons de la question une hypothèse à laquelle il nous semble hors de doute que l'art. 448 ne s'applique pas. Nous voulons parler de l'hypothèque accordée par la loi dans l'art. 2121 du Code civil, aux femmes mariées, mineurs et interdits.

Aux termes de l'art. 8 de la loi du 23 mars 1855, « Si la veuve, le mineur devenu majeur, l'interdit relevé de l'interdiction, leurs héritiers ou ayants-cause n'ont pas pris inscription dans l'année qui suit la dissolution du mariage ou la cessation de la tutelle, leur hypothèque ne date, à l'égard des tiers, que du jour des inscriptions prises ultérieurement. »

Faut-il dire que l'inscription prise aux termes de cet article et dans le délai qu'il fixe, mais après le jugement qui déclare le débiteur en faillite, tombera sous le coup de la nullité de l'art. 448 ?

Nous pensons qu'une telle proposition est inacceptable ; la raison en est que la personne à qui appartient l'hypothèque légale est absolument dans la même situation qu'un créancier qui se serait inscrit, mais de qui l'inscription, pour ne pas tomber en péremption, devrait être renouvelée avant l'expiration de l'année qui suit la fin de la tutelle ou la dissolution du mariage. Notre solution est donc la même, au cas qui nous occupé, qu'elle a été lorsque nous avons parlé du renouvellement (1).

Ce point écarté, nous revenons à notre question générale.

Deux systèmes sont en présence :

1re Opinion. — Le premier système qui adopte l'affirmative, raisonne ainsi : Le texte de la loi est formel, dit-il (art. 448, al. 1er, C de Com.), et il est impossible de nier que le législateur l'a écrit à un moment où les priviléges et hypothèques dont nous parlons existaient déjà, où ils étaient déjà soumis à la formalité de l'inscription, d'où l'on peut conclure qu'il les a visés par sa disposition.

Passons maintenant en revue plusieurs hypothèses :

— Aux termes de l'art. 2109, le copartageant créancier d'une soulte, qui s'est inscrit dans les soixante jours du partage, n'a pas à craindre d'être primé par aucune hypothèque constituée par le copartageant débiteur de la soulte sur les biens mis en son lot.

D'autre part, la loi du 23 mars 1855, al. 6, 2° dispose que quand le copartageant créancier de la soulte se sera inscrit dans les quarante-cinq jours du partage, on ne pourra pas lui opposer une transcription antérieure.

Mais si le copartageant débiteur de la soulte tombe en faillite avant l'expiration de ces délais, le privilége sera-t-il perdu, s'il n'a pas été inscrit auparavant, ou faut-il dire que la faillite est sans effet sur son existence, tant qu'ils ne sont pas expirés ?

Il résulte des articles 2109 et 2113 combinés que le copartageant créancier de la soulte, s'il inscrit dans les soixante jours du partage, inscrit un privilége, s'il n'inscrit qu'après ce délai, il inscrit seulement une hypothèque qui n'aura d'effet qu'à sa date d'inscription.

C'est-à-dire que la diligence du copartageant à s'inscrire nuira aux seuls créanciers hypothécaires du débiteur ; eux

(1) Demangeat et Bravard, tome V, p. 288, note.

seuls ont intérêt à voir cette inscription ne s'effectuer que trop tard.

Mais pour la masse, que lui importe que ce copartageant ait une hypothèque ou un privilége ? L'article 448 C. de Com. ne s'oppose-t-il pas aussi bien à l'inscription des priviléges qu'à celle des hypothèques ?

Voilà donc la 1re partie de la question vidée et le copartageant sera repoussé (1).

Qu'en est-il lorsque le copartageant se trouvant encore dans les quarante-cinq jours qui suivent le partage, et n'ayant pas encore inscrit, son débiteur vient à tomber en faillite.

Tel est le deuxième point à discuter. La situation est la même pour le vendeur. Faut-il dire que le vendeur qui s'est inscrit dans les quarante-cinq jours de l'acte de vente, et à qui, conséquemment, on ne peut opposer aucune transcription antérieure du chef de l'acheteur (art. 6, al. 2), a conservé son privilége nonobstant la faillite de ce dernier ?

Notre premier système affirme que même dans ce cas le privilége du vendeur ou du copartageant ne sera pas opposable à la masse de la faillite.

Cette assertion peut paraître étrange à première vue ; il semble, en effet, que le droit de la masse ne peut être plus énergique que le droit de propriété lui-même ; et cependant dit-on, on ne tient pas compte du droit de l'acquéreur, ce droit fût-il transcrit, tant qu'il ne s'est pas écoulé quarante-cinq jours depuis la vente.

A cela on répond que : outre que l'article 448 déclare nulle sans distinction toute inscription de privilége postérieure à la faillite, il est notoire que le but des rédacteurs de la loi du 23 mars 1855 n'a pas été de garantir le copartageant, ni le vendeur, de l'éventualité d'une faillite ; ils ont voulu simplement le proté-

(1) Bravard et Demangeat, tome V, p. 289, note. — Mourlon. *Transcription*, t. II, n° 681.

ger, soit contre une revente immédiate suivie de transcription, soit contre une constitution de droits consentie aussitôt après le partage ou la vente et transcrite ou inscrite sans retard (1).

— Aux termes de l'art. 2111 : « Les créanciers et légataires qui demandent la séparation du patrimoine du défunt, conformément à l'art. 878 au titre des successions, conservent à l'égard des créanciers des héritiers ou représentants du défunt, leur privilége sur les immeubles de la succession, par les inscriptions faites sur chacun de ces biens, dans les six mois à compter de l'ouverture de la succession. »

Avant l'expiration de ce délai, aucune hypothèque ne peut être établie avec effet sur ces biens par les héritiers ou représentants au préjudice de ces créanciers ou légataires. »

Dirons-nous que la faillite (2) une fois déclarée, les créanciers et légataires ne pourront plus s'inscrire utilement ?

Si l'on admet que la séparation des patrimoines constitue un droit de préférence *sui generis* et non pas un privilége, on en conclura que ce droit échappe aux déchéances édictées par l'article 448 contre les priviléges proprement dits.

Si l'on admet, au contraire, que nous sommes ici en face d'un véritable privilége, on sera tenté de donner une solution inverse.

Mais si la masse parvenait à faire annuler l'inscription prise dans les conditions que nous avons déterminées plus haut, en réalité, elle n'y gagnerait rien ; car les immeubles étant ven-

(1) Mourlon, *Examen critique*, nº 379. — Rivière et Huguet, nºˢ 370-371.

Au surplus, l'inscription prise par le vendeur dans les 45 jours de la vente, pendant la faillite de l'acheteur, non point sur ce dernier, mais sur un tiers acquéreur de l'immeuble vendu, conservera très bien le privilége du vendeur, sous la réserve que cette inscription ne nuira point aux autres créanciers de la faillite. Mourlon. *Transcription*, t. II, nºˢ 655 et suiv.

(2) Ce peut être la faillite du défunt, déclarée après son décès, ou celle de l'héritier.

dus et convertis en valeur mobilière, les créanciers du défunt auraient le droit de se faire payer sur ces valeurs par préférence à tous autres (1).

Aucune difficulté ne peut s'élever si l'héritier est déjà en faillite déclarée quand la succession lui arrive.

En effet, après le jugement déclaratif, le passif du failli est irrévocablement arrêté, et rien ne peut l'augmenter.

Dès lors les syndics ne pourront accepter la succession échue au failli que sous bénéfice d'inventaire, or dans ce cas, les créanciers de la succession n'ont aucun intérêt à demander la séparation, puisque par l'acceptation bénéficiaire on a renoncé à toucher l'actif jusqu'à ce qu'ils soient désintéressés.

— Jusqu'ici ce système a toujours supposé un créancier qui voudrait s'inscrire malgré une faillite déclarée de son débiteur en prétendant qu'il se trouve encore dans les délais légaux pour prendre inscription.

Qu'en est-il lorsqu'il s'est inscrit avant le jugement déclaratif? L'inscription intervenue après la cessation de paiements pourra-t-elle être annulée lorsqu'il se sera écoulé plus de quinze jours entre elle et la constitution du droit qu'elle a pour but de conserver.

Il faut distinguer :

En ce qui concerne l'inscription de l'hypothèque des incapables dont nous avons parlé à part, il est certain que nous ne pouvons admettre l'affirmative. Puisqu'elle est valable lorsqu'elle est effectuée après le jugement déclaratif pourvu qu'elle ait eu lieu dans le délai d'un an fixé par l'art 8 de la loi de 1855, elle doit l'être par un *a fortiori* manifeste, quand elle est prise avant ce jugement.

Tout le monde est d'accord sur ce point.

Pour les autres cas que nous avons examinés on reconnaît qu'il sera difficile de considérer comme négligent le créancier

(1) Demangeat sur Bravard, t. V, p. 289. Note. — Paris 22 juin 1841. — Aubry et Rau, t V, p. 221.

qui s'est inscrit dans le délai que la loi lui avait donné pour cela, n'eût-il rempli cette formalité que le dernier jour de ce délai.

Mais, ajoute-t-on, cette considération ne doit pas amener à dire que la règle posée par le 2e al. de l'art. 448 ne s'applique plus ici ; le pouvoir appréciateur du tribunal subsiste toujours, et il pourra *toujours* déclarer l'inscription nulle, sans qu'on puisse lui reprocher d'être sorti des termes de la loi.

Telle est l'ensemble de la théorie que nous allons combattre

2e opinion. — Nous croyons que les articles 2146 et 448 du Code de commerce ne s'opposent pas à ce que les priviléges pour l'inscription desquels la loi a accordé un délai, soient inscrits utilement tant que dure ce délai.

La loi, en effet, en accordant un certain temps pour l'inscription d'un droit, garantit par cela même que ce droit sera efficace, s'il est rendu public avant l'expiration de ce temps.

Spécialement l'on ne comprendrait pas comment la faillite du débiteur pourrait porter atteinte à ce principe

Car les raisons qui ont fait accorder ces délais dont nous parlons, ont toujours la même puissance que la faillite survienne ou ne survienne pas.

En ce qui concerne le privilége du copartageant, par exemple, comment pourrait-on justifier l'effet qu'on veut attribuer à la faillite ?

Le partage n'est-il pas un acte nécessaire qui exclut par conséquent tout soupçon de fraude ?

D'autre part la brièveté du délai accordé pour requérir l'inscription destinée à garantir le privilége auquel le partage donne lieu, n'écarte-t-elle pas toute idée de négligence de la part du créancier ? (1)

En ce qui concerne le privilége du vendeur, nous avons admis plus haut que la faillite de l'acquéreur enlève au ven-

(1) Aubry et Rau, t. II, p. 807.

deur, comme aux simples créanciers hypothécaires, à partir du jugement déclaratif, la faculté de rendre son privilége efficace à l'égard des créanciers de la masse.

Mais la loi de 1855, art. 6, nous contraint de concéder que si la faillite éclate immédiatement après la vente, le vendeur jouira néanmoins du délai de quarante-cinq jours pour la conservation de son privilége.

La raison en est simple, car on ne peut évidemment accorder au dessaisissement un effet qu'on refuse à l'attribution même de la propriété. Or l'article 6 de la loi de 1855 édicte que la transmission régulière de la propriété (une revente du chef de l'acheteur suivie de transcription) n'empêche pas le vendeur d'inscrire valablement son privilége s'il est encore dans les quarante-cinq jours qui suivent l'acte de vente.

Dès lors la conclusion est facile, et en nous appuyant une fois encore sur cette considération que les délais accordés par la loi en matière d'inscription de privilége sont fondés sur des motifs de faveur que la faillite n'éteint pas, nous arrivons aisément à justifier cette conséquence de notre système.

— Nous ne reviendrons pas longuement, sur le bénéfice de la séparation des patrimoines, nous ferons seulement cette remarque, que dans notre théorie, alors même qu'on déciderait qu'il constitue un véritable privilége, il échapperait encore aux déchéances rigoureuses de l'art. 448.

— En définitive, si l'article 448 a employé une formule générale, cela se conçoit très-bien, car il a voulu consacrer une idée générale.

Cette idée, la voici : Il ne faut pas qu'il soit possible, pas plus au moyen d'une inscription de *privilége*, qu'au moyen d'une inscription d'hypothèque, que le créancier puisse colluder avec son débiteur, au détriment de la masse.

D'un autre côté, on ne peut pas, à l'encontre des droits que le dessaisissement confère à cette masse, restituer contre sa négligence, un créancier qui n'a pas inscrit, soit *son privilége*, soit son hypothèque avant le jugement déclaratif.

Mais quand la loi pose en présomption, en donnant, dans certains cas, des délais pour l'inscription, qu'il n'y aura ni fraude ni négligence si l'on s'inscrit dans ces délais, il devient inconséquent de persister à appliquer une disposition qui ne retrouve plus, dans ces hypothèses, son fondement et sa raison d'être.

POSITIONS.

HISTOIRE DU DROIT ROMAIN.

L'exécution sur les biens a existé à Rome, dès les premiers temps et en dehors des cas de *pignoris capio*.

DROIT ROMAIN.

I. — Le créancier à terme ou conditionnel ne peut, s'il est seul, obtenir l'envoi en possession ; mais il peut profiter de l'envoi obtenu par d'autres.

II. — La *proscriptio bonorum* n'est pas une simple mise en vente, c'est aussi la publicité du dessaisissement qui frappe le débiteur.

III. — La *venditio bonorum* comprendra le fond dotal.

IV. — La vente ne libère pas le débiteur dont les biens ont été vendus.

HISTOIRE DU DROIT FRANÇAIS.

L'ordonnance de 1673 n'avait établi, en matière de faillite, qu'une nullité subordonnée à la preuve de la fraude et non pas une nullité de plein droit.

DROIT CIVIL ET DROIT COMMERCIAL.

I. — La transcription d'une aliénation quelconque (à titre

onéreux ou à titre gratuit) opérée par le failli après le jugement qui le déclare en faillite, est sans effet relativement à la masse des créanciers.

II. — Le privilége du vendeur ne peut plus être valablement inscrit après la faillite de l'acheteur.

III. — Le vendeur qui ne peut plus exercer son privilége à l'encontre de la faillite de l'acheteur parce qu'il ne s'est pas inscrit ou n'a pas transcrit à temps, n'a plus la ressource de demander la résolution de la vente, en invoquant l'art. 1654 du Code civil.

IV. — Les créanciers qui sont encore dans le délai spécial que leur donne parfois la loi pour inscrire leur privilége ou leur hypothèque, peuvent le faire encore même après la faillite déclarée de leur débiteur.

DROIT PÉNAL.

Un tribunal criminel ne peut appliquer la peine de la banqueroute simple ou de la banqueroute frauduleuse à un individu qui n'a pas été au préalable déclaré en état de faillite par le tribunal de commerce.

PROCÉDURE CIVILE.

Le failli qui n'est point intervenu en première instance est néanmoins recevable à intervenir en cause d'appel.

DROIT ADMINISTRATIF.

I. — Le fisc n'a pas de privilége pour les droits dus à l'occasion des mutations par décès.

II. — La créance du fisc pour droit de mutations après décès, fût-elle privilégiée, ne peut être opposée à la masse d'un commerçant décédé en état de faillite déclarée.

DROIT INTERNATIONAL PRIVÉ.

Le jugement d'un tribunal étranger qui déclare un Français en faillite, n'a pas en France autorité de chose jugée.

Vu :
Nancy, le 15 juin 1872.
Le Président de la Thèse,
Jules Liégeois.

Vu :
Nancy, le 15 juin 1872.
Pour le Doyen en congé :
Le plus ancien Professseur,
E. Lederlin.

Vu et permis d'imprimer.
Le Recteur,
Dareste.

TABLE DES MATIÈRES.

DROIT ROMAIN.

De la missio in possessionem rei servandæ causâ et de la venditio bonorum.

DROIT FRANÇAIS.

Des effets du jugement déclaratif de faillite et de la cessation de paiements.

Nancy, imprimerie de N. Collin, rue de Guise, 21.

www.ingramcontent.com/pod-product-compliance
Ingram Content Group UK Ltd.
Pitfield, Milton Keynes, MK11 3LW, UK
UKHW020135220726
13923UKWH00001B/175

9 782016 168998